国家社科基金
GUOJIA SHEKE JIJIN HOUQI ZIZHU XIANGMU
后期资助项目

基于能源约束与
内生增长的财政政策研究

A Study on Fiscal Policy with Energy Constraints and Endogenous Growth

唐兆希　著

中国财经出版传媒集团
经济科学出版社
Economic Science Press

国家社科基金后期资助项目
出版说明

    后期资助项目是国家社科基金设立的一类重要项目，旨在鼓励广大社科研究者潜心治学，支持基础研究多出优秀成果。它是经过严格评审，从接近完成的科研成果中遴选立项的。为扩大后期资助项目的影响，更好地推动学术发展，促进成果转化，全国哲学社会科学工作办公室按照"统一设计、统一标识、统一版式、形成系列"的总体要求，组织出版国家社科基金后期资助项目成果。

全国哲学社会科学工作办公室

目　　录

第1章 引 言

1.1 研究背景与意义

人类经济社会发展的历史是生产要素变迁的历史。考察社会产出的供给层面，如果我们假定技术具有某种类似于生产要素的性质，社会生产就可以看作由技术、劳动、资本与能源①等投入要素共同决定，那么，近三百年经济发展的历史也是生产要素变迁的历史。

第一个特征事实是，在世界范围内，一国经济总量的增长与能源消费总量增长的趋势非常吻合。根据世界银行数据库和国际能源署（IEA）《世界能源展望2010》的统计数据，第二次世界大战以后的世界能源需求趋势与GDP增长率十分相符，只是在数值上前者低于后者，即能源的产出弹性系数在0~1之间。比如，在1980~2008年的近30年间，如果按购买力平价（PPP）计算，全世界GDP增长率平均每上升1%，世界能源需求增长约0.59%。30年来，世界能源产出弹性随着时间有所变动，从20世纪80年代的平均0.64到90年代的平均0.46，再到21世纪初回弹到0.67，但总体上相对稳定，趋势明显。同时可以发现，与发达国家相比，发展中国家的经济增长率要稍高而能源产出弹性系数稍低，对第二次世界大战以后经合组织（OECD）和非经合组织的整体数据和主要国家数据作对比，这一点显而易见。所以大体上，无论从世界范围还是局部区域，随着经济发展、结构调整和节能技术的推广，能源消费增长率和经济增长率的比值将逐步减小，并保持同一趋势。中国的宏观经济增长与能源生产消费（1985~2010年），见表1-1。

---

① 这里的能源泛指自然资源，指从自然界得到又有别于人造资本的物质生产要素。在实际经济中，可耗竭化石能源是最具代表性的自然资源。

表 1 - 1 　　　中国的宏观经济增长与能源生产消费（1985～2010 年）

年份	GDP 增长率（%）	能源生产增长率（%）	能源消费增长率（%）	能源生产弹性系数	能源消费弹性系数
1985	13.5	9.9	8.1	0.73	0.60
1990	3.8	2.2	1.8	0.58	0.47
1995	10.9	8.7	6.9	0.80	0.63
2000	8.4	2.4	3.5	0.28	0.42
2005	11.3	10.0	10.6	0.88	0.93
2006	12.7	7.4	9.6	0.58	0.76
2007	14.2	6.5	8.4	0.46	0.59
2008	9.6	5.4	3.9	0.56	0.41
2009	9.2	5.4	5.2	0.59	0.57
2010	10.4	8.1	6.0	0.78	0.58

资料来源：历年《中国能源统计年鉴》，中国统计出版社。

　　第二个特征事实是，工业革命特别是第二次世界大战以后，发达国家的经济增长和技术进步也具有相同的变化趋势。在对技术创新与经济增长的经验研究中，一般有两类物化技术进步的标准方法，一类是将研发（R&D）资金投入或参与研发的科研人员数量等研发投入变量作为技术创新的替代变量；另一类是将专利申请数目或专利批准数目等研发成果看作研发投入的产出而作为技术创新的替代变量。世界银行数据库和经合组织数据库的资料都显示，20 世纪 50 年代以来，西方主要发达国家特别是美国，无论对于研发投入、每万人中的科研人员数目还是每万人中的专利申请数和批准数，其增长率与 GDP 增长均具有相同的趋势。

　　我们暂时还看不出这些趋势的改变，除非经济增长中的技术创新并非是无限的，在将来普遍存在技术创新的"拥挤效应"或者"瓶颈效应"；或者是因为能源消费总量因资源日益稀缺造成的"能源危机"打破均衡增长路径或影响持续增长速度。至少到目前为止，我们还看不到经济增长与技术或者经济增长与能源之间的这种同步增长趋势会有所改变。

　　实际上早在 20 世纪 50～60 年代，一些著名的增长核算研究，比如，索洛（Solow，1957）的研究就指出，对美国 1901～1949 年的增长贡献率中，技术进步占 87%，丹尼森（Denison，1962）在要素投入总量与单位要素产出的框架中，以美国经济数据进行实证分析，得出技术进步和管理知识是美国经济长期增长决定性因素的结论。另外，人们常说"煤炭是工业的粮食"或"石油是经济的血液"，能源被公认为人类赖以生存和发展不可或缺的物质基础和动力源泉，现代经济中能源要素和经济发展更是一个不可分割的整体。而且，技术和能源随着经济增长的变迁不仅体现于要素数量的增加，还体现于技术进步在经济增长的要素投入结构中保持着很高的贡献度，见表1-2、表1-3，以及因技术进步带来的能源产出效率的不断提高，见表1-4。

表1-2　西方主要发达国家（G7）全要素生产率（TFP）估算I（1960～1995年）

单位:%

国家	GDP增长率	资本比重	TFP贡献率	TFP对GDP增长的解释度	物质资本修正后的TFP贡献率	修正后TFP对GDP增长的解释度
加拿大	3.7	42	0.6	15	1.0	27
法国	3.6	41	1.3	36	2.2	62
德国	3.1	39	1.3	42	2.2	69
意大利	3.6	34	1.5	43	2.3	65
日本	5.7	43	2.7	47	4.6	82
英国	2.2	37	0.8	36	1.3	57
美国	3.2	39	0.8	24	1.2	39

资料来源：根据乔根森和伊普（Jorgenson, Yip, 2001）；巴罗和萨拉-伊-马丁（Barro, Sala-i-Martin, 2005）的相关数据整理而得。

表1-3　西方主要发达国家（G7）全要素生产率（TFP）估算II（1960～1995年）

单位:%

国家	GDP增长率	广义资本比重	TFP贡献率	TFP对GDP增长的解释度	人力资本修正后的TFP贡献率	修正后TFP对GDP增长的解释度
加拿大	3.7	56	0.6	15	1.3	35
法国	3.6	55	1.3	36	2.9	80
德国	3.1	52	1.3	42	2.8	88
意大利	3.6	45	1.5	43	2.8	78
日本	5.7	57	2.7	47	6.2	110
英国	2.2	49	0.8	36	1.6	71
美国	3.2	52	0.8	24	1.6	50

资料来源：根据乔根森和伊普（Jorgenson, Yip, 2001）；巴罗和萨拉-伊-马丁（Barro, Sala-i-Martin, 2005）的相关数据整理而得。

表1-4　　　　　　中国能源经济效率的变化（1980～2010年）

年份	能源消费总量（吨标准煤/万元）	煤炭（吨/万元）	焦炭（吨/万元）	石油（吨/万元）	原油（吨/万元）	燃料油（吨/万元）	电力（万千瓦时/万元）
1980	13.20	13.36	0.94	1.92	2.02	0.67	0.66
1985	10.10	10.74	0.62	1.21	1.25	0.37	0.54
1990	5.32	5.69	0.37	0.62	0.63	0.18	0.34
1995	3.97	4.16	0.32	0.49	0.45	0.11	0.30
2000	2.89	2.80	0.22	0.45	0.42	0.08	0.27

年份	能源消费总量 （吨标准煤/万元）	煤炭 （吨/万元）	焦炭 （吨/万元）	石油 （吨/万元）	原油 （吨/万元）	燃料油 （吨/万元）	电力 （万千瓦时/ 万元）
2005	1.28	1.25	0.14	0.18	0.16	0.02	0.13
2006	1.24	1.22	0.13	0.17	0.15	0.02	0.14
2007	1.18	1.15	0.13	0.15	0.14	0.02	0.14
2008	1.12	1.08	0.11	0.14	0.14	0.01	0.13
2009	1.08	1.04	0.11	0.13	0.13	0.01	0.13
2010	1.03	0.99	0.11	0.14	0.14	0.01	0.13

资料来源：《中国能源统计年鉴》，中国统计出版社，2010年版。

现代经济特别是当前经济中，技术进步所涉及的广度、深度和创新速度都是前所未有的；与此同时，能源耗竭和环境恶化也逐渐成为经济长期增长的巨大障碍和沉重负担。所以，当前经济是与技术要素和能源要素密切相关的，技术进步与能源约束双重作用下的可持续发展问题是当今经济社会发展中最基本的问题之一。

根据《BP世界能源统计2011》①的数据，2010年全球能源消费总量增长5.6%，是1973年第一次石油危机以来的最大增幅，而中国的能源消费总量为2432百万吨油当量，占世界的20.3%，首次超过美国成为全球第一大能源消费国。国际能源署《世界能源展望2010》认为，中国的能源消费和能源工业已成为"世界事件"，中国的能源密集型工业的快速扩张被认为是2000～2009年世界能源产出弹性回弹的重要原因。

近年来，国际上从《联合国气候变化框架公约》到《京都议定书》再到哥本哈根会议及巴黎会议全球范围内对节能环保的呼声越来越高。国内也在国民经济发展规划中强调科学发展、转变发展方式和调整经济结构的迫切性，对于这些国家战略目标的实施，官方与学界的普遍观点是需要一个互相兼容、系统有效的政策支撑体系。因为理论上存在技术创新的外部性和能源资源的可耗竭性，市场并不完全，政府需要通过财政政策、税收政策、科技政策、产业政策等政策工具介入经济，对市场机制进行完善。简单地说，以政府和市场之间的恰当分工来达到政策目标。

本书在以下方面具有一定的理论意义与现实意义。

社会产出的生产要素投入，一般可分为技术、劳动、资本与能源。在新古典的分析框架中，技术要素与能源要素并不受到重视。一般来说，标准的新古典生产函数只考虑劳动和资本对产出的影响，技术只表示为一个

---

① BP为英国石油公司。

外生给定参数，而基本不考虑能源要素或者仅仅解释为能源隐含在资本之中。在古典经济学中，"劳动是财富之父，土地是财富之母"是威廉·配第（William Petty）的著名提法，李嘉图（Ricardo）和马尔萨斯（Malthus）的著作也曾分别论及自然资源对经济增长的作用，但是他们对自然资源的认识与现代经济学的主流观点并不完全一致。比如，"土地是财富之母"的说法，可能主要指有别于劳动的物质生产要素，① 这实质上与现代经济学中资本的概念更为相近，而现代经济学认为自然资源或能源的稀缺性、可耗竭性和不可逆性是其最重要的特征。古典经济学的一些关于经济中自然资源的观点具有启发意义，但它的分析方法与现代经济理论相去甚远。

在理论上，技术与能源之所以应该受到充分重视，主要是因为它们作为生产要素的独特性。比如，首先，技术具有储量效应，即具有自身生长的能力，这是与劳动相异而与资本类似的特性；其次，技术是对一种无形要素的度量，② 这又与资本相异而与劳动类似。能源的独特性主要体现在可耗竭性和不可逆性，如果假设能源的消费量等于其储量的减少量，那么，某个能源在被发现的那一天起就在日益减少，这是与别的任何一种要素相区别的重要特征。基于此，技术要素和能源要素不仅需要被重新考察，而且最好是被放置于存在技术进步和能源约束的现代经济的背景下作统一考察。在新古典增长理论之后的分析框架，虽然非常重视技术进步对经济长期增长的促进作用，却尚未形成涵盖劳动、资本、技术和资源等生产要素的统一标准的研究范式，这也为经济学人留下继续研究的可能空间。近年来，在经济发展的可持续问题日益受到关注的大背景下，涉及技术要素或能源要素的理论研究和实证研究日益增多，本书试图在技术进步和能源约束双重作用下的经济可持续问题方面做一些工作。

本书从一些较新的视角考察了现代经济中经济政策的作用。经济政策对于国民收入与长期增长之所以重要，至少体现在以下几方面。首先，经济政策是政府行为，政府可以通过经济政策、法律手段和行政命令来达到其干预经济的目的，但经济政策是最能通过市场机制的传递来达到经济目标的政府行为，所以，是市场经济中最合适，事实上也是最常用的政府行为。然后，为什么需要经济政策？经济政策使用的理论依据是因为在宏观

---

① 因为在古典时期农业经济占主导地位，生产力水平低下，资本储量及其产出能力极低，所以，土地被看作是物质生产要素的代表。

② 某些内生经济增长模型将技术分为体现型的（embodied）技术和非体现型的（unembodied）技术，但实际上只是指技术是通过某种要素起作用的或是面向全要素生产率的，技术在形态上与有形的劳动、资本和能源还是有区别的。

层面公共物品的供给需要通过一定的财政税收政策来保障，在微观层面经济政策是用来纠正某些无法避免的市场扭曲的有效手段，无论这种市场扭曲可能是来自某种商品的外部性、市场信息的不对称或不完全竞争的市场结构。依据传统，经济政策在宏观层面上主要指财政政策和货币政策，本书试图在以技术进步与资源约束为特征的现代经济中，在可持续发展的背景下来考察财政政策等宏观经济政策对经济的影响。财税政策工具的设计需要兼顾多个方面，首先，是政策目标，是效率、公平还是可持续；其次，是政策对象和方式，针对市场的需求侧还是供给侧，税收还是补贴，单独运用还是政策工具组合；最后，是对政策结果的评价，有效抑或无效，如果有几种有效的政策工具，那么，哪种效率更高？我们希望在统一的框架内对上述问题尽可能做一些探讨。

本书重视能源经济政策对能源经济和整体经济的作用。能源资源及能源产业的特殊性及其在国民经济中的战略地位，决定了政府及其能源政策在能源产业发展中的重要地位和作用。与其他普通商品不同，能源作为具有战略意义的独特资源，政府不仅要考虑短期内的能源市场供需平衡，而且，要从长远角度考虑能源的供应能否充分保障经济的长期可持续发展。政府可以通过经济政策工具来调控能源经济，可以通过能源财税杠杆，对能源生产者和消费者实行不同方式、不同税率的征税或补贴。一方面，可以加强对微观个体能源经济活动的调节和监督；另一方面，可以兼顾宏观经济持续均衡发展的政策目标。在理论上，最优税收（或补贴）还能够调整市场扭曲从而达到经济效率，这对于普遍存在行业垄断的能源市场来说尤为重要。我们试图运用理论模型来考察在存在能源行业垄断、能源资源耗竭、中间产品垄断和内生技术创新的经济中，能否以一定的财税政策工具或工具组合，达到整体经济的动态效率和可持续发展。

本书关注长期经济政策含义，这些工作对于长期以来在理论上倾向于短期政策的做法可能有一点借鉴作用。[①] 正如传统上宏观经济分析可分为长期宏观经济分析和短期宏观经济分析，其关注的对象分别是经济的长期增长与短期波动，经济政策也可分为长期经济政策和短期经济政策。比如，凯恩斯主义的主要观点是相机抉择，以投资、积极的财政政策来增加总需求，以达到平滑短期经济波动的政策目标；而弗里德曼对货币政策的一个建议是，应该在长期中保持与经济增长率相对稳定的货币供应量，这

---

① 短期经济政策的政策效果比较显著，但可能存在政策时滞性、连贯性与时间上的不一致性等问题，这些问题也是政府干预主义受到批评的主要原因之一。

是两个典型的短期政策和长期政策的例子。本书在宏观政策分析方面的基础是内生经济增长理论，增长理论的特点是它考察经济在时间序列上的动态最优，在这个意义上是长期政策。

1.2　问题、思路与方法

本书旨在探讨能源约束、技术创新与财政政策之间的关系。在能源耗竭和技术创新双重作用的内生增长理论框架中，讨论基于符合效率、公平与可持续发展标准的最优财政政策的增长效应、市场作用与福利含义。

第一个问题是在能源耗竭和技术创新的双重作用下，经济能否保持长期增长；如果回答是肯定的，那么，此时经济增长的最优均衡路径是什么，以及在这样的均衡路径上各经济变量具有怎样的特性？这里有两条思路，即社会集中决策最优均衡和局部市场竞争一般均衡。在完全竞争的假设条件下，两者结果是相同的，即都可以达到经济的帕累托最优状态。但是，由于存在市场垄断、技术溢出的正外部性、环境污染的负外部性与能源资源要素的可耗竭性，最优均衡并不必然等于市场均衡，所以经济政策不可或缺，政府需要介入市场。

由此引出第二个问题，如果政府通过财政税收政策和转移支付来纠正这种市场扭曲，那么，应该怎么收支，最优的税率和补贴率是多少。这是一个静态效率和动态效率的角度，可以先计算最优均衡和市场均衡的差异，然后，通过财政政策补贴技术创新部门使创新的收益等于其社会边际产出。

第二个问题本质上是经济效率的问题，本书将继续从社会公平和持续发展的角度来分析最优税收和最优补贴。对于代际公平，有一种观点是人们不必为后代留下同样数量的资源，但可以为他们留下获得同样消费效用机会的可能性。基于此，索洛（Solow）和哈特维克（Hartwick）曾分别提出了类似的方法，即如果随着技术进步，自然资源、人力资本和物质资本的替代是有效和长期的，那么，可以通过把自然资源租金用于资本投资来实现代际公平和社会发展。

这样，本书引出第三个问题，从代际公平和可持续发展视角，即基于哈特维克准则（Hartwick rule），政府应该如何介入经济，怎么收支，最优的税率和补贴率应该是多少。

本书从三个方面对以上问题展开讨论：能源耗竭和技术创新双重作用下的经济在何种程度上可以保持长期增长，这在不同的理论框架下的结论并不相同。故第一方面的内容是，如果让政府通过税收政策和转移支付来纠正这种市场扭曲，兼顾能源约束和技术创新等因素，计算理论上符合长期增长要求的最优税收或最优补贴应该是多少。第二个方面的内容是，继续从社会公平和持续发展的角度来分析最优税收政策和转移支付，即从代际公平和可持续发展视角，基于罗尔斯（Rawls）正义原则和哈特维克准则，在内生经济增长框架内讨论政府应该如何介入经济，怎么收支，以及均衡路径的最优税率和补贴率。第三个方面的内容是，无论是基于经济效率或是代际公平原则，理论上应该如何通过对政策工具的目标、对象、组合、效果和效率的统一考察，来系统评价这些财政工具的政策效果和政策效率。书中的政策目标是指，效率原则、公平原则或是可持续原则；政策工具的对象和方式，涉及财政政策针对市场的需求侧还是供给侧，税收工具还是转移支付，单独运用还是工具组合等具体问题；对政策效果和政策效率的评价是指，考察财政政策的有效抑或无效，如果存在几种同样有效的政策工具，则哪种政策效率更高。

本书采用标准的经济学研究方法，可以概括为以下几方面：

首先，是数理方法是本书主要的研究方法。具体的，比如社会计划最优模型的构建和最优路径的求解，一般有最优控制理论的最大值法或者求解贝尔曼方程，我们基本采用最优控制理论的最大值法求解，在社会计划最优模型求解后的稳定性分析和相图分析都是标准的动态定性方法。市场均衡求解主要以每个局部市场的市场主体最优化一阶条件来求解，然后，以比较静态分析和数值模拟等方法来分析各种均衡路径上的各变量或参数对均衡路径的影响。政策模型中最优政策的求解基本上沿用以上方法，但对政策效率的讨论中，由于有时候解出的产出增长率或能源消耗增长率较为复杂或求解较为困难，也会运用数值方法。

其次，是宏观经济分析与微观机制构建相结合的方法。本书的主要框架都是建立在能源约束和技术创新的内生增长模型上的，包括宏观税率政策工具效应分析，都是标准的宏观经济分析方法。但是，本书非常关注模型的微观经济基础，在我们看来经济政策之间的不同，主要是体现在政策工具对微观决策主体效用或利润最大化理性决策的影响，进而反映在宏观层面。对不同政策工具的讨论，都不会仅仅停留在宏观增长效应，尽量考察内在的经济逻辑。

再次，是动态一般均衡分析与动态局部均衡分析。内生增长模型，包括社会最优均衡和市场竞争均衡路径，都是典型的动态一般均衡方法。但我们在研究能源产业部门的最优税率的时候，假定社会最优仅仅指如果外部社会资源配置已经达到最优时的能源部门的最优税率，这是将能源市场局部均衡建立在一般均衡上的简便方法，本质上是动态局部均衡的。我们基于这样的方法来确立简洁的同一标准，比较各种能源政策工具使用后新均衡和社会最优均衡的接近程度。

最后，是经济理论与实际问题结合分析的方法。虽然本书主要是一个规范性的理论研究，但针对的基本都是目前实际经济中面临的现实问题。我们以标准的经济学理论方法讨论资源约束、环境污染、可持续发展、经济政策效率、能源行业垄断、能源税制改革等现实经济问题，在分析过程中或分析之后都力图结合现实经济讨论这些计算结果的政策含义。我们不仅以现实问题为导向对需要讨论的问题进行选择，比如，对中国能源税制改革和能源行业行政垄断的讨论，而且，在每个模型的设置和对结果的解释讨论中都力图针对中国现实经济。

1.3 研究框架与内容

本书基于以下框架展开研究。在对研究背景的介绍和对相关文献回顾的基础上，依次逐步展开五部分主要工作；第一部分，以中间产品质量增进刻画技术进步，构建基于能源约束和垂直创新的四部门内生增长模型，求解并讨论社会最优均衡增长路径；第二部分，在类似的框架内讨论市场竞争动态一般均衡路径，其中，增加了对能源再生增长效应的考察；第三部分，对社会最优与市场均衡模型的计算结果和经济机制进行比较，构建动态一般均衡框架的经济政策模型，考察各种财政政策工具对经济效率改善的效率和效果，求解和讨论了各种最优财政政策；第四部分，构建基于代际公平和内生增长理论的政策模型，在能源耗竭约束条件下再加入环境约束，继续分析能源和环境双重约束下的均衡增长路径与可持续发展问题，求解和模拟该框架下的最优财政政策，并以罗尔斯正义和哈特维克投资准则等为出发点，在增长理论框架内分析基于代际公平和持续发展的最优财政政策；第五部分，针对中国能源产业的特点与当前的能源税制改革，基于经济效率、资源保护与可持续发展的政策优化原则，运用动态局部均衡和动态一般均衡的方法，求解和讨论不完全竞争市场结构框架下的最优能源经济政策；第六部分，对本书的研究结论及其政策含义进行总结，并指出进一步的研究方向。

基于研究框架，本书的研究内容分为 8 章。

第 1 章，引言。介绍本书的研究背景、研究方法、基本框架及主要内容。

第 2 章，文献评述。主要是对与研究密切相关的三个方面的文献进行梳理。主要包括现代经济增长理论中的技术内生化方法，能源约束与经济增长的相关文献，以及以内生经济增长理论研究经济政策的文献。

第 3 章，能源耗竭、技术创新与内生经济增长。本章构建基于垂直创新和能源约束的四部门内生增长模型，以中间产品质量增进刻画技术进步，以最优控制理论和一般均衡方法求解并讨论经济的社会最优均衡增长路径及其存在条件，运用比较静态分析等方法讨论各类参数的产出、能源消耗和技术进步的长期增长效应，以控制理论中的稳定性分析和相图方法研究均衡稳定的稳健性问题。

第 4 章，能源再生、技术创新与内生经济增长。本章先扩展了第 3 章构建的能源耗竭四部门内生增长模型，把能源再生能力作为一般形式写入能源部门生产函数，以动态一般均衡方法求解并讨论经济的市场分散决策均衡增长路径及其存在条件，运用比较静态方法与数值模拟等方法讨论各类参数的产出、能源消耗和技术进步的长期增长效应。

第 5 章，能源约束与内生增长视角的最优财政政策：动态效率。本章基于对第 3 章、第 4 章社会最优与市场均衡模型的结果比较和机制考察，构建动态一般均衡框架内的经济政策模型，考察各种财政政策工具对经济效率改善的效率和效果，以及对能源消耗、技术创新和经济可持续发展的影响，求解和讨论了各种最优财政政策。针对第 3 章、第 4 章模型的市场扭曲的根源，本章重点讨论了中间产品补贴与技术创新补贴两类政策工具；针对政策基本模型的人力资本市场同质性假设，在模型框架内讨论了人力资本工资政策和相关的公平效率问题。

第 6 章，可持续发展视角的最优财政政策：动态效率与代际公平。首先，在能源耗竭约束条件下再加入环境污染约束，继续分析能源和环境双重约束下的最优均衡路径与可持续发展，并求解和模拟该框架下的社会最优路径与最优财政政策。其次，在增长理论框架下考察代际公平与可持续发展问题，讨论经济学视阈下的可持续发展问题应该如何被清晰、合理地界定与表述，从罗尔斯正义和哈特维克准则等为出发点构建社会福利函数，求解社会最优路径与市场均衡路径，在内生增长框架内分析基于代际公平和可持续发展政策的可行性。

第 7 章，产业垄断与动态效率视角的最优能源经济政策。在分析中国能源产业特点与当前能源税制改革的基础上，考察在不完全竞争市场结构的框架下，什么样的能源经济政策符合经济效率、资源保护与可持续发展的原则，以及讨论这些经济政策的政策效率和社会福利含义。运用动态局部均衡方法求解讨论了最优能源从量税、从价税、储量税、企业所得税和回采率补贴，运用动态一般均衡方法讨论了基于能源产业垄断的均衡增长路径，能源产业垄断利润的消极作用及相关能源财税工具的政策效果，以及以创新降低生产成本的机制讨论了最优能源产业创新政策。

第8章，结论与启示。包括对本书的主要研究结论与相应政策含义的总结，并给出进一步研究的可能方向。

研究的技术线路，如图1-1所示。

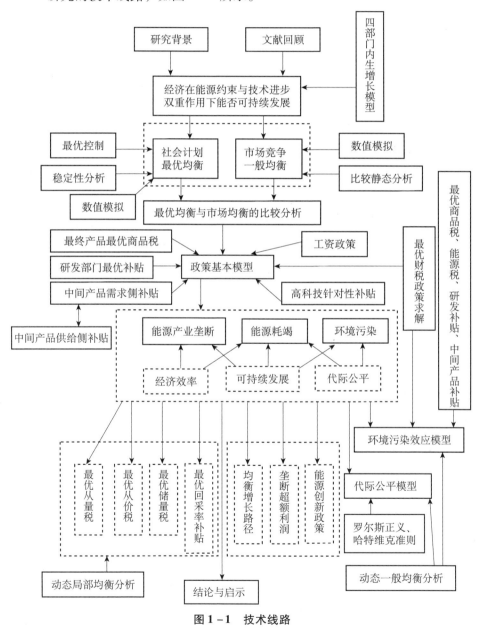

图1-1 技术线路

第 2 章　文献述评

本章对于和研究密切相关的三个方面文献进行回顾，2.1 节，经济增长理论中的技术内生化方法；2.2 节，能源、技术与经济增长的相关文献述评；2.3 节，能源、政策与内生增长文献述评。

2.1　经济增长理论中的技术内生化方法

通过对现代经济增长理论演化历程的简要回顾来评述技术进步在经济增长理论，特别是内生增长理论中的表述方法。首先，简单介绍了新古典增长理论的基本发展脉络、其各类模型技术进步刻画方法的前提假设和基本结论；其次，把内生增长理论中技术内生化的具体方法归纳为三种不同途径并加以阐述；最后，针对与建模相关的研发创新技术内生化途径，对中间产品水平创新和垂直创新的具体方法及相关文献做了评述。

2.1.1　新古典增长理论对技术进步的描述

人们对经济增长问题的关注和研究由来已久，自亚当·斯密的《国富论》① 以来，古典经济学家们的重要著作，如 1817 年李嘉图（Ricardo）的《政治经济学及赋税原理》和 1798 年马尔萨斯（Malthus）的《人口原理》，以及 20 世纪上半叶马歇尔（Marshall）的《经济学原理》、杨格（Young）的《报酬递增和经济增长》、拉姆齐（Ramsey）的《储蓄的数学原理》、熊彼特（Schumpeter）的《经济发展理论》和奈特（Knight）的《投资的报酬递增》，都为现代经济增长理论提供了大量基本素材和思想方法。但目前比较普遍的看法是，现代经济增长理论的开端是在哈罗德

---

① 　亚当·斯密的《国富论》全名为《国民财富的性质和原因的研究》，所以对于古典经济学家，经济学或者政治经济学的中心任务是考察国家财富和国民收入的增长和分配。

（Harrod，1939）和多玛（Domar，1946）基础上建立的哈罗德－多玛模型（Harrod-Domar model）。哈罗德－多玛模型的时代背景是凯恩斯学说大行其道，但在凯恩斯（Keynes）的《就业、利息和货币通论》中，假设人口数量、资本数量和技术条件既定不变，这样的分析实质上是短期和静态的方法，没有把经济看成时间序列上连续的动态过程，哈罗德－多玛模型就是试图在凯恩斯框架上建立经济长期化和动态化分析的尝试，同时，它标志着数理方法开始运用于现代经济增长理论。

哈罗德－多玛模型中涉及 4 个外生给定参数：资本产出比、社会储蓄率、技术进步率和人口增长率。模型的结论是，一国经济增长水平主要取决于资本产出比和储蓄率；虽然在该模型，资本产出比实际上可以看作社会资本产出效率的度量，但总体上该模型强调的是物质资本对经济增长的决定意义。该模型最重要的一个假设是，总量生产函数的投入要素之间是不可替代的，即里昂惕夫型生产函数（Leontief production function），从而得出在充分就业的均衡增长路径上，资本和劳动等要素的供给要符合生产函数的固定技术系数比例，以及储蓄习惯与技术水平增长率须符合劳动的自然增长率。但是，模型中储蓄率、技术系数和劳动增长率都是外生给定的，所以，经济中充分就业的长期增长并不稳定，只是"刀刃上的均衡"。

在对哈罗德－多玛模型的里昂惕夫型生产函数假设批评的基础上，索洛（1956）和斯旺（Swan，1956）各自独立提出了后来被称作新古典经济增长理论的索洛－斯旺模型（Solow-Swan model）。索洛－斯旺模型的改进，一方面，是引入要素间可替代的生产函数（比如，科布－道格拉斯函数）；另一方面，是引入现代动态学方法，而现代经济增长理论的绝大部分重要成果都是建立在成熟运用动态数学方法基础上的。所以，在这一点上，索洛－斯旺模型为现代经济增长理论在方法论上指明了方向。除了总量生产函数和动态数学方法，索洛－斯旺模型被看作现代经济增长理论模型的基准，还因为以下原因：首先，自索洛－斯旺模型开始，整体经济在所有时间序列上的一般均衡分析成为经济增长理论模型中的通则；其次，索洛－斯旺模型确立了现代经济增长理论中从供给方面研究增长根源的思想传统。

但是，从新古典经济学的角度，索洛－斯旺模型并没有考虑消费者和厂商等微观主体的最优化决策，即缺乏必要的微观基础；所以，与哈罗德－多玛模型类似，都假定了储蓄率不变，就是说对资本积累方程做了过于简化的假设。这个改进工作由卡斯（Cass，1965）和库普曼斯（Koopmans，1965）分别独立完成，卡斯和库普曼斯在拉姆齐（Ramsey，1928）

无限时间最优储蓄模型的启发下，采用庞特里亚金（Pontryagin，1962）开创的最优控制理论的最大值原理，提出分析跨期消费最优决策的动态模型，而在模型中储蓄率被内生决定。

拉姆齐－卡斯－库普曼斯模型（Ramsey-Cass-Koopmans model）是与卡尔多收入分配模型（Kaldor，1956）不同的一类储蓄率内生化模型，最终发展为主流的新古典增长理论。但是它的一个前提假设为决策者是永生的，就是说是一个无限时间上的决策问题，这和客观事实不符。所以在拉姆齐模型发展为最终成型的同时，出现了"世代交替模型"。世代交替模型最初的思想出现在阿莱斯（Allais，1947），但是萨缪尔森（Samuelson，1958）的研究引起了更普遍的关注，而模型在《新古典增长模型中的国债》（Diamond，1965）中最终定型。因为资源配置难以在所有时间上平滑，所以与拉姆齐模型相比，戴蒙德模型（Diamond model）导出经济可能存在一定程度上的动态无效率的结论。

回顾新古典增长理论的基本脉络，再来看其对技术进步的刻画方法。在新古典增长模型中，技术变化被假定为外生的和劳动调整的，这与哈罗德-多玛模型还是有区别的，在后者技术增进仅仅表现为劳动生产率的提高，而在新古典增长理论中，由于要素之间可以替代，技术进步在总量生产函数不仅仅表示为劳动生产率的提高，而且表示为全要素生产率的提高。为了兼容新古典的完全竞争一般均衡的传统，新古典增长模型对技术进步的处理方法，只能引入外生技术进步而放弃报酬递增假设，而后者后来被认为是经济增长最重要的源泉。

对新古典增长理论中技术描述的批评至少来自两个方面。首先，在新古典增长理论中，如果说外生技术进步是增长的基本动力，那么，模型其实并没有提供一个真正的解释框架；因为根据模型，尽管增长对社会福利是根本性的，但人们的决策行为却不能通过改进技术对经济产生影响。从政策的角度看，如果技术是外生的，那么，通过政策改进技术从而改善经济增长路径的做法在理论上并不明确。其次，一些著名的增长核算研究，比如，丹尼森（1962）基于美国经济增长数据的实证分析，都显示了新古典增长模型可能的缺陷。丹尼森将增长因素归结为要素投入总量与单位要素产出，进而研究各类因素在美国经济增长中的作用，得出技术进步和管理知识是增长的决定性因素。而索洛（1957）的研究也指出，对美国1901～1949年的增长贡献率，技术进步占87%，所以，把技术进步这样重要的增长机制归因为一个简单的外生假定参数并不恰当。从20世纪80年代以来，主流经济学开始从不同视角将新古典模型中的外生技术参数内生化，试图以各种类型的具体形式内生地解释技术进步的速度是如何被决定的。

2.1.2 内生增长理论技术内生的三种途径

内生增长理论技术内生化的目的是，给经济增长这样的宏观理论建立符合研究传统并且具有现实解释力的微观基础。所以，一般性的方法是在分析框架中为描述技术进步的变量（比如，全要素生产率或人力资本）设计出相应的技术生产函数。内生增长模型的具体形式很多，但从技术内生化途径，大致可以归为以下三类。

第一种途径是假定知识和技术进步是生产过程中无意识的副产品。这种方法的渊源最早可以追溯到《"干中学"的经济含义》（Arrow，1962）中提到的知识和生产率的增益来自于投资和生产的思想。阿罗（1962）指出，技术进步的微观机制就是，一个增加物质资本和产出产量的企业同时也学会了如何更有效率地生产。即人们是通过生产中的学习来获得知识的，而技术进步正是这种学习和积累的结果，这就是"干中学"（learning by doing）或投资中学（learning by investing）的核心思想。因为阿罗的原始模型用到较为复杂的数学方法，谢辛斯基（Sheshinski，1967）将其在结构上简化，使其成为分析"干中学"效应的标准模型。罗默的《递增报酬与长期增长》是这一技术内生化途径的又一重要文献。罗默（1986）也是将生产率视为某些物质资本投入带来的外部效应，由此将投入增加的规模效应与生产率上升直接统一起来。就像伯西金尼（Boucekkine，2002）所评述的，这种方法实际上暗示了体现型（embodied）技术和非体现型（unembodied）技术的统一，这不同于传统经济理论中技术进步独立于资本积累（非体现型）的假设。罗默（1986）模型的另一个关键是，证明了具有这样的报酬递增机制的经济存在稳定的均衡增长路径，而在阿罗模型中增长路径是发散的。这种技术内生化方法还被应用在贸易与增长理论研究的一些重要领域，比如，布勒齐和克鲁格曼（Brezis，Krugman，1993）以一个贸易与增长的两国模型，解释了作为偶然技术进步的所谓"蛙跳"的重要机制，而在这个机制中，旧技术生产过程的"干中学"正外部性和新技术初期的缺乏效率，是结论成立的基本假设之一。

总之，第一种是技术内生化途径，就是将生产率增加视为生产本身或某些物质资本的变化带来的外部效应，由于知识没有得到直接报酬，在形式上似乎类似于新古典模型；但重要的不同之处在于，知识作为生产过程中的副产品，其产量取决于生产过程，所以本质上知识产生和技术进步内生于生产过程，即微观主体的行为影响了知识的生产与积累。从这个意义上，技术进步是内生的。

技术内生化的第二种途径，是假定技术进步来自有目的的研发活动（R&D）。这种方法是通过设立研发部门的研发生产函数，在经济增长模型中内生化技术水平的变化。这里的关键是假设知识生产、使用过程中同时具有排他性和非竞争性（nonrival）的特点，就像罗默在《内生技术进步》中所表述的，知识的特性在不同的生产使用过程中是可以分离的，在知识生产即研发活动（R&D）中具有完全的外部性，但在其用于生产产品的过程中具有一定程度的排他性。这样，外部性保障了持续增长，而排他性使研发活动因为可以获得事后的垄断利润而在经济中存在。这类将R&D理论和垄断竞争理论整合在同一框架内的重要文献，还包括斯乔斯托姆等（Segerstrom et al.，1990）、阿吉翁和霍伊特（Aghion，Howitt，1992）、格罗斯曼和赫尔普曼（Grossman，Helpman，1991a；1991b）、巴罗和萨拉-伊-马丁（Barro，Sala-i-Martin，1995）以及阿吉翁和霍伊特（Aghion，Howitt，1997）。格罗斯曼和赫尔普曼（1991a）提出的是一个产品质量不断提高的内生增长模型，因为假设产品质量的提高是靠研发获得的，所以引进R&D生产函数。模型中存在拥有先进技术的领先者与跟随者两类厂商，新产品只享有有限时间的技术领先，产品质量的提高是跟随者研发的结果，而质量竞争过程具有连续周期性质。格罗斯曼和赫尔普曼（1991a）预见了经济存在长期均衡增长率，考察了资源、研发、贸易和增长之间的互动关系，为理解内生增长的微观机制提出诸多洞见，但模型对行业技术领先者不进行研发以及追随者不进行模仿的假设与事实不符。阿吉翁和霍伊特（1992）与格罗斯曼和赫尔普曼模型有类似之处，它是将熊彼特方法引入内生增长理论的开创性研究，阿吉翁和霍伊特（2000）这样评价该模型的特点，技术进步的来源是创新，创新的来源是利润最大化的厂商有目的的研发活动，而垄断租金作为创新激励却具有耗散性。

技术内生化的第三种途径，是假定人力资本积累是经济增长的源泉。这种方法通过设立人力资本的积累方程，以经济增长模型中内生化人力资本存量的变动来解释技术进步和生产率变化。卢卡斯的《经济发展的机制》是人力资本内生化的代表性文献。卢卡斯（1988）先引入舒尔茨和贝克尔（Schultz，Becker，1964）的人力资本理论，借鉴罗默（1986）的技术处理方法，修改宇泽（Uzawa，1965）的技术生产方程，建立了专业化人力资本积累的增长模型。卢卡斯（1988）由两部分组成，即两时期模型和两商品模型，将资本分为物质资本和人力资本，将劳动分为原始劳动

（raw labor）和专业化人力资本（specified human capital），而专业化人力资本是经济增长的真正动力。虽然卢卡斯模型既能解释经济增长又能解释人均收入和增长率的跨国差异，但还是受到一些批评。批评主要来自两方面，一方面，是人力资本的难以测度问题，以及模型中没有涉及两部门内生增长的动态性质，马利根等（Mulligan et al.，1991）曾尝试对此进行改进；另一方面，是在卢卡斯模型的人力资本积累方程中，对人力资本生产起关键作用的只是人力资本本身。这与事实并不相符，因为物质资本、人力资本和技术创新都有可能对人力资本的生产起作用。所以，曼昆等（Mankwin et al.，1992）建立了考虑多种要素的人力资本生产函数，而这些要素也正是最终产品总量生产函数的生产要素，并据此做了著名的实证研究。

2.1.3 水平创新与垂直创新

如果把所有产品分为最终消费品和作为生产性投入要素的中间产品两类，那么，可以用最终消费品种类的增加来描述社会福利的增进，因为消费品种类增加隐含着消费品种的多样化，从而消费者拥有更多选择的自由。与此类似，理论上也可以以中间产品种类的增加和质量的提高来刻画技术进步，因为从某种意义上说，中间产品种类的多样化意味着社会产业分工的细化和深化，即社会迂回生产的路径增长，这是技术进步最关键的特征；而同一种中间产品质量的增进，或者说该中间产品作为要素的边际生产力提高，更是显而易见地体现了这种产品的技术进步。

我们可以把表现为产品种类多样化的技术进步过程定义为水平创新（horizontal innovation），如果考虑到经济中 N 种中间产品存在于某个时间截面；而把表现为产品质量增进的技术进步过程定义为垂直创新（vertical innovation），因为待考察的某种中间产品的技术进步体现在其质量的纵向阶梯上。绝大部分内生增长模型的技术水平创新和垂直创新方法，都采用上文所述的第二种技术内生化途径，将技术研发引入分析框架，即认为中间产品多样化或质量增进是厂商利润最大化决策的结果，并且考虑垄断竞争的市场结构。

贾德（Judd，1985）做了内生增长水平创新方法的开创性研究，而罗默（Romer，1987；1990）是标准的水平创新内生增长模型。罗默（1990）运用斯宾塞（Spence，1976）、迪克西特和斯蒂格利茨（Dixit，Stiglitz，1977）与埃舍尔（Ethier，1982）的分析方法构建中间产品种类增加的技术内生机制。① 罗默（1990）涉及包含最终产品部门、研发部门和中间产品部门的三部门经济，最终产品部门产出由人力资本、劳动力与中间产品使用量决定，而中间产品的投入以 N 种连续产品形式表达。这个模型的一个关键是，在生产要素规模报酬递减的假定下，均衡时最终产品部门将使用所有的且等量的中间产品，因为如果某种中间产品的使用量为 0，则它的边际产出将是无穷大，且随着使用数量的增加而递减。如果所有中间产品的价格是有限的，那么，最终产品部门的最优选择是使用所有种类的中间产品。将稳态时中间产品均衡数量代入最终产品部门的生产函数可以发现，最终产品部门产出由劳动力、中间产品的种类与使用量决定，并且变换后可以得到对于劳动力和中间产品总量，生产具有不变规模报酬以及 $N^{1-\alpha}$ 的规模递增项。其中，N 是可获得的中间产品种类数量，α 为中间产品份额。这样，就完整地表达了中间产品多样化作为刻画内生增长中技术进步的思想。

罗默（1990）也假设了研发部门生产由人力资本及其生产系数决定，但总体上模型的重点是把中间产品种类数量 N 作为技术进步的表现形式。运用水平创新方法的重要文献还有格罗斯曼和赫尔普曼（1991），里弗－巴蒂斯和罗默（River-Batiz, Romer, 1991）、杨（Young, 1991；1993），赫尔普曼（1992），琼斯（Johns, 1995），巴罗和萨拉-伊-马丁（1995）。

与水平创新方法关注中间产品种类数量 N 不同，垂直创新方法假设每种中间产品具有某种质量阶梯（quality ladders），而技术进步体现为质量阶梯上位置的上升。处理最终产品生产函数中间产品的具体方法，垂直创新类似于水平创新模型，一般仍采用 D-S 生产函数（Dixit-Stiglitz production function），使用 N 种中间产品投入，但与水平创新模型不同的是 N 恒定不变。现在，假设一个存在最终产品部门、研发部门和消费者的三部门经济，质量阶梯的各梯级差相等并且为 $q>1$，虽然原则上厂商可以生产不同质量等级的同一种产品，但为了简洁只考虑一种均衡，即只生产最高质量的中间产品，且最终产品部门只用这种最高质量的中间产品投入来生产。通过计算各个局部市场均衡，可以得到最终产品部门产出主要由劳动力与中间产品质量加总来决定，而质量加总与各类中间产品在质量阶梯上的位置有关，这就是以中间产品质量提高来刻画内生增长中技术进步

---

① 斯宾塞（Spence, 1976）先尝试产品多样化思想的模型化，迪克西特和斯蒂格里茨（Dixit, Stiglitz, 1977）改进了方法并把它运用于消费品多样化的分析，埃舍尔（Ethier, 1982）则建立了连续中间产品的生产投入模型。

的思路。格罗斯曼和赫尔普曼（1991），斯托基（Stokey，1991，1995）是运用垂直创新方法研究的重要文献。

垂直创新也可以看作熊彼特方法（Schumpeter approach）的一种具体形式，正如阿吉翁和霍伊特（1992）所应用和论述的，熊彼特方法的核心是"创造破坏"（creative destruction）的思想。当产品或技术改善时，新产品或新技术会倾向于淘汰已有的产品或技术，现在假设中间产品是可以完全替代的，成功的发明者将沿着产品质量维度完全取代旧产品的垄断地位并取得所有垄断收益。熊彼特方法将经济过程的达尔文式竞争引入增长理论，并把经济增长和经济周期放在同一研究框架，扩展了经济增长理论的视野。

在一个模型中同时考虑水平创新和垂直创新的文献，有杨（1998），佩雷托（Peretto，1998），阿吉翁和霍伊特（1998），迪洛普洛斯和汤普森（Dinopoulos，Thompson，1998），霍伊特（1999），佩雷托和斯马尔德斯（Peretto，Smulders，2002）等。但正如巴罗和萨拉-伊-马丁（1995）所论述的，同时采用水平创新和垂直创新在很大程度上增加了模型的复杂性，所以如果不是模型的特殊要求，一般采用其中的一种就可以，因为从技术创新的角度看两者本质上并没有区别。

2.2　能源、技术与经济增长文献述评

我们来回顾基于能源约束和技术创新的经济增长理论文献。根据古典经济学理论，比如，李嘉图和马尔萨斯的观点，如土地这样的自然资源日益稀缺而导致劳动和资本等要素的边际报酬下降，将使经济增长在长期内停滞。但是，无论是新古典经济增长理论还是内生增长理论，基本结论都是即使存在不可再生资源的耗竭，经济持续甚至经济增长在理论上都是可能的，并且技术创新在其中扮演着特别重要的角色。

2.2.1　新古典增长的能源约束与技术进步

基于可耗竭能源的新古典增长理论出现在 20 世纪 70 年代，在此之前的新古典增长理论，包括标准的索洛模型、拉姆齐模型和戴蒙德模型，都并不重视自然资源的影响。可耗竭能源的新古典增长标准模型的出现有其现实背景，一方面，1973～1974 年席卷全球的石油危机使经济学家重新思考是否需要把石油一类的不可再生能源作为独特的投入要素来评估经济增

长的可持续性，并且根据当时的能源技术发展水平，把化石能源作为生产总量函数中的必须要素（essential factor）比较符合实际情况；另一方面，是对当时盛行的罗马俱乐部（club of Rome）等马尔萨斯主义者悲观论断的回应。主流经济学家在这方面最重要的早期研究结集发表在1974年的《经济研究评论》上，主要有达斯古普塔和希尔（Dasgupta，Heal，1974），索洛（1974），斯蒂格利茨（1974），而在此基础上发展的DHSS模型（Dasgupta-Heal-Solow-Stiglitz model）被认为是基于资源约束的新古典增长理论的标准分析框架。[①]

DHSS模型认为，应该充分考虑自由竞争市场的资源相对价格变化对经济长期路径的影响。模型结论对资源约束和经济增长问题的回答是，至少要素替代、技术进步和规模报酬三种途径可以补偿自然资源耗竭带来的对增长的负面影响，这是对持悲观论调的弗罗斯特（Forrester，1971）和梅多斯等（Meadows et al.，1972）的强力回应。下面，就DHSS模型的基本框架对要素替代、技术进步和规模报酬三种途径的内在机理及相关拓展研究做简要评述。

最主要的是要素替代，替代意味着可耗竭能源在生产过程中将逐步被可再生能源或人造资本替换，比如，石油、煤炭等化石能源将被太阳能、风能、潮汐能等取代。问题是在什么条件下，理论上在生产过程中资本积累将完成与自然资源之间的无限替代。DHSS的做法是，假设一个没有技术进步的包含资本、劳动和自然资源的标准常替代弹性系数总量生产函数（CES），在资本对自然资源的价格替代弹性大于1时，可解得自然资源趋向于0时的产出极限与自然资源无关。这个结论的经济含义是，如果资本对自然资源的替代是有效和长期的，自然资源对长期增长就不是必需的（inessential）。卡斯和米特拉（Cass，Mitra，1991）在一个考虑了不同能源开采费用的更一般的资本—能源替代模型中，给出了技术约束下保持长期消费不下降的充分必要条件，与标准DHSS模型的结论类似。因为CES是运用广泛的最一般的生产函数，所以结论是有普遍意义的。在此基础上的另一个一般化的分析是，把劳动和资本看作一种"联合资本"对自然资源进行替代，这里涉及要素间不同的替代率，但是基本结论不变。

对于标准DHSS框架，如果资本对自然资源的价格替代弹性小于1，

---

① DHSS模型可以简洁地表述为以下系统：$Y(t) = Y(K(t)，L(t)，R(t)，t)$；$\dot{K}(t) = Y(t) - C(t) - \sigma K(t)$；$\dot{S}(t) = -R(t) = -u(t)S(t)$；$L(t) = L(0)e^{nt}$. 其中，$Y$、$K$、$L$、$C$、$S$、$R$分别表示产出、资本、劳动、消费、资源存量、资源开采量。

那么，在没有外生技术进步的情况下，可解得自然资源趋向于 0 时的产出极限为 0，所以这时自然资源对长期增长是必需的（essential）。再看替代弹性为 1 时的情况，这时自然资源趋向于 0 时的 CES 生产函数退化为科布－道格拉斯函数，索洛（1974）证明了在不考虑外生人口增长率和资本折旧的情况下，只要满足资本的产出弹性大于自然资源的产出弹性就能保持长期增长。而对于科布－道格拉斯函数，要素的产出弹性即它的投入份额，这恰好很容易在实证研究中得到。从诺德豪斯和托宾（Nordhaus，Tobin，1972）到诺伊迈尔（Neumayer，2000），很多实证研究结果表明资本的投入份额是能源消耗份额的数倍，这就解释了能源约束下为什么经济仍旧长期增长。DHSS 模型要素替代的另一个重要结论是，在竞争假设下如果自然资源租金等于资本投资数额，则最优均衡消费路径在长期是可持续的，这在哈特维克（1977）及以后的文献有更专门的分析，被称作哈特维克－索洛准则。

与对替代效应机制的分析类似，可以在相同的包含资本、劳动和自然资源的标准 CES 总量生产函数的自然资源项加入技术函数，比如，指数技术存量函数，来分析技术进步的增长效应；也可以在标准 CES 总量生产函数的指数项加入刻画规模报酬递增的系数来分析规模报酬的增长效应。两者的基本结论是，即使资本对自然资源的价格弹性小于 1，技术进步和规模报酬的内在机制在理论上都可以使经济保持长期增长，这就是外生技术进步的 DHSS 模型的基本结论。

下面，对能源约束新古典增长理论的外生技术进步再作几点说明。首先，技术进步，特别是包括节能技术的能效提高技术是关键。① 正如琼斯（2002）所得出的结论，在要素替代不完全时，节能技术所达到的水平应至少与自然资源收入份额的不上升相匹配，而要素份额的相对稳定正是卡尔多典型事实（Kaldor stylized facts）之一，被许多经验研究所证明。其次，这里的技术进步是平滑的，但是对于关键技术的突变依然成立，并且正如达斯古普塔等（1977，1980）所讨论的，关键技术突变的概率与一定时期内 R&D 投入总量相对应，卡米恩和施瓦茨（Kamien，Schwartz，1978），尤斯特等（Just et al.，2005）也以类似的方法做过研究，这已倾向于技术内生化方法，我们将在下一部分讨论。

还有一些基于技术外生的经济增长文献，由于考察视角与使用的具体

---

① 达斯古普塔（Dasgupta，1993）举例，在过去的 60 年中，生产每度电的耗煤量由原先的 7 磅下降到不足 1 磅。

方法不尽相同，得出的基本结论与 DHSS 模型并不相同。比如，拉舍和塔托姆（Rasche，Tatom，1977）在一个资本与能源之间存在不变替代弹性的技术外生增长框架中分析可耗竭能源约束下的经济均衡增长路径，结论是由于能源消耗及其不可再生性，经济不能维持长期增长。佩泽和维特金（Pezzey，Withagen，1988）将资源作为存量进入最终产品生产函数并假设技术外生，基本结论是随着不可再生资源的耗竭，人均消费增长率先增加，在达到某个峰值后下降，经济体不存在均衡增长路径。萨克斯和华纳（Sachs，Warner，1997）与格莱法森（Glyfason，2001）等也是通过技术外生增长模型研究自然资源耗竭与经济长期增长之间的关系，发现两者负相关，稳定的均衡增长路径并不存在。

2.2.2 内生增长的能源约束与技术进步

最先尝试在可耗竭资源增长理论中将技术内生化的是铃木（Suzuki，1976）与卡米恩和施瓦茨（1978），基亚雷拉（Chiarella，1980）通过改变技术生产方程及内生化储蓄率扩展了铃木（1976）模型的分析方法，类似的研究还包括罗布森（Robson，1980）与高山（Takayama，1980）。这些研究的共同特点是以某种方式引入了规模报酬递增机制，同时基于经济效率假设而没有考虑外部性和垄断竞争。下面，以简化的铃木（1976）模型为例简述机理。

这类模型是在 DHSS 分析框架的基础上加入内生机制，技术内生化方法是将最终产出的一部分投入研发来获得技术进步和生产率提高。假设科布-道格拉斯总量生产函数的投入要素由技术存量、资本、劳动和能源四种组成，除技术存量外的另外三种要素的指数相加为 1。经济中有两种积累：一种是技术存量的投资；另一种是资本的投资。如果不计两类"资本"折旧，动态方程是广义资本增加总量等于产出和消费之差。因为是完全竞争假设，所以要素的配置都在最优路径上，这样均衡时的技术和资本的比例将等于生产函数中的指数之比，代入生产函数和资本积累方程可以解出均衡。这类模型的基本结论是，均衡路径上保持消费增长的条件有两个，一是经济中广义资本产出弹性大于 1，或者广义资本和劳动的产出弹性之和大于 1 且劳动力的增长率为正。就是说，如果在广义资本或者广义资本和劳动要素联合投入（且人口增长率为正）上存在规模报酬递增，则内生增长在理论上是可能的。格罗特（Groth，2004）证明了以上条件是经济长期增长的充分必要条件，并且在增加一些外生技术假设下做了进一步分析，基本结论没有变化。格罗特和朔（Groth，Schou，2006）使用了类似的技术内生机制分析可耗竭资源内生增长，但是技术内生的来源不是有目的的 R&D，而是类似于阿罗（1962）和罗默（1986）的"干中学"的内生途径。

20 世纪 80 年代以来的可耗竭资源内生增长模型，一般基于多部门和更复杂的 R&D 系统。这类模型的发展有其理论和现实背景，首先，随着卢卡斯（1988）、罗默（1990）和雷贝罗（Rebelo，1991）等的发表，第一代内生增长理论已经成熟，并且格罗斯曼和赫尔普曼（1991）与阿吉翁和霍伊特（1992）提供的中间产品技术内生化方法引发了各个领域的内生增长研究潮流。其次，在这时期，对资源稀缺性和可持续发展问题的关注产生了大量研究能源资源对宏观经济影响的重要文献，[①] 所以，内生增长理论的研究者们试图在新的研究范式下建立可耗竭资源内生增长模型，此类与资源约束相关的新一代内生增长文献主要有琼斯和马努埃利（Jones，Manuelli，1997），阿吉翁和霍伊特（1998），斯科尔茨和齐米斯（Scholz，Ziemes，1999），朔（Schou，2000，2002），格里莫和鲁热（Grimaud，Rouge，2003），格罗特和朔（2007）。这类模型的共同特点是自然资源作为必需的生产要素进入最终产品生产函数，但是并没有进入 R&D 部门或人力资本的积累方程，即本质上自然资源并没有进入内生增长的动力引擎，[②] 所以，这些模型与没有考虑资源约束的第一代内生增长模型的结果有类似之处。下面，简单介绍此类模型的基本机制。

假设一个多部门经济，科布-道格拉斯最终产品生产函数的投入要素由技术存量、资本、部分劳动和能源 4 种组成，除技术存量外的另外 3 种要素的指数相加为 1。如果不计资本和技术存量折旧，经济中的资本积累方程可写为资本增量等于产出和消费之差，技术增量是另外一部分劳动与技术存量的线性函数，能源存量增量（负值）为最终部门的能源消费量，最终生产部门和研发部门的劳动数量恒定。这类模型的一个关键是，研发部门和最终产品部门生产技术的异质性。另外，对于最终生产部门面临的技术进步，可以用中间产品的种类变化或质量增进来表达。斯科尔茨和齐米斯（1999）与朔（2002）都是借鉴了罗默（1990）的方法，以中间产

---

① 这类文献包括，齐齐尔尼斯基（Chichilnisky，1985），齐齐尔尼斯基和希尔（Chichilinsky，Heal，1983），马冉和斯文森（Marion，Svensson，1984），赫利内尔等（Hellinell et al.，1982），萨克斯（Sachs，1981，1983），克鲁格曼（Krugman，1983），布伊特和普维斯（Buiter，Purvis，1983）。

② 对此的主要解释有，类似于很多模型对资本的处理方法，在现实经济中自然资源对教科文等事业的影响要比对制造业等产业小很多。

品多样化即水平创新来刻画技术进步，而阿吉翁和霍伊特（1998）与格里莫和鲁热（2003，2008）是以垂直创新来描述的。但是，通过各局部市场的均衡条件，可以将最终产品生产函数转化为标准的以种类数或质量水平为变量的形式。

这类全内生增长模型的基本结论与 DHSS 模型差异较大，却与没有能源约束的内生增长模型更接近，故总体上情况是乐观的，长期的经济增长可以维持。琼斯和马努埃利（1997）考虑一个以资本、劳动和自然资源生产消费品且仅仅以资本生产资本品的经济，并且没有引入规模效应机制；朔（2000）的模型拓展了卢卡斯（1988）的人力资本模型，假设能源资源仅仅在最终产品部门使用，并且考虑了使用能源资源对环境的影响。以上两者的分析，都基于技术存量积累可以促进内生增长的机理，基本结论也类似。

对上述"标准模型"的一个批评是，不可再生能源没有在研发部门或人力资本生产部门使用，这似乎不符合实际。我们知道，教育部门或研发部门的能源资源消耗与工业相比是微不足道的，但这类问题在理论上却不容忽视，因为这意味着不可再生能源作为一种独特的要素没有直接进入经济增长的动力系统，如果这种要素在技术生产上是不可或缺的，那么，对增长的作用也是决定性的。基于此，格罗特（2005）对上述多部门模型分析框架进行了拓展，首先，是假定最终生产部门和研发部门都使用能源，使用总量等于能源市场部门的产量；其次，假设最终生产部门和研发部门都使用劳动，劳动总量有一个外生的增长率；最后，是研发部门技术积累方程对应资本存量的指数不等于 1，这与标准模型不同，类似于半内生增长模型。该模型的基本结论是在有一定外生人口增长率的情况下，要达到可持续增长的条件是，技术积累方程对应资本存量的指数必须大于 1，而不像标准模型的等于 1。在资本存量的指数小于 1 时，除非降低均衡增长路径上可耗竭能源的开采率，否则经济不能长期增长。所以，维持长期增长的条件要苛刻很多，格罗特（2006）在该模型基础上做了最优政策研究，基本结论为无论是怎样的市场结构和政策工具，保持长期增长的充分必要条件是资本存量指数大于 1 或者可耗竭能源开采率小于一定的水平；所以，其政策含义是如果不可再生能源对于研发部门是必需的，长期增长就需要政府制定相应的储能节能政策。

与上述可耗竭能源进入两部门的方法类似，另外一类文献是让资本同时进入最终产品生产部门和技术生产部门，而可耗竭能源只出现在最终产品生产函数中。与上面可耗竭能源进入两部门方法的比较可以发现，在这里能源的角色好像类似于资本，是一种非直接的进入增长动力源的方式，但是结论却有变化。在这类模型中，首先，是假定最终生产部门和研发部门的资本使用量等于社会资本总量；其次，假设最终生产部门和研发部门的劳动总量有一个外生的增长率，以及研发部门技术积累方程对应资本存量的指数不等于1，其余的假设相同。这类模型的基本结论是，这种由资本直接进入技术生产部门而可耗竭能源非直接进入增长动力源的方式，其均衡增长条件与能源直接进入技术生产部门时的情况相对接近，而与可耗竭能源和资本仅仅进入最终产品部门的"标准模型"结果相差很大，所以，本质上是一种考虑了可耗竭能源对增长动力影响的模型。这与阿吉翁和霍伊特（1998）可耗竭能源内生增长的比较研究的结论类似，阿吉翁和霍伊特（1998）比较了分别加入可耗竭能源约束的两部门熊彼特创新模型与扩展的AK模型，实际上前者类似于"标准模型"而后者类似于可耗竭能源非直接进入技术生产的方法，其结论是在前者保持长期增长的情况下后者不一定总能保持增长。所以，如果可耗竭能源是必需的，能源和资本进入增长动力部门的方式（直接的或者间接的）会在很大程度上影响长期均衡增长条件。

现在，我们讨论另外几个重要的研究方向。

首先，是引入"技术偏向"。这类研究的背景是阿西莫格鲁（Acemoglu，1998；2001；2003）开创性的工作，阿西莫格鲁的技术偏向是指，由于经济中不同要素使用部门的经济效率不同，专业化的技术创新会倾向于有更大产出潜力和经济利益的部门，所以技术进步的方向被内生地决定。实际上，这是希克斯（1932）引致创新概念的现代版本，关键是技术的结构和创新的相对价格。① 借鉴阿西莫格鲁（2003）的方法，安德烈和斯马尔德斯（André，Smulders，2004）通过扩展斯马尔德斯和努伊吉（Smulders，Nooij，2003）模型，研究了引致创新的偏向程度如何使得能源价格和能源使用量在时间序列上呈现倒"U"形曲线。同样的方法，马瑞尔和瓦朗特（Maria，Valente，2006）在内生增长框架中研究了利润刺激如何对技术进步率和技术偏向产生影响。琼斯（2005）旨在给基于替代弹性小于1的CES生产函数的可耗竭能源增长模型提供微观机制，该研究的一个结论是对于长期增长，技术进步必须是能源扩展型或劳动扩展型的，资本扩展型的技术进步不能保证均衡增长路径。布雷茨格和斯马尔

---

① 希克斯（Hicks，1932）首次提出并论述了引致创新，肯尼迪（Kennedy，1964）与达冉大克斯和费尔普斯（Drandakis，Phelps，1965）做过形式化方面的工作。

德斯（Bretschger，Smulders，2006）考虑了一个基于研发的包括传统产业和高技术产业的两部门经济。在 CES 生产函数中，中间产品和可耗竭能源的替代弹性小于 1，假设高技术部门内要素的替代弹性较高，则相对价格变化使消费需求倾向于高技术部门，理论上产出可以克服可耗竭能源投入下降的影响。

其次，考虑能源开采费用和能源价格的影响。无论是 DHSS 模型还是标准的可耗竭能源内生增长模型，都假设能源部门生产遵循基本的霍特林法则（Hotelling，1931），即都忽略了能源开采成本对能源市场价格的影响。标准的霍特林模型的一个推论是能源价格将随时间上升，能源使用量将随时间下降，但这与一些著名的实证研究，比如，诺德豪斯（1992），斯米乐（Smil，1994），克劳特克拉姆（Krautkraemer，1998）、琼斯（2002）等的结论不符。塔弗能和萨劳（Tahvonen，Salo，2001）对此的解释是，存在可耗竭能源和可再生能源之间的替代与技术进步，使得可耗竭能源的生产成本逐年降低。霍特林模型本质上是一个"等边际"法则，指最优路径的条件是拥有能源资源的机会成本和收益在时间截面和时间序列上处处相等。既然能源租相等，那么开采成本的变化就会影响市场价格，从而影响一般均衡的能源消费和经济增长路径。可以将开采成本或"存量效应"（stock effects）写入能源部门的供给方程来拓展模型，或者以类似于雷贝罗（1991）AK 模型中的 K，把两种性质的能源联合起来刻画。

再次，是考虑可耗竭能源存量作用的研究。虽然在环境经济学中，对可再生能源存量的福利研究较为普遍，但在自然资源经济学中，一般把能源消耗看作类似于劳动力的一次性消耗的投入要素。可耗竭能源存量作用可以体现在代表性消费者的效应函数，就是说强调了可耗竭能源的存在本身就能够给人们带来效用，这里的一个内在逻辑是未来的不确定性对微观主体决策的影响。克劳特克拉姆（1985）是可耗竭能源存量研究的开创性文献，希尔（1998）也在此基础上做了与可耗竭资源和可持续发展相关的研究。

最后，我们讨论一下能源耗竭内生增长模型的稳定性问题。我们一般定义在没有任何外生因素下能够保持正的长期均衡增长率的模型为全内生增长模型。格罗特和朔（2002）指出，如果资本和技术的联合投入的"广义资本"的产出弹性大于 1，则全内生增长是可能的。但是，这里有一个潜在的危险，如果广义资本的产出弹性过大，则可能存在一个爆炸性的路径——经济增长不收敛。所以，最好的一种情况是，广义资本的产出弹性大于 1 但又不能过大，以至于下降的能源储量对经济的拉滞作用刚好能够平衡。

内生增长模型的稳定性问题是涉及模型性质的根本性问题。琼斯（2001；2003）曾提出，内生增长理论最关键的问题之一，是对微分方程线性项的依赖，即著名的"线性批评"（linearity critique）。就是说，模型的稳定性依赖于一个刀锋条件，只要线形规定放松一点，要么产生爆炸式增长，要么不产生增长。比如，AK 模型的关键是假定了物质资本的运动微分方程是线性的，而卢卡斯（1988）则假定人力资本的积累方程是线性的。本哈比比等（Benhabib et al., 1994）、阿诺德（Arnold, 2000；2006）、斯特格（Steger, 2003）、斯罗博迪安（Slobodyan, 2007）、蒙达尔（Mondal, 2007）分别考察了罗默（1990）、琼斯（1995）、斯乔斯托姆（Segerstrom, 1998）经济系统的动态特征。下面，我们再来看可耗竭能源内生增长模型的稳定性。

首先，全内生增长均衡是可能的且不需要刀锋条件。不考虑不可再生能源的传统模型的全内生增长条件在增长引擎内投入要素是报酬不变的，现在，假设可耗竭能源必须在增长引擎中，则将拖滞经济增长，而这正好为广义资本具有规模报酬递增创造了条件。再看半内生增长的情形，这时的均衡增长条件是在外生人口增长率为正时，广义资本产出弹性小于 1 大于某一正数，这其实是更符合现实经济的条件。

国内在动态一般均衡框架内对能源、技术与经济增长进行统一考察的理论文献较少，下面就一般均衡或局部均衡框架内基于动态方法的理论文献和针对中国具体国情的实证研究作简单介绍。

王海建（2000a；2000b）利用卢卡斯（1988）的人力资本内生经济增长模型，将耗竭性资源纳入生产函数，考察了考虑环境外部性对跨期效用影响时的环境质量和人均消费的平衡增长路径，讨论耗竭资源管理与人力资本积累对内生经济增长的政策含义。杨宏林等（2004）分别在新古典增长模型和卢卡斯人力资本内生增长模型内建立能源使用动态方程，在动态一般均衡框架内引入能源约束，求解社会最优均衡增长路径，讨论如何在保证能源可持续利用时实现经济可持续发展。

于渤等（2006）基于 R&D 内生增长模型，建立了同时考虑能源资源耗竭、环境阈值限制与环境治理成本的可持续增长模型，并运用最优控制方法讨论了模型的平衡增长解。在此基础上，进一步讨论可持续发展的必要条件的规范性特征，即能源资源耗竭速率、污染治理的投入比例与经济增长之间应满足的动态关系。

彭水军和包群（2006a）将环境质量作为内生要素同时引入生产函数

与效用函数，构建了三个带有环境污染约束的经济增长模型，较为系统地分析了环境污染外部性、物质资本积累、人力资本开发以及内生技术进步影响长期经济增长的内在机制。模型的基本结论表明，在环境污染约束下，人力资本投资和研发创新是经济长期持续增长的主要动力源泉和决定性因素。

彭水军和包群（2006b）通过将存量有限且不可再生的自然资源引入生产函数，构建了一个基于产品种类扩张型的四部门内生增长模型，求解平衡增长路径并给出经济增长和均衡存在的充分性条件，探讨在人口增长和资源耗竭约束条件下内生技术进步促进经济增长的动力机制，并通过比较静态分析讨论各参数变化对稳态增长率的影响。

罗浩（2007）在扩展的新古典增长模型框架内证明，在特定技术条件下自然资源的固定禀赋最终将使经济增长停滞，然后，分别探讨了解决资源"瓶颈"的两种机制。其一是产业转移，即开放条件下，厂商通过向外地转移资本和劳动以利用该地的自然资源，从而带动了该后起地区的经济增长；其二是技术进步，即封闭条件下，厂商将一部分产出投入于研发活动，开发自然资源增进型技术从而推动本地区的经济增长。

陶磊等（2008）以一个包含可再生资源的动态一般均衡模型，考察耗竭性资源对长期经济增长的影响。通过假设技术进步取决于研发投入，将储量效应作为资源可再生特性，采用最优控制理论求解模型的稳态增长解。其结论显示，可持续增长不能单方面强调技术进步，对可再生资源的合理利用也是实现可持续增长的有效途径。

吴利学（2009）在动态随机一般均衡（DSGE）框架内构建能源效率的机制决定模型，探讨不同冲击对中国能源效率波动作用的差异。运用理论分析和数值模拟方法，从波动角度分析了中国能源效率的变化，特别强调波动成分对能源效率的短期影响。其基本结论，一是内生的资本利用率变化可以成为决定中国能源效率波动的关键机制；二是全要素生产率、能源价格和政府消费的冲击对能源效率的影响差异很大。

许士春、何正霞和魏晓平（2010）将耗竭性资源和环境污染问题纳入内生经济增长模型，运用最优控制方法研究经济可持续最优增长路径。求解模型平衡增长路径，在此基础上探讨实现经济可持续的必要条件，讨论消费跨期替代弹性、人力资本积累效率与时间贴现率之比应满足的动态关系，并对影响可持续增长的变量进行比较静态分析和模拟检验，考察了模型参数对各类增长率的影响。

姚昕和刘希颖（2010）从微观主体出发，通过求解在增长约束下基于福利最大化的动态最优碳税模型，得到最优碳税征收路径并测算其宏观影响。基本结论是，开征碳税有利于减少碳排放，提高能源效率，调整产业结构。并且，在保障经济增长的前提下，中国的最优碳税是一个动态的渐进过程，即随着经济增长和经济社会承受力提高，最优碳税额将逐渐上升。

在运用局部均衡方法的文献中，魏晓平和谢钰敏（2001）将耗竭资源与可再生资源做了区分，在资源部门局部动态均衡的框架内对资源替代问题进行分析。讨论了资源耗竭及替代发生的条件，以及一些特殊情况下矿产资源的最优配置，从理论上阐述了耗竭资源与可再生资源的不同特点对资源配置和代际公平的意义。

李卓（2005，2008）采用局部动态方法分析了在面临外生性石油供给冲击时，国家石油战略储备计划对国内石油消费以及石油价格走势的动态影响。研究表明，石油战略储备计划启动最优时机的选取主要取决于消费的结构性特征以及石油供给状况。石油战略储备有助于平缓石油冲击的影响，但不能消除石油冲击发生时油价的跳跃性波动，所以，战略性石油储备的功能主要应该定位于应对外部石油供给的突然中断，而不是平抑油价走势。

林伯强和杜立民（2010）从社会福利最大化视角出发，构建了一个简洁、有效的局部均衡模型，求解中国最优战略石油储备规模，并根据中国的具体数据进行了数值模拟和敏感性分析，讨论了生产成本、市场利率、进口价格、需求价格弹性和石油中断供给规模对最优储备规模不同程度的影响，并指出后两者对最优储备规模影响更大。

基于国内数据的实证研究：

首先，是能源消耗和经济增长之间关系的相关研究。林伯强（2001）在能源、资本和劳动力三要素生产函数下，使用协整分析和误差修正模型研究了电力消费与经济增长之间的关系，得出电力消费和经济增长之间具有内生性，即存在电力到 GDP 的因果关系。韩智勇和魏一鸣（2004）按照协整检验和因果分析方法，对中国 1978～2000 年能源消费与经济增长的协整性和因果关系进行研究，认为中国能源与经济增长之间存在双向因果关系，但不具有长期的协整性。马超群等（2004）利用协整与误差校正模型研究了中国 1954～2003 年能源消费与 GDP 的关系，结论是两者存在长期协整性，而且具有很强的格兰杰（Granger）双向因果关系。赵进文和范继涛（2007）采用非线性 STR 模型得出经济增长对能源消费的影响具有非线性特征，并指出两者之间具有非对称性变化。当 GDP 增长绝对下降时，能源消费比 GDP 有更快的下降速度，当 GDP 增长速度很高时，能源消费较 GDP 有更快的增长速度，经济增长完全以能源的高能耗为代价。

其次，是能源效率与经济增长的实证研究。林伯强（2003）以产业产出的增加值与产业消费电力的比值来衡量能源效率改进，并纳入生产函数，以此分析能源效率改进对产出的影响。齐绍州（2005）假设中西部地区的能源效率是其与东部发达地区平均收入水平之差的函数，据此分析了不同经济发展水平的东部地区和中西部地区的收入增长与能源效率之间的关系，发现东部地区的高速经济增长是靠高能源投入来实现的。魏楚和沈满洪（2007）基于 DEA 方法构建相对前沿能源效率指标，运用 1995～2004 年省级面板数据进行能源效率的计算，发现大多省区市能源效率符合"先上升，再下降"的特征，并且能源效率变化存在一定的趋同性。以上研究都认为，研发投入带来的能源效率对经济增长能产生显著影响。

能源强度是能源效率的另一测度，所以，以因素分解分析能源强度变化是考察能源效率和技术进步的另一个重要方法。韩智勇等（2004）将能源强度变化分解为结构份额和效率份额，对中国能源强度变化中的结构份额和效率份额进行了定量计算。研究表明，1980～2000 年，中国能源强度下降的主要动力来自于各产业能源利用效率的提高，其中，工业能源强度下降是能源强度下降的主要原因。吴巧生和成金华（2006）运用拉式指数模型对中国能耗强度进行分解，并对其影响因素进行研究。结论是，1980 年以来，中国能耗强度下降主要是各产业能源使用效率提高的结果，相对于效率份额，结构份额对能源消耗强度的影响要小。

再次，是能源价格相关的实证研究。杭雷鸣和屠梅曾（2006）运用 1985～2003 年的时间序列数据，对中国制造业的能源价格和能源强度之间的关系做了实证研究，结果表明，能源相对价格的上升对于降低总能源强度、石油强度、电力强度和煤炭强度具有积极的贡献，提高能源价格是改善能源效率的一个有效政策工具。魏巍贤和林伯强（2007）在分析国内外石油价格形成机制及其动因的基础上，应用多种计量经济学方法实证研究了国内外原油价格波动性及其相互关系。研究表明，国内外油价波动性都存在集聚性、持续性和风险溢出效应等特征，国际油价的波动对国内油价具有导向作用，两市场油价存在长期协整关系，但短期波动过程相异。林伯强和牟敦国（2008）基于可计算一般均衡（CGE）方法研究了石油与煤炭价格对中国经济的影响程度，对石油与煤炭价格上涨的影响程度进行对比分析，探讨其影响程度与中国现阶段经济特点的相关性。研究表明，能源价格上涨对中国经济具有紧缩作用，但对不同产业的紧缩程度不一致，能源价格除了影响经济增长外还推动产业结构变化。林伯强和王锋（2009）在能源价格不受管制和受管制两种情形下，模拟了能源价格上涨导致一般价格水平上涨的幅度。结果表明，在能源价格上涨可以完全、顺畅地传导到一般价格水平的情形下，如果不考虑预期等因素对价格的影响，各类能源价格上涨导致一般价格水平上涨的幅度都比较小，价格管制对能源价格向一般价格水平的传导具有一定控制效果。

最后，是对节能减排和可持续发展的实证研究。陈诗一（2009）构造了中国工业38个二位数行业的投入产出面板数据模型，利用超越对数函数分行业估算了中国工业全要素生产率变化并进行绿色增长核算。其基本结论是，除了部分能耗高、排放高的行业，改革开放以来中国工业总体上已经实现了以技术驱动为特征的集约型增长方式转变，能源和资本是技术进步以外驱动中国工业增长的主要源泉。陈诗一（2010）设计了一个基于方向性距离函数的动态模型，对中国工业从现在到21世纪中叶节能减排的损失和收益进行模拟分析，找到了通向中国未来双赢发展的最优节能减排路径。在此路径下，节能减排开始确实会造成较大的潜在生产损失，但这种损失会逐年降低，最终将低于潜在产出增长，该预测支持了环境治理可导致环境和经济双赢发展的环境波特假说。

2.3 能源、政策与内生增长文献述评

本节简要回顾基于能源要素和经济政策的内生增长理论文献。在新古典增长理论框架内，由于稳态增长率取决于外生技术进步而与广义资本积累无关，因此，针对性的政策含义并不明确。尽管很多新古典增长文献推荐了如人力资本或物质资本积累等经济政策，但这些政策实际上并没有理论基础。与此不同，内生增长理论由于假定了经济增长由经济系统内的微观主体利益最大化行为所决定，又假设一般知识的外部性，所以具有更为具体的经济机制和明确的政策含义：即政府可以通过经济政策引导行为主体的决策以及改变经济外部性的条件来影响宏观经济的增长路径。下面，对与能源约束和经济政策相关的内生增长文献做简要评述，依据宏观经济学和经济增长理论的研究传统，这里的经济政策主要指涉及各种税收、补贴及转移支付的财政政策，是指政府通过再分配社会资源以达到宏观经济目标的具体财政政策工具。

2.3.1 经济政策与内生经济增长

内生增长理论为动态考察财政政策对经济的影响提供了一个新的分析框架，既然经济增长率是内生的，那么，理论上财政税收政策就可能对经济增长产生影响，并且这样的政策效应和福利分析是基于动态一般均衡的。从 20 世纪 90 年代至今，出现了大量研究财政与增长关系的内生增长模型。基于第一代内生增长理论的重要的财政政策增长模型中：雷贝罗（1991）通过扩展的 AK 模型研究资本税对均衡增长路径的影响，其基本结论是征收资本所得税可能使平衡增长路径下降。其解释是资本税降低了私人部门的投资回报率，从而导致资本积累和经济增长率的永久性降低。因此，税收政策具有永久的增长效应，而不是只有新古典模型中的暂时效应。金和雷贝罗（King，Rebelo，1990）模拟 20 世纪美国经济增长数据的研究结论也佐证了这一点。卢卡斯（1990）假设了一个对资本和劳动征收不同税率的扩展人力资本模型，税收用于政府支出和转移支付，政府保持预算平衡，个人通过选择消费和投资保持动态的效用最大化。其基本结论是，资本税对增长率没有影响，但是，能提高消费、资本存量和福利水平，这与雷贝罗（1991）的观点有所不同。雷贝罗和斯托基（1995）的研究结果也表明，减税没有增长效应，但是对平衡增长路径上的福利影响很大，这与卢卡斯（1990）的基本结论一致，也得到美国经济数据模拟分析的支持。

财政政策与内生增长的研究主要包括以下几类。

第一类研究，是考察不同税种对经济增长的影响。佩科里诺（Pecorino，1994）在卢卡斯（1990）的基础上建立了两部门内生增长模型，并假定人力资本生产也使用资本，并且对劳动投入部分征税，结论是工资税和消费税对经济增长率有着完全不同的影响。德弗罗和洛夫（Devereux，Love，1994）基于金和雷贝罗（1990）模型构造了一个多部门内生增长模型来分析各种税收的影响。分析结果表明，增加资本税、工资税和消费税都会降低经济的均衡增长率，但经济对三种税收的动态反应差别很大，资本税会导致生产要素从最终产品部门流向人力资本生产部门，而工资税和消费税则只是减少劳动供给，不会使得生产要素在各部门间重新配置。门杜萨等（Mnedoaz et al.，1997）建立了多税种人力资本内生增长模型，并假设人力资本的生产也使用物质资本。基本结论是，资本税会降低经济增长率，而消费税的增长效应不确定，依赖于劳动供给的弹性。其利用美国经济数据模拟结果发现，尽管税率的大幅变动对长期投资率会产生一定影响，但经济增长率几乎不变。严和龚（Yan，Gong，2007）在阿吉翁和霍伊特（1998）的资本积累和创新相互作用的经济中考察了政府财政政策对经济增长的影响，发现相对于资本税或利润税而言，政府通过征收消费税或工资税为生产性公共财政融资更有利于促进经济增长。佩雷托（2007，2008）的结论是，财政政策通过影响家庭的消费、休闲选择进而影响社会福利，相对于消费税或工资税而言，通过征收公司税为生产性财政支出融资可能更有利于提高社会福利，征收资本收入税则会降低社会福利。

第二类研究，是研发补贴的经济增长效应的研究。斯乔斯托姆（Segerstrom，2000）在一个包含水平创新和垂直创新的经济中考察研发补贴的经济增长效应，结论是研发补贴对经济增长的影响是不确定的。政府只有补贴生产效率较高的研发部门，才能促进经济增长。原因是斯乔斯托姆（2000）中水平创新率与垂直创新率的变化方向相反，研发补贴不能使得水平创新率与垂直创新率同时增加。郑和张（Zeng，Zhang，2007）在巴罗和萨拉-伊-马丁（1995）水平创新模型中内生化人力资本供给，假设政府通过征收扭曲性税收为研发补贴融资，发现由于税收对人力资本供给的扭曲作用较大，从而修正了巴罗和萨拉-伊-马丁（1995）的结论。佩雷斯-塞巴斯蒂安（Perez-Sebastian，2007）在琼斯（1995a）的非规模经济模型中考察了转移动态（transitional dynamics）过程中财政政策对经济的影响，发现财政政策对社会福利的影响很大，并且政府最优的 R&D 补贴率对消费跨期替代弹性与产出加成值大小都很敏感。塞纳（Sener，2008）考察了政府对 R&D 部门的最优政策，政府对 R&D 部门的政策与创新规模之间存在以下关系，当创新规模较小或较大时，政府应该对 R&D 部门征税，而当创新规模处于中等水平时，政府应对 R&D 部门予以补贴。

第三类研究是，生产性财政支出的增长效应研究。巴罗（1990）是这方面的开创性研究，该模型在最终产品生产函数中加入人均生产性财政支出，其机制是人均公共支出的存在增加了私人资本的边际报酬，从而有可能打破资本边际报酬递减，实现内生经济增长。巴罗和萨拉-伊-马丁（1992；1995）将生产性财政支出分为私人型、公共型和拥挤型（竞争非排他）3 种类型加以研究，得出了不同的结论和政策含义。阿瑟库尔（Ashcuaer，2000）借鉴巴罗（1990）模型的方法，在生产函数中将公共资本存量代替公共投资流量建立类似的内生增长模型，基本结论是政府最优税率应该等于公共资本存量的产出弹性，且在税率与经济增长率之间依然存在非线性的倒"U"形关系，这与巴罗（1990）模型的结论类似。

卡欣（Cashin, 1995）建立了一个包括公共资本存量和转移支付流量的多重公共财政模型，卡欣（1995）认为，除了政府投资性公共财政以外，转移支付也应该进入生产函数。基本结论是，生产性财政支出对增长的作用是两方面的，一方面，公共资本和转移支付的增加，提高了私人部门的生产率从而促进了经济增长；另一方面，为了提供财政支出，政府必须征收扭曲性的税收从而降低经济增长。但是，政府只要选取恰当的税率和补贴率，社会资源配置将达到最优值。佩雷托（2003）在佩雷托（1998）的基础上考察了财政政策对经济增长的影响，发现消费税、工资税以及政府公共支出结构对经济增长没有影响，资本税和公司税对经济增长有负的影响，并且财政政策不能通过影响市场规模来影响经济增长，而只能通过影响利率来影响经济增长。

国内在动态一般均衡框架内讨论经济制度与经济政策的理论研究主要包括涉及发展战略、动态效率、宏观财税、科技政策等几个方向。在国家发展战略研究方面，林毅夫和龚强（2010）通过构建一个两部门模型以阐述经济的要素禀赋和政府的发展战略对经济制度选择的影响，证明当经济体的资本禀赋水平较低时，如果政府偏好本国工业部门的优先发展，政府将通过对经济的扭曲以达到其战略目标。尤其是当资本禀赋水平较低，依靠市场体系中的税收和补贴无法实现政府的战略目标时，政府就可能选择对资源配置进行直接干预来实现其发展战略。徐朝阳和林毅夫（2010）在内生产业结构基础上建立了基于拉姆齐模型的分析框架，研究政府发展战略对于产业结构升级以及经济发展绩效的影响。发现产业结构内生于要素禀赋结构，且随着要素禀赋结构的升级而升级，政府偏离要素禀赋结构优先发展重工业，将导致资源配置的扭曲和经济发展的低效。姚洋和郑东雅（2008）以一个两部门多产品动态一般均衡模型研究了重工业优先发展的最优补贴期限和补贴率，采用两阶段最优控制法来寻找合适的重工业优先发展战略，并利用中国的数据来校准模型，比较平衡战略、最优赶超战略、实际实行的过度赶超战略三个战略下的结果。林毅夫，潘士远和刘明兴（2006）在统一的技术选择模型的框架内研究发展战略、自生能力与经济体制之间的关系，并在此基础上讨论了发展战略与经济体制对经济收敛路径的影响。

经济动态效率的研究一般基于数理分析方法，并结合国内数据进行模拟或校准。动态效率是经济增长、公共财政以及资产定价等领域研究的核心问题之一。国内较早的研究有，袁志刚和宋铮（2000）为了解释中国城镇居民消费倾向大幅度下降的现象，构建了一个基于中国养老保险制度的动态效率迭代模型，通过理论证明和数据模拟解释了当前储蓄率并不是社会最优储蓄率，由于计划生育政策带来的人口老龄化普遍激励居民增加储蓄，故降低中国目前储蓄率将有助于帕累托改进。史永东和杜两省（2002）采用具有技术进步的代际交叠模型，在对黄金律和动态效率等概念进行理论分析的基础上，利用（AMSZ）准则研究了中国 1992~1998 年经济的动态效率，也针对中国目前的养老保险制度讨论了消除动态无效率的方法。袁志刚和何樟勇（2003，2004）分别以理论建模并运用中国实际数据对 20 世纪 90 年代以来中国经济的动态效率问题进行考察，讨论基于动态效率的社会养老保险筹资模式，发现中国经济可能是动态无效率的并讨论了改进经济路径的对策。

宏观财税政策方面的研究相对多一些。刘溶沧和马拴友（2002）分析了中国对劳动收入、资本收入及消费支出征税的有效税率，税收与经济增长的关系及其影响经济增长途径，阐述了其政策含义。龚六堂和邹恒甫（2002）推广了巴罗（1990）及龚和邹（Gong，Zou，1999）的政府税收与经济增长的模型，讨论了多级政府下的政府花费、税收和政府间的转移支付对经济增长的影响。通过特殊形式的生产函数和效用函数导出经济增长率与税收和转移支付之间的关系，并通过数值模拟讨论了财税政策的增长效应。严成樑和龚六堂（2009）在一个具有内生化劳动选择的内生增长模型中考察了财政政策对经济增长的影响，发现财政支出结构与税收结构通过影响家庭的劳动—休闲选择、储蓄—消费选择以及生产性公共支出占比，从而影响经济增长路径。王弟海和龚六堂（2009）在一个具有教育投资的有限生命周期模型中，研究了经济发展过程中教育投资、人力资本分布和工资收入分布以及社会不平等的变化。严成樑、王弟海和龚六堂（2010）在一个资本积累与创新相互作用的框架下内生化劳动力供给，假设政府通过征收平滑的收入税为公共支出融资，并且将政府公共支出区分为资本性支出和研发性支出，从而考察了税收和财政支出结构对经济增长的影响及其作用机制。金戈和史晋川（2010）通过构建不同产出弹性和消费弹性的纯生产性支出、纯消费性支出与生产—消费混合型支出的内生经济增长模型，探讨多种类型公共支出促进经济增长和社会福利的机制，求解了社会最优路径、各种公共支出的最优条件以及相互间的最优比例关系，并研究了不同筹资模式下分散均衡路径的福利性质。金戈（2010）将巴罗模型内生公共支出特征引入查穆雷（Chamley）模型，考察了经济增长中的最优税收与公共支出结构问题。利用两阶段逆向归纳法，分别探讨了社会最优和次优的税收与公共支出结构的一般条件，并通过数值模拟估计了中国的最优宏观税负水平。严成樑（2011）在琼斯（1995）R&D 驱动模型中内生化人力资本积累，考察了财政政策对经济增长的影响，发现财政政策是实现经济增长和转型的重要条件，财政政策选择不同，经济增长模式不同，经济所处的发展阶段也存在较大的差异。

科技制度与政策的研究中一个重要方向是对专利的研究。寇宗来和石磊（2010）对经典的质量改进型内生增长模型进行了拓展，假设每一轮创新都分解为研究和开发两个序贯进行且自由进入的专利竞赛，把研究专利持有者对开发利润的分享比例定义为专利宽度。研究发现，为获得内生经济增长，专利宽度既不能太大也不能太小，并且质量系数增长率与利率呈现出倒"U"形关系。潘士远（2008）将专利分类为技能密集型产业的技术专利和劳动密集型产业的技术专利，证明了劳动力禀赋结构影响两类专利的最优宽度，进而对两类劳动力的工资不平等产生影响。董学兵和王争（2007）借用社会福利贴现值的模型，分别引入创新成功概率和创新效率来研究软件专利保护的最优期限问题。发现在给定回报率条件下对于具有不同投资风险、不同创新成功率的行业，专利保护的设定期限可能具有不同的效果。潘士远（2005）构建了一个动态一般均衡模型来研究最优专利长度和最优专利宽度的问题。研究发现，最优的专利长度和专利宽度都是有限的，并讨论了专利长度和专利宽度影响微观决策、市场均衡和社会福利水平的经济机制。

2.3.2 内生增长框架的能源约束与经济政策

在考虑能源资源耗竭的经济增长框架下，政府的经济政策尤其是财政税收政策对经济会有什么样的影响，这在经济理论和政策制定方面都是很重要的问题，但迄今为止针对性很强的研究很少。从 20 世纪 90 年代以来，随着经济增长理论特别是内生增长理论的发展成熟，出现了大量基于内生增长理论研究各种环境政策对经济增长路径影响的文献，如博芬贝格和斯马尔德斯（Bovenberg, Smulders, 1995）、斯托基（1998）与富勒顿和吉姆（Fullerton, Kim, 2006）等。这些文献基本上都是以不同的角度分析污染排放或者碳排放对经济和社会福利的影响，很少针对可耗竭能源的资源稀缺性及其相关经济政策制定对经济的作用。大部分基于可耗竭能源内生增长的重要研究，如罗布森（Robson, 1980）、高山（Takayama, 1980）、琼斯（1993）、阿吉翁和霍伊特（1998）、斯科尔茨和齐米斯（1999）与朔（2000，2002），都没有把可耗竭能源要素写进"增长引擎"，并忽视能源经济政策问题，所以这个方向可能还有大量的工作要做。

下面，简介基于能源约束、内生增长与财政政策近期的一些研究。

佩雷托（2009）以内生化技术进步和市场结构的增长模型，分析了能源税对长期增长和社会福利的影响。佩雷托考察了产业内部能源部门和其他部门之间，以及产业之间的资源再配置效应，假设 R&D 总量和 TFP 增加正相关（没有规模效应），则税收对均衡增长路径没有影响，但有不同的转移动态。其基本结论是，如果能源需求缺乏弹性和微观主体具有耐心（主观时间折现率），则在能源税和社会福利之间存在"驼峰型"关系。事实上，税收引导生产过程中人力资本对能源的替代，使得要素在不同部门之间重新配置而影响产出和消费，总体上改善了社会福利。这个机制的关键是，能源税在不同部门的资源再配置中产生的暂时 TFP 增加可以抵消税收短期的负面影响，但是随着税率变动，消费会从最低点到跨期福利最优点之间变化。

洪和瞿（Hung，Quyen，2009）基于伽姆伯尼和门德尔松（Gamponia，Mendelson，1985），通过内生增长模型比较分析了能源税中固定税和从价税的作用机制和政策含义。伽姆伯尼和门德尔松（1985）运用数值模拟方法比较研究了不同税种的经济效率，指出如果以从价税得到与从量税相同的税收收入可以减少经济效率的损失。洪和瞿（2009）试图构建内生增长理论框架来研究类似的问题，首先，证明了如果一个经济中从量税和从价税都能产生均衡增长路径，前者的税收收入要高于后者；其次，继续证明了如果考虑税收收入的折现，则从价税的实际收益要高于前者；最后，在此基础上展开比较讨论，得出对于可耗竭资源而言，从价税是更为合适的政策工具的结论。

格罗特和朔（2004）在可耗竭能源内生增长框架下研究了传统意义上的资本税和投资补贴的增长机制，分析了长期增长的各类决定性因素与财政工具，发现资本税和投资补贴并没有增长效应。在格罗特和朔（2004）的基础上，格罗特和朔（2007）进一步研究资本税、投资补贴和能源税的不同作用机制。格罗特和朔（2007）假设能源资源对于技术进步的贡献是不可或缺的，与很多研究不同，能源要素进入增长引擎，研究发现资本税和投资补贴并不影响长期增长率，但能源税对于长期增长是决定性的。格罗特和朔（2004；2007）的结论，与 DHSS 模型和标准的可耗竭能源内生增长模型的基本结论均不同，格罗特和朔的解释是，过去的模型基本上都忽视了能源可耗竭性对增长引擎的作用。

卡苏等（Cassou et al.，2010）在内生增长框架内考察了自然资源开采的次优财政政策。模型以资源储量和闲暇时间构建代表性消费者的效用函数，在考虑效用函数中各种要素之间替代弹性的基础上求解次优财政政策。基本结论是，如果资源储量价值和闲暇之间存在互补性，则与可耗竭能源投入密切相关产品的最优税率将更高；与之相反，如果资源储量价值和闲暇之间存在替代性，则能源密集型产品对应的最优能源税率将更低。进一步分析还显示，模型动态过程的复杂性导致一些增长路径没有明确的单调性。

伯班斯和拉塞尔（Baubanes，Lasserre，2011）重新审视了霍特林框架下基于拉姆齐弹性法则的最优税收理论，研究了可耗竭资源内生增长视角的最优税收问题。基本结论是，从最小化扭曲的角度，无论可耗竭能源和普通商品的需求弹性的大小，对可耗竭能源的能源税都应该被优先考虑，如果两者的需求弹性相同，则能源税应该有更高的税率。假定普通商品税率在时间上保持不变，则能源税应该应时而变，并且理论上有一个连续的开采税和补贴联合政策的最优路径；对于税收总量，政府可以依据财政需求决定税负的大小，但税收总量越高，价格水平越接近于垄断价格。

还有一类研究是在资源耗竭、内生增长和政策研究中引入"世代交替模型"。虽然戴蒙德（1965）已经完成了基于有限生命决策者动态优化的标准模型，索洛（1986）也指出在未来世代福利背景下讨论当下自然资源开采决策的影响是"自然"的，但是绝大多数与可耗竭资源相关的增长模型都是基于当下决策者无限时间的，即假设决策者有无限长的寿命。奥尔森和纳普（Olson，Knapp，1997）研究了基于世代交替模型的可耗竭资源最优配置及相关政策问题。阿尼亚尼等（Agnani et al.，2005）分别在"世代交替模型"和"无限寿命模型"两个框架下比较研究了资源耗竭约束下的长期增长，发现在两种框架下得出的结果具有不同的政策含义。阿格那尼（2007）借鉴了戴蒙德（1965）的基本思想和罗默（1990）水平创新技术内生化方法，提出一个研发政策影响内生增长和可耗竭资源的世代交替模型，这个模型是斯科尔茨和齐米斯（1999）模型的技术变形，自然资源作为必须要素进入最终产品生产函数。

第3章 能源耗竭、技术创新与内生经济增长

本章基于熊彼特创新方法，通过构建不可再生能源耗竭约束下的四部门内生增长模型，较为完整地分析了自然资源耗竭、研发创新与经济可持续增长之间相互作用的内在机理。采用 N 种连续中间产品质量（产出效率）来刻画技术创新，求解并讨论了社会计划最优的均衡增长路径，运用比较静态方法分析了各类经济参数的最优产出增长率效应和能源消费增长率效应，系统的稳定性检验则显示了最优均衡增长路径的稳健性。

本章内容安排如下，3.1 节，问题的提出；3.2 节，基本模型；3.3 节，社会最优均衡增长路径；3.4 节，最优均衡路径的比较静态分析；3.5 节，稳定性分析；3.6 节，本章小结。

3.1 问题的提出

能源资源耗竭可能是制约人类经济社会持续发展最为重要的因素之一，对于任何经济的长期趋势，一个特别关键的问题是，有限的能源资源能否维持经济的无限期连续增长。假如有限能源资源约束下的经济长期增长是可能的，那么接下来的问题是此时经济增长的最优均衡路径是什么，以及在这样的均衡路径上各经济变量有怎样的特性。[①]

从 20 世纪 70 年代开始，主流经济学家在新古典增长理论的基础上增加资源约束，对经济的最优增长路径进行研究。斯蒂格利茨（1974）、索洛（1974）、达斯古普塔和希尔（1974）的主要结论是，如果技术持续进步，即使资源存量有限，人均产出和消费在长期内仍可能增长或持平，即经济可持续增长是可以在技术条件下保证的。但是，80 年代中期以后，

---

① 人们重视这类问题，还因为在本质上可耗竭的天然资源不同于人力资本或实物资本这类人造资本，能源资源的独特性对经济长期增长所起作用的程度可能不同于人造资本。

新古典增长模型的技术外生假定招致内生增长理论的挑战。卢卡斯（1988）和罗默（1990）分别从人力资本积累和研发部门投入两个最重要的技术内生机制分析了技术进步对经济长期均衡增长率的作用，此后的大量文献均沿用其研究范式来研究内生经济增长，但大部分文献都没有考虑自然资源特别是能源对长期增长的作用。

在处理技术进步的具体方法中，罗默（1990）将中间产品的垄断市场结构引入一个三部门增长模型，其中，对技术进步的刻画实际上是指通过有目的的研发投入来获得中间产品种类的扩大，即所谓水平创新。而与此相对，技术进步也可以表示为生产能力或产品质量的提升，格罗斯曼和赫尔普曼（1991）及阿吉翁和霍伊特（1992）建立了产品质量阶梯模型，即所谓以垂直创新来描述技术进步。在阿吉翁和霍伊特（1992）中，强调了产品质量将完全替代旧产品的"创造破坏"（creative destruction）的熊彼特创新思想。

将资源耗竭、中间产品、技术研发及质量进步纳入统一分析框架的内生增长模型为数不多。格里莫和鲁热（2003）构建了包含不可再生能源约束的内生增长模型，并在中间产品的生产中考虑了熊彼特创新，但是此模型只考虑一种中间产品的情况，而在该文最后也指出将中间产品的数目扩大到 N 种可以是模型扩展的一个方向。[1]本章试图通过建立一个基于多种中间产品质量创新的分析框架，来研究能源资源耗竭和技术持续进步条件下的长期经济增长是否可能及其影响因素。

3.2　基本模型

本章基于罗默（1990）的内生增长模型，把能源资源产品纳入最终产品部门的总量生产函数，来考察一个具有最终产品部门、中间产品部门、技术研发部门和能源生产部门的四部门经济系统。假设经济系统按如下机制运行：研发部门通过人力资本结合已有的技术知识存量进行研发（R&D），然后，将研发成果转让给中间产品生产部门；中间产品部门通过使用中间产品生产技术结合物质资本生产出具有更高质量的新中间产品，然后，将中间产

---

① 这两种对技术进步的刻画都借鉴斯彭斯（Spence，1976）特别是迪克西特和斯蒂格利茨（Dixit，Stigliz，1977）中介绍的 D - S 函数形式，并都将中间产品纳入分析框架，巴罗和萨拉-伊-马丁（Barro，Sala-i-Martin，1995）的第六部分、第七部分对此做了较为详尽的阐述。

品提供给下游的最终产品生产部门；最终产品生产部门运用中间产品、能源生产部门提供的能源产品与经济中另一部分人力资本生产出最终产品。

假设人力资本总量是固定的，人力资本可以用在最终产品部门生产最终产品，也可以用在研发部门生产技术，即通过提高中间产品生产效率的途径增加产出。在这里，经济决策者面临这样的权衡，要在最终产品部门和研发部门之间合理分配总量固定的人力资本，使得社会总产出最优。对于技术进步，沿用阿吉翁和霍伊特（1992）中熊彼特的创造性破坏思想，将中间产品质量内生化。

3.2.1 生产技术

3.2.1.1 最终产品部门

本章将不可再生能源作为生产要素纳入最终产品部门生产函数，将中间产品的种类数标准化为1，则扩展模型的最终产品部门技术的 D-S 形式（Dixit-Stiglitz production function）为：

$$Y_t = H_{Yt}^{\alpha_1} \int_0^1 Q_t(i) x_t(i)^{\alpha_2} \mathrm{d}i E_t^{\alpha_3} \quad \alpha_1 + \alpha_2 + \alpha_3 = 1 \qquad (3-1)$$

在式（3-1）中，Y_t 为 t 时期的最终产品的总产出，H_{Yt} 为该部门投入的人力资本数量，$Q_t(i)$ 为第 i 种中间产品的产出效率，也可以被认为是第 i 种中间产品的质量，即技术进步的体现，E_t 为投入的能源产品，α_1、α_2、α_3 均非负，分别为人力资本、中间产品和能源产品的产出弹性，$\alpha_1 + \alpha_2 + \alpha_3 = 1$ 表示最终产品部门具有不变的规模报酬。

3.2.1.2 中间产品部门

在中间产品生产部门，假设各种中间产品的生产相互独立并且保持不变的规模报酬。与罗默（1990）的假设类似，中间产品的产出 $x_t(i)$ 与 $K_t(i)$ 对应，并且假设在生产相同数量的中间产品时，体现技术进步的高质量中间产品的生产需要更多的实物资本积累，且两者之间呈相同比例的线性变化，即 $x_t(i) = K_t(i)/Q_t(i)$。中间产品的市场最优配置约束使得每种中间产品的数量相等，即：

$$x_t(i) = x = K/Q \qquad (3-2)$$

在式（3-2）中，Q 表示中间产品的平均质量 $Q = \int_0^1 Q_t(i)\mathrm{d}i$。[1]

---

[1] 市场均衡时，$\max\limits_{X_t(i)}\left[Y_t = H_{Yt}^{\alpha_1} \int_0^1 Q_t(i) x_t(i)^{\alpha_2} \mathrm{d}i E_t^{\alpha_3}\right]$，一阶条件可得 $x(i) = (x)$（常数），代入 $\int_0^1 Q_t(i) x_t(i)\mathrm{d}i = K$ 即可得出结果。

3.2.1.3 研发部门（R&D）

假设研发部门的技术产出服从参数为 λ 的泊松过程（poisson process），即投入 H_{Qt} 数量的人力资本到研发部门，在 Δt 时间内技术产出的发生概率为 $\lambda H_{Qt} \Delta t$。现在，假设每次技术创新对原技术完全替代，即创新具有熊彼特所谓的创造破坏的性质，并且假设技术水平的增量为 η，即满足 $Q_{t+1} = (1 + \eta) Q_t$。则技术水平的动态微分方程为：

$$\dot{Q}_t = \lambda \eta H_{Qt} Q_t \quad ①$$

上式表明，技术研发部门的技术产出取决于该部门投入的人力资本、已有的技术知识存量和创新过程的泊松参数。

3.2.1.4 能源生产部门

按霍特林（1931）和斯蒂格利兹（1974）的方法，如果不计资源开采成本，则不可再生资源的存量方程为：

$$\dot{S}_t = - E_t \quad E_t \geqslant 0$$

该方程直观上表示，不可再生资源的存量随时间的变化量即为资源开采使用的数量。不可再生能源资源在当今世界上特别是中国的能源消费结构中占绝大部分比重，根据中国国家统计局和英国能源公司（BP）的统计数据，21 世纪以来，美国、中国、日本和印度的不可再生能源资源（包括石油、天然气、煤炭和核能）消耗比重均在 95% 左右。又考虑到可再生新能源在短时间内普遍推广存在的技术难度和成本因素，所以，在当今经济中一次能源的供给结构短期内不会有很大变化。基于此，本章运用不可再生能源资源存量方程作为经济中的能源产品供给约束。

3.2.2 效用函数

假设社会代表性家庭的效用可用常相对风险规避函数（CRRA）表述，即瞬时效用只与消费数量 C 和长期不变的相对风险厌恶系数 θ 有关：

$$U(C_t) = \frac{C_t^{1-\theta} - 1}{1 - \theta}$$

则在无限时间上的 CRRA 函数为：

$$U = \int_0^\infty \frac{C_t^{1-\theta} - 1}{1 - \theta} e^{-\rho t} \mathrm{d}t$$

---

① 假设在任意 Δt 这段时间内，技术创新发生的概率为 $\lambda H_{Qt} \Delta t$，则技术创新不发生的概率为 $1 - \lambda H_{Qt} \Delta t$。那么，在 Δt 时段末技术水平的数学期望为 $E(Q_{t+\Delta t}) = \lambda H_{Qt} \Delta t (1 + \eta) Q_t + (1 - \lambda H_{Qt} \Delta t) Q_t = Q_t + \lambda \eta H_{Qt} \Delta t Q_t$。令 Δt 趋近 0，则可得：$\dot{Q}_t = \lim\limits_{\Delta t \to 0} \frac{E(Q_{t+\Delta t}) - Q_t}{\Delta t} = \lambda \eta H_{Qt} Q_t$。

在上式中，θ 为边际效用弹性的绝对值，也就是不变的跨期替代弹性（CIES）的倒数。直观上，θ 表示代表性家庭对消费在不同时期之间转移的意愿，即平滑消费的偏好程度。比如，θ 越小，随着消费上升，消费的边际效用下降越慢，代表性家庭越倾向于其消费随时间变动。$\rho > 0$ 是代表性家庭的主观时间偏好率。

3.3 社会最优均衡增长路径

本节接下来分析社会最优均衡路径，即讨论如何通过调节社会资源的配置，使得社会的代表性家庭在无限时间上的效用加总最大化。我们在上文的基本模型中关于最终产品部门和中间产品部门的分析阐明了最终产出、人力资本的配置、实物资本和中间产品质量之间的内在关系。现在结合式（3-1）、式（3-2），最终产品部门的总量生产函数可写为：

$$Y_t = H_{Yt}^{\alpha_1} Q_t^{1-\alpha_2} K_t^{\alpha_2} E_t^{\alpha_3} \qquad \alpha_1 + \alpha_2 + \alpha_3 = 1 \qquad (3-3)$$

在式（3-3）中可以看出，最终产出的规模报酬递增性质，在这里技术进步是关键因素。根据代表性家庭效用函数和相关变量约束方程，社会最优化问题可写为：

$$\max_{C_t} \int_0^{\infty} \frac{C_t^{1-\theta} - 1}{1 - \theta} e^{-\rho t} \mathrm{d}t$$

$$\text{s. t. } \dot{K}_t = Y_t - C_t = H_{Yt}^{\alpha_1} Q_t^{1-\alpha_2} K_t^{\alpha_2} E_t^{\alpha_3} - C_t \qquad (3-4)$$

$$\dot{Q}_t = \lambda \eta H_{Qt} Q_t \qquad (3-5)$$

$$\dot{S}_t = -E_t \qquad (3-6)$$

$$H_{Yt} + H_{Qt} = H \qquad (3-7)$$

命题 3-1 社会计划最优均衡路径上各经济变量的长期增长率为：

$$g_Y^* = g_C^* = \frac{\lambda \eta H - \rho}{\theta} \qquad (3-8)$$

$$g_Q^* = \frac{(\alpha_1 + \alpha_3 \theta) \lambda \eta H - \alpha_1 \rho}{(\alpha_1 + \alpha_3) \theta} \qquad (3-9)$$

$$g_S^* = g_E^* = \frac{\lambda \eta H(1 - \theta) - \rho}{\theta} \qquad (3-10)$$

唯一的横截面条件为：

$$\lambda \eta H(1 - \theta) - \rho < 0 \qquad (3-11)$$

证明：社会最优化问题的现值汉密尔顿（Hamilton）函数为：

$$H = \frac{C_t^{1-\theta} - 1}{1-\theta} + \mu_1(H_{Yt}^{\alpha_1}Q_t^{1-\alpha_2}K_t^{\alpha_2}E_t^{\alpha_3} - C_t) + \mu_2\lambda\eta(H - H_{Yt})Q_t + \mu_3(-E_t)$$

式中，控制变量为 C_t、H_{Yt} 和 E_t，状态变量为 K_t、Q_t 和 S_t，μ_1、μ_2、μ_3 为协状态变量，可以看作 K_t、Q_t 和 S_t 的影子价格，由一阶条件可得：

$$C_t^{-\theta} = \mu_1 \tag{3-12}$$

$$\frac{\mu_1\alpha_1 Y_t}{H_{Yt}} = \mu_2\lambda\eta Q_t \tag{3-13}$$

$$\frac{\mu_1\alpha_3 Y_t}{E_t} = \mu_3 \tag{3-14}$$

$$\dot{\mu}_1 = \rho\mu_1 - \frac{\mu_1\alpha_2 Y_t}{K_t} \tag{3-15}$$

$$\dot{\mu}_2 = \rho\mu_2 - \frac{\mu_1(1-\alpha_2)Y_t}{Q_t} - \mu_2\lambda\eta(H - H_{Yt}) \tag{3-16}$$

$$\dot{\mu}_3 = \rho\mu_3 \tag{3-17}$$

三个横截面条件分别为：

$$\lim_{t\to\infty}\mu_1 K_t e^{-\rho t} = 0 \quad \lim_{t\to\infty}\mu_2 Q_t e^{-\rho t} = 0 \quad \lim_{t\to\infty}\mu_3 S_t e^{-\rho t} = 0 \tag{3-18}$$

下文中，为了书写简洁，在不引起混淆的情况下，省去变量的时间下标。由于经济处于均衡增长路径，根据产出、消费和投资的关系，Y、C 和 K 具有同一不变的增长速率。同理，S 和 R 也有相同的增长率。因为均衡增长路径上中间产品质量的增长率为常数，所以，H_Y 和 H_Q 均为常数。

对式（3-12）、式（3-13）、式（3-14）两边分别取对数并对 t 求导有：

$$-\theta g_C^* = g_{\mu_1}^* \tag{3-19}$$

$$g_{\mu_1}^* + g_Y^* = g_{\mu_2}^* + g_Q^* \tag{3-20}$$

$$g_{\mu_3}^* = g_Y^* + g_{\mu_1}^* - g_E^* \tag{3-21}$$

结合式（3-17）、式（3-19）、式（3-21）及 $g_Y^* = g_C^*$ 可得：

$$\rho = (1-\theta)g_Y^* - g_E^* \tag{3-22}$$

结合式（3-5）、式（3-13）、式（3-16）可得：

$$g_{\mu_2}^* = \rho - \frac{(1-\alpha_2)\lambda\eta H_Y}{\alpha_1} - g_Q^* \tag{3-23}$$

再将式（3-19）、式（3-23）代入式（3-20），消去 $g_{\mu_1}^*$ 和 $g_{\mu_2}^*$ 得到：

$$(1-\theta)g_Y^* = \rho - \frac{(1-\alpha_2)(\lambda\eta H - g_Q^*)}{\alpha_1} \tag{3-24}$$

对式（3-3）两侧对数求导，并考虑均衡条件可得，

$$(1 - \alpha_2)g_Y^* = (1 - \alpha_2)g_Q^* + \alpha_3 g_E^* \qquad (3-25)$$

联立式（3-22）、式（3-24）、式（3-25）得到社会最优均衡路径上各变量的增长率，即式（3-8）、式（3-9）、式（3-10）三式，下面讨论最优均衡路径的横截面条件。

由 $\lim\limits_{t \to \infty} \mu_1 K_t e^{-\rho t} = 0$ 结合式（3-19）和 $g_K^* = g_C^*$ 条件可得 $(1-\theta)g_C^* - \rho < 0$，代入式（3-8）可得 $\lambda \eta H (1-\theta) - \rho < 0$。同理，式（3-18）的其他两个横截面条件分别结合式（3-19）、式（3-20）两式与式（3-19）、式（3-21）两式，得出完全相同的结果。所以，$\lambda \eta H (1-\theta) - \rho < 0$ 是唯一的横截面条件，命题3-1得证，但需要说明的是，最优解的获得还需满足内点解的假设，下面在命题3-2的证明中加以讨论。

命题3-2 社会最优均衡路径上人力资本的配置，最终产品部门为：

$$H_Y^* = \frac{(\theta - 1)\alpha_1 \lambda \eta H + \alpha_1 \rho}{(\alpha_1 + \alpha_3)\theta \lambda \eta} \qquad (3-26)$$

研发部门为：

$$H_Q^* = \frac{(\alpha_1 + \alpha_3 \theta)\lambda \eta H - \alpha_1 \rho}{(\alpha_1 + \alpha_3)\theta \lambda \eta} \qquad (3-27)$$

且满足条件：

$$\theta > 1 - \frac{\rho}{\lambda \eta H} \ (\text{若} \ \rho < \lambda \eta H) \ \text{或} \ \theta > \frac{\alpha_1}{\alpha_3 \lambda \eta H}(\rho - \lambda \eta H) \ (\text{若} \ \rho > \lambda \eta H)$$

证明：联立式（3-5）、式（3-7）、式（3-9）各式可解得式（3-26）、式（3-27）。

经济系统最优均衡是内点解的假设意味着，在经济中人力资本必须在最终产品部门和研发部门分配，而不是全部投入某一部门，即满足 $0 < H_Q^* < H$ 和 $0 < H_Y^* < H$ 条件。根据式（3-26）易知，$H_Y^* > 0$ 实际上与均衡的横截面条件式（3-11）等价，所以，$H_Y^* > 0$ 和 $H_Q^* < H$ 条件满足。并且，由 $H_Q^* > 0$ 可解得：

$$\theta > \frac{\alpha_1}{\alpha_3 \lambda \eta H}(\rho - \lambda \eta H)$$

同理，满足上式的同时，$H_Y^* < H$ 将满足。综上所述，在满足 $\theta > 1 - \dfrac{\rho}{\lambda \eta H}$ 并且 $\theta > \dfrac{\alpha_1}{\alpha_3 \lambda \eta H}(\rho - \lambda \eta H)$ 时，$0 < H_Q^* < H$ 和 $0 < H_Y^* < H$ 将同时满足。

令 $\psi = 1 - \dfrac{\rho}{\lambda \eta H} - \dfrac{\alpha_1}{\alpha_3 \lambda \eta H}(\rho - \lambda \eta H)$，经过变换可解得：

$$\psi = \left(1 - \frac{\rho}{\lambda\eta H}\right)\left(1 + \frac{\alpha_1}{\alpha_3}\right)$$

上式表明，$\rho > \lambda\eta H$ 时，$\psi < 0$，即 $1 - \frac{\rho}{\lambda\eta H} < \frac{\alpha_1}{\alpha_3\lambda\eta H}(\rho - \lambda\eta H)$ 成立，只

需满足 $\theta > \frac{\alpha_1}{\alpha_3\lambda\eta H}(\rho - \lambda\eta H)$，即可保证 $\theta > 1 - \frac{\rho}{\lambda\eta H}$ 恒成立。同理，$\rho <$

$\lambda\eta H$ 时，$\psi > 0$，满足 $\theta > 1 - \frac{\rho}{\lambda\eta H}$，即可保证以上两不等式均成立。命题

3 - 2 得证。

我们进一步分析以下三种情况下的经济系统均衡。

如果 $\rho < \lambda\eta H$ 成立，假设 $\theta > 1 - \frac{\rho}{\lambda\eta H}$，则 $\frac{\alpha_1}{\alpha_3\lambda\eta H}(\rho - \lambda\eta H) < 0 < 1 -$

$\frac{\rho}{\lambda\eta H} < \theta$ 这一连续不等式成立，所以根据命题 3 - 2，经济系统同时满足横

截面条件和内点解条件，并且 $\theta > 0$ 同时成立。又据命题 3 - 1 的式

（3 - 8），此时$g_Y^* > 0$也成立。所以，如果满足以上条件，经济系统存在产

出和消费的长期最优均衡增长路径。

如果 $\rho > \lambda\eta H$ 成立，假设 $\theta > \frac{\alpha_1}{\alpha_3\lambda\eta H}(\rho - \lambda\eta H)$，则 $1 - \frac{\rho}{\lambda\eta H} < 0 <$

$\frac{\alpha_1}{\alpha_3\lambda\eta H}(\rho - \lambda\eta H) < \theta$ 这一连续不等式成立。根据命题 3 - 2，经济系统

同时满足横截面条件、内点解条件及 $\theta > 0$，经济处于最优均衡路径。又据

命题 3 - 1 的式（3 - 8）、式（3 - 9）、式（3 - 10），可分别解得此时的

$g_Y^* < 0$，$g_Q^* < \frac{\alpha_3}{\alpha_1 + \alpha_3}$，并且$g_E^* < 0$成立。所以，经济系统可能存在这样的

长期负增长均衡，而导致这一结果的原因是，技术生产的投入份额偏小与

不可再生能源资源的限制，而此时的技术进步效率低于代表性消费者的主

观时间偏好率。

如果 $\rho = \lambda\eta H$ 成立，则经济处于产出增长的临界点。此时，系统均衡

产出增长率为 0，据命题 3 - 1，有$g_Q^* = \frac{\alpha_3}{\alpha_1 + \alpha_3}$和$g_E^* = -\rho$，经济系统的技

术进步带来的效率提升对产出增长的积极作用被能源的不可再生性所抵

消，经济不可能无限期增长。

命题 3 - 3 社会最优均衡路径上，能源消耗的增长率随时间递减；经

济长期增长的必要条件是社会技术进步率（以中间产品质量体现）大于社

会最终产出增长率。

证明：对比命题 3 - 1 的式（3 - 10）、式（3 - 11）可知，满足横截面条件即意味着能源消耗随时间的负增长。因为不可再生能源任意时期的资源存量是有限的，所以，能源消耗增长率随时间递减的性质保证了式（3 - 6）在任意两期内的积分收敛。

再由式（3 - 25）可知：

$$g_Y^* = g_Q^* + \frac{\alpha_3}{\alpha_1 + \alpha_3} g_E^* \tag{3 - 28}$$

因为上述不可再生能源消耗随时间负增长制约，所以，$g_Y^* < g_Q^*$，即中间产品质量增长率必须大于社会最终产出增长率。这是因为，社会技术进步率要同时克服投资回报率的递减和能源耗竭对产出的约束。

所以，正如命题 3 - 2 所讨论的那样，在满足最优增长路径的横截面条件和内点解条件的情况下，经济长期均衡增长率可能有正有负，其取决于主观时间贴现率 ρ、技术进步效率 $\lambda\eta$ 以及人力资本总量 H 之间的关系。所以，经济中社会总人力资本的积累、技术生产部门中人力资本的充分配置及其带来的产出效率，理论上应该能够克服不可再生能源资源的稀缺（g_E^* 为负值）与消费者对未来消费耐心程度的相对缺乏（ρ），从而有可能实现经济的可持续最优增长。但是，如果长期增长必需的人力资本存量和技术研发质量严重缺乏，并且代表性家庭强烈倾向于当前消费，则可能出现均衡的长期经济负增长。

3.4 最优均衡路径的比较静态分析

现在我们讨论系统最优均衡时，模型中各参数的变化对经济系统的重要变量和长期增长率的影响。保持系统其他参数和变量不变，我们通过分别求各变量对某一参数偏导数来判断该参数大小变化对经济的影响。斯蒂格利兹（1974）等运用比较静态方法分析资源约束下的新古典增长模型，与他们文中最终产品部门基于 C-D 形式的技术不同，我们采用中间产品质量进步的内生增长模型，但我们沿用斯蒂格利兹（1974）中的比较静态分析方法。下面，我们先基于式（3 - 8）求解 g_Y^* 对各参数的偏导数：

$$\frac{\partial g_Y^*}{\partial \theta} = -\frac{\lambda\eta H - \rho}{\theta^2} < 0 \ （如果 \rho < \lambda\eta H，即 g_Y^* > 0）$$

$$\frac{\partial g_Y^*}{\partial \rho} = -\frac{1}{\theta} < 0 \qquad \frac{\partial g_Y^*}{\partial H} = \lambda\eta > 0 \qquad \frac{\partial g_Y^*}{\partial \eta} = \lambda H > 0 \qquad \frac{\partial g_Y^*}{\partial \lambda} = \eta H > 0$$

同理，基于式（3-9）、式（3-10）、式（3-26）、式（3-27）分别对需要考察的参数求偏导数，结果经整理总结见表3-1。

表3-1　　　　　　　经济系统最优均衡的比较静态分析结果

	$\zeta = \theta$	$\zeta = \rho$	$\zeta = H$	$\zeta = \eta$	$\zeta = \lambda$
$\dfrac{\partial H_Q}{\partial \zeta}$	<0 if $g_Y^* > 0$	<0	>0	>0	>0
$\dfrac{\partial H_Y}{\partial \zeta}$	>0 if $g_Y^* > 0$	>0	>0 if $\theta > 1$	<0	<0
$\dfrac{\partial g_Y^*}{\partial \zeta}$	<0 if $g_Y^* > 0$	<0	>0	>0	>0
$\dfrac{\partial g_Q^*}{\partial \zeta}$	<0 if $g_Y^* > 0$	<0	>0	>0	>0
$\dfrac{\partial g_E^*}{\partial \zeta}$	<0 if $g_Y^* > 0$	<0	<0 if $\theta > 1$	<0 if $\theta > 1$	<0 if $\theta > 1$

命题3-4　经济中消费者的时间偏好率 ρ 越大，最优稳态增长率越小。当社会产出增长率为正时，边际效用弹性系数 θ 越大，最优稳态增长率越小。

表3-1的第1列、第2列结果，即为命题3-4的简要表述。命题3-4可以视为经济中代表性家庭的主观偏好的长期最优均衡增长效应。从下面分析可以看出，总的来说，时间偏好率 ρ 和边际效用弹性系数 θ 对经济长期增长率大体上有着相同方向的作用。

ρ 的增加意味着代表性家庭更偏好于近期消费，即从当下消费中获得的效用大于未来消费的效用，故消费者没有意愿作更多的当期投资获得将来更多的消费。所以，社会最优决策的理性决策是减少研发部门的投入，这样 g_Q^* 将减小。同时，g_E^* 也将减小，即其绝对值增大。这是由于为了增加当下消费，社会最优均衡路径上将开采更多的能源矿产而不特别关注未来资源的使用。

θ 的增加等价于跨期替代弹性减少，即意味着社会最优均衡路径上消费者更偏好于持续平滑的消费方式。所以，$g_Y^* > 0$ 时，社会最优均衡路径上将不投资技术创新来提高产出效率，进而获得更高的未来产出和消费，这就意味着研发部门的投入和长期产出增长率都将减小。另外，平滑消费路径的选择减少技术对能源消费的替代，使得能源消耗增长率 g_E^* 相应减小。

命题3-5　技术生产（中间产品质量）及社会产出的最优均衡增长

率与社会人力资本 H 同方向变动；当 $\theta > 1$ 时，不可再生能源的稳态增长率随 H 增加而递减，最终生产部门的人力资本数量随 H 增加而递增。

表 3-1 的第 3 列结果，是这一性质的简要表述。显而言见，假设社会人力资本 H 的增加同比例提高各部门分配的人力资本数目，将相应提高技术水平和长期最优产出增长率。当 $\theta > 1$ 时，意味着消费者不愿偏离持续、均一的消费模式，同时最优决策将加速能源资源的开采与利用，故最优均衡路径将是更低的能源资源消费增长率与更高的产出和技术增长率。另外，此时社会人力资本 H 的增加对最终生产部门的人力资本数量有两个方向相反的效应，一是总数量的增加提高各部门分配的数量；二是均衡增长率的提升要求更多的人力资本配置到创新部门，正如第 3 行结果所显示的，综合的结果是社会人力资本 H 的增加对最终生产部门的人力资本数量有正向作用。

命题 3-6 提升研发部门单位时间的技术水平增量 η（或研发泊松过程 λ 参数），可提高技术生产（中间产品质量）和社会产出的长期最优增长率；当 $\theta > 1$ 时，提升 η（或 λ）将降低不可再生能源的稳态增长率。

表 3-1 的第 4 列、第 5 列结果阐述了这一性质。实际上，我们可以把 $\lambda\eta$ 看作一个整体来表述研发效率对长期增长率的影响。研发部门效率的提升，意味着人力资本在该部门投入会比在其他部门具有更高的收益，所以，最优决策是将加大该部门的投入来提高 g_Q^* 进而提高 g_Y^*。与此同时，在社会人力资本不变的假设下，最终产品的人力资本投入将减少，但经济稳态增长率仍将增加，可见，对创新的投入更有利于长期增长。如果 $\theta > 1$，意味着平滑型的消费路径能够给消费者带来更大的效用，故根据式（3-28）最优决策是加速资源的开采与利用，以更小的能源资源增长率来平滑最优均衡时的产出和消费增长率，表 3-1 的第 4 列、第 5 列最后一行正是这一性质的数学表述。如果 $\theta < 1$，则与此相反，最优决策将减缓资源的开采与利用，最优均衡路径的能源增长率和产出增长率都将提高。

3.5 稳定性分析

在命题 3-1 的讨论中我们知道，在平衡增长路径的 Y、C 和 K 以及 S 和 R 均具有同一不变的增长率，所以，Y/K、C/K 和 E/S 的最优均衡路径增长率也为常数。下面，我们构建（Y/K，C/K，E/S，H_Y）的四维动力系统，通过求解经济系统微分方程组的雅克比（Jacobi）矩阵特征值来分析最优均衡路径某一邻域的扰动对系统稳定性的影响。

将式（3-12）两边对数对时间求导，然后，与式（3-15）联立可解出 g_C，又由于 $g_{\frac{C}{K}} = g_C - g_k = g_C - \frac{Y}{K} + \frac{C}{K}$，所以代入 g_C 可解得：

$$g_{\frac{C}{K}} = \left(\frac{\alpha_2}{\theta} - 1\right)\frac{Y}{K} + \frac{C}{K} - \frac{\rho}{\theta} \qquad (3-29)$$

由式（3-21）可知，$g_Y - g_E = g_{\mu_3} - g_{\mu_1}$，又由式（3-15）、式（3-17）易得 g_{μ_1} 和 g_{μ_3}，故可解得：

$$g_Y - g_E = \alpha_2 \frac{Y}{K} \qquad (3-30)$$

将式（3-3）两边取对数对时间求导，代入 $g_k = \frac{Y}{K} - \frac{C}{K}$ 和 $g_{Q_t} = \lambda\eta H_Q$ 可得：

$$g_Y = \alpha_1 g_{H_Y} + (1-\alpha_2)\lambda\eta(H-H_Y) + \alpha_2\left(\frac{Y}{K} - \frac{C}{K}\right) + \alpha_3 g_E$$
$$(3-31)$$

将式（3-13）代入式（3-16）化简得：

$$g_{\mu_2} = \rho - \lambda\eta H - \frac{\alpha_1\lambda\eta H_Y}{\alpha_3}$$

将式（3-13）两边取对数求导得：$g_{\mu_1} + g_Y - g_{H_Y} = g_{\mu_2} + g_Q$，代入前面求出的 g_Q、g_{μ_1} 和 g_{μ_2}，可解得：

$$g_Y - g_{H_Y} = \alpha_2 \frac{Y}{K} - \frac{(\alpha_1 + \alpha_3)\lambda\eta H_Y}{\alpha_1} \qquad (3-32)$$

联立式（3-30）、式（3-31）、式（3-32）解得：

$$g_Y = \alpha_2 \frac{Y}{K} - \frac{C}{K} + \frac{(\alpha_1 + \alpha_3)\lambda\eta H}{\alpha_2}$$

$$g_E = -\frac{C}{K} + \frac{(\alpha_1 + \alpha_3)\lambda\eta H}{\alpha_2}$$

$$g_{H_Y} = \frac{(\alpha_1 + \alpha_3)\lambda\eta H_Y}{\alpha_1} - \frac{C}{K} + \frac{(\alpha_1 + \alpha_3)\lambda\eta H}{\alpha_2} \qquad (3-33)$$

所以，又可以写出以下两式：

$$g_{\frac{Y}{K}} = g_Y - g_k = (\alpha_2 - 1)\frac{Y}{K} + \frac{(\alpha_1 + \alpha_3)\lambda\eta H}{\alpha_2} \qquad (3-34)$$

$$g_{\frac{E}{S}} = g_E - g_S = g_E + \frac{E}{S} = -\frac{C}{K} + \frac{E}{S} + \frac{(\alpha_1 + \alpha_3)\lambda\eta H}{\alpha_2} \qquad (3-35)$$

微分方程式（3-29）、式（3-33）、式（3-34）、式（3-35）构成 $(Y/K, C/K, E/S, H_Y)$ 的四维动力系统，在平衡增长路径附近线性展开，则线性系统的雅克比矩阵为：

$$
J = \begin{bmatrix}
\dfrac{\partial\left(\dfrac{\dot Y}{K}\right)}{\partial\left(\dfrac{Y}{K}\right)} & \dfrac{\partial\left(\dfrac{\dot Y}{K}\right)}{\partial\left(\dfrac{C}{K}\right)} & \dfrac{\partial\left(\dfrac{\dot Y}{K}\right)}{\partial\left(\dfrac{E}{S}\right)} & \dfrac{\partial\left(\dfrac{\dot Y}{K}\right)}{\partial H_Y} \\[4mm]
\dfrac{\partial\left(\dfrac{\dot C}{K}\right)}{\partial\left(\dfrac{Y}{K}\right)} & \dfrac{\partial\left(\dfrac{\dot C}{K}\right)}{\partial\left(\dfrac{C}{K}\right)} & \dfrac{\partial\left(\dfrac{\dot C}{K}\right)}{\partial\left(\dfrac{E}{S}\right)} & \dfrac{\partial\left(\dfrac{\dot C}{K}\right)}{\partial H_Y} \\[4mm]
\dfrac{\partial\left(\dfrac{\dot E}{S}\right)}{\partial\left(\dfrac{Y}{K}\right)} & \dfrac{\partial\left(\dfrac{\dot E}{S}\right)}{\partial\left(\dfrac{C}{K}\right)} & \dfrac{\partial\left(\dfrac{\dot E}{S}\right)}{\partial\left(\dfrac{E}{S}\right)} & \dfrac{\partial\left(\dfrac{\dot E}{S}\right)}{\partial H_Y} \\[4mm]
\dfrac{\partial \dot H_Y}{\partial\left(\dfrac{Y}{K}\right)} & \dfrac{\partial \dot H_Y}{\partial\left(\dfrac{C}{K}\right)} & \dfrac{\partial \dot H_Y}{\partial\left(\dfrac{E}{S}\right)} & \dfrac{\partial \dot H_Y}{\partial H_Y}
\end{bmatrix}_{\left(\frac{\dot Y}{K}\right)=\left(\frac{\dot C}{K}\right)=\left(\frac{\dot E}{S}\right)=\dot H_Y=0}
$$

$$
= \begin{bmatrix}
(\alpha_2-1)\left(\dfrac{Y}{K}\right)^* & 0 & 0 & 0 \\[3mm]
\left(\dfrac{\alpha_2}{\theta}-1\right)\left(\dfrac{C}{K}\right)^* & \left(\dfrac{C}{K}\right)^* & 0 & 0 \\[3mm]
0 & -\left(\dfrac{E}{S}\right)^* & \left(\dfrac{E}{S}\right)^* & 0 \\[3mm]
0 & -H_Y^* & 0 & \dfrac{(\alpha_1+\alpha_3)\lambda\eta H_Y^*}{\alpha_1}
\end{bmatrix}
$$

因为雅克比矩阵的右上半部分恰好均为 0，所以，特征根方程容易按对角线展开计算：

$$
|\varphi I - J| = \left[\varphi-(\alpha_2-1)\left(\frac{Y}{K}\right)^*\right]\left[\varphi-\left(\frac{C}{K}\right)^*\right]\left[\varphi-\left(\frac{E}{S}\right)^*\right]
$$

$$
\left[\varphi-\frac{(\alpha_1+\alpha_3)\lambda\eta H_Y^*}{\alpha_1}\right] = 0
$$

解得 4 个特征根分别为：$(\alpha_2-1)\left(\dfrac{Y}{K}\right)^*$、$\left(\dfrac{C}{K}\right)^*$、$\left(\dfrac{E}{S}\right)^*$、$\dfrac{(\alpha_1+\alpha_3)\lambda\eta H_Y^*}{\alpha_1}$。

易知，$(\alpha_2-1)\left(\dfrac{Y}{K}\right)^*$ 为负根，其余 3 个为正根，根据系统稳定性判据可知，系统是局部鞍点稳定的，即：

命题 3 - 7 社会计划的最优平衡增长路径是局部鞍点稳定的，即经济至少存在一条收敛的均衡增长路径。

可以根据式（3－29）、式（3－34）画出以下相图，如图3－1a、图3－1b所示。

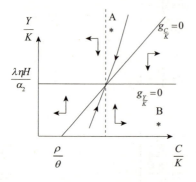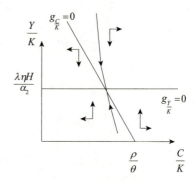

图3－1a　Y/K-C/K平面相图（$\theta > \alpha_2$）　　图3－1b　Y/K-C/K平面相图（$\theta < \alpha_2$）

图3－1　Y/K-C/K平面相图

以图3－1a的A点为例，对相图作一说明。A点在Y/K-C/K相平面上$g_{\frac{C}{K}}=0$线和$g_{\frac{Y}{K}}=0$线分割平面的左上角，根据式（3－34）如果Y/K的值大于均衡点水平，因为（α_2-1）小于0，这里存在负反馈机制，即A点向原平衡点方向移动，如图3－1a所示，此时，$g_{\frac{Y}{K}}=0$线上方的点有向下移动的趋势。同样，由式（3－29）可知，如果$\theta > \alpha_2$，对于C/K变化方向存在正反馈机制，A点向$g_{\frac{C}{K}}=0$线两侧向外移动，即远离原平衡点方向。这样，在理论上Y/K-C/K相平面上应该存在$g_{\frac{Y}{K}}=0$的垂线和$g_{\frac{C}{K}}=0$线之间的狭长区域，使得均衡点向这个区域方向的扰动能够回复到原平衡点，即在这个区域内（包括对角$g_{\frac{Y}{K}}=0$以下的狭长区域），至少存在一条能够自我恢复的均衡增长路径，这是一个鞍点均衡。

用同样的方法可以分析相平面上其他点，比如右下角的B点，分析发现B点是以远离$g_{\frac{C}{K}}=0$线从而远离均衡点。考察相平面上所有四个区域，发现有且只有上面讨论的A点所在的狭长区域可能存在鞍点均衡。

可以根据式（3－29）、式（3－35）画出Y/K-E/S的相图，如图3－2a、图3－2b所示。由式（3－35）可知，Y/K-E/S相图上的$g_{\frac{E}{S}}=0$线与Y/K-C/K相图上的$g_{\frac{C}{K}}=0$线具有相同的斜率$\arctan(1-\alpha_2/\theta)$，以及不同的X轴截距。

在实际经济中，如果（Y/K，C/K，E/S，H_Y）中的任意项偏离均衡点，比如低于长期最优均衡值，经济决策将加大能源资源的开采力度和最终产品部门人力资本的投入，以提高Y/K、E/S或H_Y的数值，并令各变量的综合作用效果驱使经济运行点回复到长期最优均衡路径。如果偏离的方向高于长期最优均衡值，则经济决策和经济路径与上述相反，经济系统仍然可以趋向于长期最优均衡，故经济系统在扰动后可以沿着鞍点路径恢复到原先的均衡状态，经济至少存在一条收敛路径。正如以上相图所示，系统是局部鞍点稳定的。

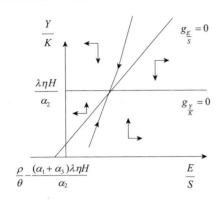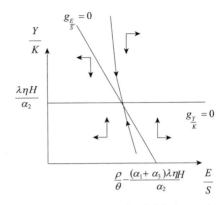

图 3 − 2a *Y/K-E/S* 平面相图（$\theta > \alpha_2$）　　图 3 − 2b *Y/K-E/S* 平面相图（$\theta < \alpha_2$）

图 3 − 2 *Y/K-E/S* 平面相图

3.6 本 章 小 结

本章通过构建一个不可再生能源耗竭约束下的基于熊彼特创新的四部门内生增长模型，较为完整地分析了自然资源耗竭、研发创新与经济可持续增长之间相互作用的内在机理。我们采用 N 种中间产品产出效率来刻画技术创新的特点，求解并讨论了社会最优均衡增长路径，运用比较静态方法分析了各类参数的长期最优产出增长率和耗能增长率效应，系统稳定性检验证明了最优均衡的稳健性。本章的基本结论是：

第一，如果经济中有足够的人力资本积累和较高的研发产出效率，即创新活动的产出质量是充分有效的，那么，经济就可以克服自然资源的稀缺及其不断耗竭的约束，从而保持经济的长期最优增长。

第二，社会消费偏好对长期最优增长的作用是显著的。因为消费者对当下或未来消费时间的选择本质上决定了社会资源的储蓄率和投资率，所以，只有经济中人力资本积累和研发效率提升程度大于社会代表性家庭就近消费的愿望，长期最优均衡路径才有正的增长率。

第三，能源的可耗竭性，决定了社会最优均衡的能源消耗增长率随时间递减。所以，只有社会技术创新进步率大于社会最终产出和消费增长率，经济才能克服不可再生自然资源的限制实现可持续增长。

第四，社会最优平衡增长路径是局部鞍点稳定的，即经济至少存在一条收敛的最优均衡增长路径。

在现实经济中，政府可以通过一定的公共政策来影响经济的长期增长路径。首先，可以通过税收和补贴等财政政策，来引导社会对中间技术产品的购买与对研发资本的投入来改善最优均衡增长路径。本章分析的是社会计划最优问题，实际上已经隐含着完全竞争和供给最优的假设，而在现实经济中，经济决策还需要考虑不同程度的垄断市场结构带来的社会福利损失问题，从这个方面看，合适的财政政策是不可或缺的。

其次，政府应该高度重视人才兴国战略和能源产业政策。本章的一个基本结论是人力资本的积累是长期增长的源泉，政府不仅要想方设法地增加社会人力资本的数量，而且要关注人力资本在各部门的合理配置，尽量将人力资本投资到具有科技创新潜力的领域，这也是命题 3-2 和命题 3-5 的政策含义。在能源产业政策方面，则应同时关注"开源节流"，即一方面，加大能源勘探开采和新能源技术的投入；另一方面，通过调整结构和严格执法来避免自然资源的浪费和过度使用。

最后，是对社会消费观念的合理引导。我们知道在任何一种经济增长理论中，储蓄率对长期增长都是至关重要的，因为理论上广义资本是一种可以自生增长的财富。我们已经分析了以消费的时间偏好率和跨期替代弹性系数刻画的社会消费偏好对长期最优增长的作用，但实际上消费时间选择的问题并不仅限于此。一个关键的问题是，为什么消费的时间偏好率必须为负，实际上这就意味着对于今天决策的消费者，可以因为决策者未来消费效用的折现而理所当然地加大对当下所有社会资源的消费，所以，这里还存在一个规范经济学的问题。① 总之，政府需要引导一种合理的消费储蓄观念和舆论来影响消费者的决策，从而改善经济的长期增长路径。

本章仅仅分析了能源约束和技术创新条件下的社会最优均衡路径问题，实际上我们在此基础上至少可以在两个方面拓展研究，一是运用类似的框架考察能源约束和技术创新条件下分散决策经济的市场均衡解及其动态特征；二是可以通过在模型中加入政策工具变量，来研究和评价各类公共政策的长期增长效应。我们将在下面的章节逐一进行讨论。

---

① 索洛（Solow，1974）、魏兹曼（Weitzman，1976）和达斯古普塔（Dasgupta，1983）均对经济长期增长中的折现率和代际公平问题做过阐述，我们将在后面的章节专题讨论代际公平等问题。

第4章　能源再生、技术创新与内生经济增长

本章旨在构建一个基于中间产品质量创新的四部门内生增长模型，研究可再生能源和技术进步双重作用下基于市场主体分散决策的均衡增长路径，较为完整地分析市场均衡中可再生能源资源、研发创新与经济增长之间的相互作用机理。与第3章的方法类似，本章采用多种连续中间产品的产出效率来刻画技术创新，求解并讨论经济系统的市场均衡增长路径及其存在条件，运用比较静态和数值模拟方法分析各类经济参数的长期产出增长效应和能源消耗增长效应。

本章内容安排如下，4.1节，提出问题；4.2节，构建基本模型；4.3节，求解和讨论市场均衡增长路径及其存在条件；4.4节，市场均衡增长路径的比较静态分析；4.5节，数值模拟；4.6节，本章结论。

4.1　问题的提出

本书第3章基于社会最优均衡路径的视角，分析了如何配置社会资源使经济在有限能源约束和持续技术进步的双重作用下能够持续发展的问题。假如社会最优经济增长是可能的，那么同样重要或许更为现实的问题是，基于一般均衡框架，市场主体各自最优化的分散决策将如何影响经济增长的动态均衡路径；特别是如果考虑技术创新和能源可再生性的关键作用，市场均衡增长路径是否存在，并且各经济变量之间具有怎样的特性和关联。

从20世纪70年代开始，主流经济学家在新古典增长理论的基础上增加资源约束，对经济的长期增长路径进行研究；在此之前的新古典增长理论，包括标准的索洛模型、拉姆齐模型和戴蒙德模型都并不重视自然资源的影响。可耗竭能源的新古典增长理论出现的现实背景是，1973～1974年，席卷全球的石油危机使经济学家重新思考是否需要把石油一类的不可

再生能源，作为独特的投入要素来重估经济增长的可持续性。主流经济学家这方面最重要的研究结集发表在 1974 年的《经济研究评论》上，主要有达斯古普塔和希尔（1974）、索洛（1974）、斯蒂格利兹（1974），而在此基础上发展的 DHSS 模型（Dasgupta－Heal－Solow－Stiglitz model）就是基于资源约束的新古典增长理论的标准分析框架。DHSS 模型的主要结论是如果技术持续进步，即使资源存量有限，人均产出和消费在长期内仍可能增长或持平，即经济可持续增长是可以在技术条件下保证的。

20 世纪 80 年代中期以后，新古典增长模型的技术外生假定招致内生增长理论的挑战。卢卡斯（1988）和罗默（1990）分别从人力资本积累和研发部门投入两个最重要的技术内生机制，分析了技术进步对经济长期均衡增长率的作用，此后的大量文献均沿用其研究范式来研究内生经济增长，但大部分文献都没有考虑自然资源特别是能源对长期增长的作用，而其中涉及能源资源可再生性的研究则更少。

诚然，能源资源特别是化石能源的矿产储量似乎具有不可逆转的可耗竭性，但这只是视角问题。比如一个关键问题是，技术进步使得能源和其他生产要素之间，以及不可再生能源和可再生能源之间的替代在多大程度上是完全和有效的，从这些角度看，能源资源的可再生性是普遍的。[①] 所以，把能源资源的可再生性作为能源要素的一般形式写入增长模型或许是合理的，而在理论分析中，不可再生性可以被视为一种特例。考虑到既要能够刻画能源可再生性的基本特征和综合效应，又要兼顾内生增长模型的简洁可解，我们在基本模型中仅以存量线性动态（linear stock dynamics）的形式来表述这种普遍特性。[②]

在处理技术进步的具体方法中，罗默（1990）将中间产品的垄断市场结构引入一个三部门的增长模型，该文中对技术进步的刻画实际上是指通过有目的的研发投入来获得中间产品种类的扩大，即所谓水平创新。而与此相对，技术进步也可以表示为生产能力或产品质量的提升，格罗斯曼和赫尔普曼（1991）以及阿吉翁和霍伊特（1992）建立了产品质量阶梯模

---

①　这也是 20 世纪中后期西方主流经济学家与生态学家、环境主义者以及热力学派经济学家论战的焦点之一。新古典经济学家，比如，索洛和达斯古普塔，十分强调资源、物质资本与人力资本之间的替代作用；后来的内生增长理论经济学家均强调无限增长中技术进步的关键作用。

②　能源资源的存量效应是比较强的假设，《自然资源与能源经济学手册》第三卷的第 17 章、第 18 章特别是在第 17 章中，Sweeney 对不存在存量效应和存在存量效应的两类最优化模型做了较为深入的讨论。

型，即所谓以熊彼特垂直创新来描述技术进步。琼斯和马努埃利（1997）、阿吉翁和霍伊特（1998）、斯科尔茨和齐米斯（1999）、朔（2000；2002）、格里莫和鲁热（2003）、斯马尔德斯和努伊吉（2003）、格罗特（2007）等均基于多部门和复杂动力系统，构建纳入可耗竭自然资源或能源要素的更一般化的内生增长模型。在假设最终产品生产函数包含技术存量、资本、劳动和能源4种要素的多部门增长文献中，斯科尔茨和齐米斯（1999）与朔（2002）均借鉴了罗默（1990）的方法，以中间产品多样化即水平创新来刻画技术进步，而阿吉翁和霍伊特（1998）与格里莫和鲁热（2003）是以垂直创新来描述；两类技术进步的刻画方法都可以通过各局部市场的均衡条件，将最终产品生产函数转化为以产品种类数或质量水平为变量的标准形式。

将能源再生、中间产品、技术研发、质量进步及市场均衡纳入统一分析框架的内生增长模型很少，本章试图通过建立一个基于多种连续中间产品质量创新的分析框架，来研究可再生能源和技术持续进步条件下市场主体的分散决策，是否能够使整体经济处于长期均衡增长路径。

4.2　基　本　模　型

本章借鉴了罗默（1990）内生增长模型的基本分析方法，将能源资源要素纳入最终产品部门的总量生产函数，来考察一个具有最终产品部门、中间产品部门、技术研发部门和能源生产部门的四部门经济系统。假设经济系统运行机制与第3章的模型类似：研发部门通过人力资本结合已有的技术知识存量进行研发（R&D），并将研发成果通过市场转让给中间产品生产部门；中间产品生产部门结合技术知识和物质资本生产出具有更高质量的中间产品，然后，将中间产品出售给下游的最终产品生产部门；最终产品生产部门使用购买的中间产品，结合能源生产部门提供的能源产品与经济中提供的另一部分人力资本生产出最终产品。

对于技术进步的刻画，本章沿用阿吉翁和霍伊特（1992）中"创造破坏"的熊彼特创新思想，将中间产品质量内生化。在能源生产部门考虑能源的综合再生能力，将能源再生率以线性形式写入资源积累方程，使模型更一般化。

类似于第3章的基本模型，本节将能源作为生产要素纳入最终产品部门生产函数，连续形式的中间产品种类数标准化为1，则扩展模型最终产品部门产出的迪克西特-斯蒂格利兹函数（C-D函数）为：

$$Y_t = H_{Yt}^{\alpha_1} \int_0^1 Q_t(i) x_t(i)^{\alpha_2} \mathrm{d}i E_t^{\alpha_3} \quad \alpha_1 + \alpha_2 + \alpha_3 = 1 \qquad (4-1)$$

在式（4-1）中，Y_t 为 t 时期的最终产品的总产出，H_{Yt} 为该部门投入的人力资本数量，$Q_t(i)$ 为第 i 种中间产品的产出效率，也可以被认为是第 i 种中间产品的质量，E_t 为投入的能源产品，α_1、α_2、α_3 均非负，分别为人力资本、中间产品和能源产品的产出弹性，$\alpha_1 + \alpha_2 + \alpha_3 = 1$ 表示最终产品部门具有不变的规模报酬。

在中间产品生产部门，假设各种中间产品的生产相互独立并且保持不变的规模报酬。中间产品的产出 $x_t(i)$ 与 $K_t(i)$ 对应，并且假设在生产相同数量的中间产品时，体现技术进步的高质量中间产品的生产需要更多的实物资本积累。类似于罗默（1990）中一单位中间产品生产恰好对应于一单位资本的假设，我们进一步假定在中间产品生产中，每单位质量加权后的中间产品数量恰好一一对应于所需的资本量，即 $x_t(i) = K_t(i)/Q_t(i)$。所以，经济中实物资本可写为：

$$K_t = \int_0^1 Q_t(i) x_t(i) \mathrm{d}i \qquad (4-2)$$

经济中实物资本积累方程为：

$$\dot{K}_t = Y_t - C_t \qquad (4-3)$$

假设研发部门的技术产出服从参数为 λ 的泊松过程（Poisson process），即投入 H_{Qt} 数量的人力资本到研发部门，在 Δt 时间内技术产出的发生概率为 $\lambda H_{Qt} \Delta t$。现在，假设每次技术创新对原有技术完全替代，即具有所谓的创造破坏性质，并且假设技术水平的增量为 η，即满足 $Q_{t+1} = (1 + \eta) Q_t$。可以解得 $\lambda \eta H_{Qt} \Delta t Q_t$ 是 Δt 时间内的技术水平期望增量，故技术水平动态微分方程为：

$$\dot{Q}_t = \lambda \eta H_{Qt} Q_t \qquad (4-4)$$

式（4-4）表明，技术研发部门的技术产出取决于该部门投入的人力资本、已有的技术知识存量和创新过程的泊松参数。

在能源生产部门，我们将能源资源的综合再生率引入积累方程，以线性形式简单刻画可再生能源的储量效应（store effects）。假设 S_t 表示资源存量，E_t 表示资源开采量，ν_t 表示能源资源的综合再生率，不计资源开采成本，则能源资源的存量方程为：

$$\dot{S}_t = \nu_t S_t - E_t, \; E_t \geqslant 0 \qquad (4-5)$$

式（4-5）表明，能源资源存量与资源再生数量和开采使用数量相关。ν_t

可以视为能源储量的综合再生能力，在实际经济中，比如，勘探开采的效率提升和成本下降、不可再生能源资源的深度开采利用、不可再生能源和可再生能源比重的变化、能源和其他生产要素之间以及不同能源之间的替代等，都可以认为是提升能源综合再生能力的有效途径。

社会代表性家庭的效用以 CRRA 函数表述，即瞬时效用只与消费数量 C 和长期中不变的相对风险厌恶系数 θ 有关：

$$U(C_t) = \frac{C_t^{1-\theta} - 1}{1 - \theta}$$

则在无限时间上的 CRRA 效用函数为：

$$U = \int_0^\infty \frac{C_t^{1-\theta} - 1}{1 - \theta} e^{-\rho t} \mathrm{d}t \qquad (4-6)$$

在式（4-6）中，θ 为边际效用弹性的绝对值，$\rho > 0$ 为代表性家庭的主观时间偏好率。

4.3 市场均衡增长路径

接下来，我们在上述模型基础上分析市场均衡增长路径，即讨论在市场经济中，各微观主体的自身效用或利润最大化的决策，是否可以使整体经济处在长期增长的动态均衡状态。假设经济中的人力资本总量 H 固定，人力资本可以在最终产品部门生产最终产品，也可以在研发部门生产技术；W_Y 和 W_Q 分别表示最终产品部门和研发部门需要支付的人力资本工资，我们假设人力资本市场为完全竞争市场，人员可以无成本的自由流动，所以，可得 W_Y 和 W_Q 均等于 W。其他价格变量做如下假设：P_{x_i}、P_Q 和 P_E 分别表示中间产品价格、研发成果价格和能源资源价格，r 为市场利率，最终产品 Y 的价格标准化为 1。下文中为了书写简洁，如果表达清楚则省去变量的时间下标。

4.3.1 市场均衡增长路径的求解

4.3.1.1 最终产品部门最优决策

最终产品部门的利润函数可写为：

$$\pi_Y = H_Y^{\alpha_1} \int_0^1 Q(i) x(i)^{\alpha_2} \mathrm{d}i E^{\alpha_3} - W_Y H_Y - P_E E - \int_0^1 P_{x_i} x(i) \mathrm{d}i \qquad (4-7)$$

故最终产品部门代表性厂商的利润最大化决策为：

$$\max_{H_Y, X(i), E} H_Y^{\alpha_1} \int_0^1 Q(i) x(i)^{\alpha_2} \mathrm{d}i E^{\alpha_3} - W_Y H_Y - P_E E - \int_0^1 P_{x_i} x(i) \mathrm{d}i \quad (4-8)$$

一阶条件分别解得：

$$W = W_Y = \frac{\alpha_1 Y}{H_Y} \quad (4-9)$$

$$P_E = \frac{\alpha_3 Y}{E} \quad (4-10)$$

$$P_{x_i} = \alpha_2 H_Y^{\alpha_1} Q(i) x(i)^{\alpha_2 - 1} E^{\alpha_3} \quad (4-11)$$

式（4-7）利润函数中的中间产品技术进步只表述为纵向质量进步而不涉及水平数量扩张，故式中的积分形式可以看作 N 种连续中间产品（已标准化为1）质量加权后投入加总的简略形式，对具体的任意 $x(i)$ 的一阶条件可解得式（4-11）。

4.3.1.2 中间产品部门最优决策

根据基本模型假设，各种中间产品 $x_t(i)$ 与 $K_t(i)$ 一一对应，并且高质量中间产品的生产对应更多的实物资本，即 $x_t(i) = K_t(i)/Q_t(i)$，又已假设 r 为市场利率，则各中间产品部门代表性厂商的利润最大化决策为：

$$\max_{x(i)} \pi_{X(i)} = P_{x_i} x(i) - Q(i) x(i) r \quad (4-12)$$

将式（4-11）代入式（4-12），一阶条件解得对于任意 i 均有：

$$P_{x_i} = \frac{Q(i) r}{\alpha_2} \quad (4-13)$$

联立式（4-11）、式（4-13），消去 P_{x_i} 有：

$$x(i) = \left(\frac{\alpha_2^2 H_Y^{\alpha_1} E^{\alpha_3}}{r} \right)^{\frac{1}{1-\alpha_2}} \quad (4-14)$$

从式（4-14）可知，市场主体最优决策约束使得每种中间产品的数量相等，所以设：

$$x(i) = x = K/Q$$

在上式中，实物资本 $K = \int_0^1 Q(i) x(i) \mathrm{d}i$，而 $Q = \int_0^1 Q(i) \mathrm{d}i$，可理解为中间产品的平均质量。

所以，式（4-1）中最终产品部门的产出又可写为：

$$Y_t = H_{Yt}^{\alpha_1} x^{\alpha_2} \int_0^1 Q_t(i) \mathrm{d}i E_t^{\alpha_3} = H_Y^{\alpha_1} Q^{1-\alpha_2} K^{\alpha_2} E^{\alpha_3} \quad (4-15)$$

4.3.1.3 研发部门（R&D）最优决策

研发部门的利润函数为：

$$\pi_{R\&D} = P_Q \dot{Q} - W_Q H_Q = P_Q \lambda \eta H_Q Q - W_Q H_Q \qquad (4-16)$$

所以，研发部门利润最大化决策为：

$$\max_{H_Q} \pi_{R\&D} = P_Q \lambda \eta H_Q Q - W_Q H_Q \qquad (4-17)$$

一阶条件解得：

$$W = W_Q = P_Q \lambda \eta Q \qquad (4-18)$$

4.3.1.4 能源生产部门最优决策

不考虑开采成本，完全竞争能源市场上的能源生产部门最优决策为：

$$\max_{E_t} \pi_E = \int_t^{\infty} P_E E_\tau e^{-\int_t^\tau r_u du} d\tau \qquad (4-19)$$

$$\text{s.t. } \dot{S} = \nu S - E, \ S、E \geqslant 0, \ \tau \geqslant t$$

可以写出式（4-19）的最优控制的现值汉密尔顿函数，其中，E 为控制变量，S 为状态变量，联立其一阶条件可得：

$$g_{P_E} = r - \nu \qquad (4-20)$$

式（4-20）可以看作霍特林准则的一个推广，说明能源价格的增长率与市场利率和能源再生率均相关。

4.3.1.5 代表性家庭最优决策

在标准的拉姆齐模型中，如果效用函数采用上文提到的 CRRA 函数形式，则代表性家庭的效用最大化决策满足：

$$g_C = \frac{r - \rho}{\theta} \qquad (4-21)$$

式（4-21）中的 r 为市场利率，θ 为边际效用弹性的绝对值，也就是不变的跨期替代弹性（CIES）的倒数，直观上，θ 表示代表性家庭对消费在不同时期之间转移的意愿，即平滑消费的偏好程度，$\rho > 0$ 是代表性家庭的主观时间偏好率。式（4-21）是拉姆齐模型均衡解的基本结论之一，含义是消费的长期增长率与市场利率、消费者主观时间偏好率和跨期替代弹性相关。[①]

4.3.1.6 市场均衡增长路径的求解

下面求解模型，市场均衡增长路径如命题4-1所示。

命题4-1 市场中的各决策主体（企业或家庭）作各自的最优决策，市场均衡增长路径上各经济变量的增长率为：

$$g_Y^* = g_C^* = \frac{(\alpha_1 + \alpha_3)\lambda \eta H_Q^* + \alpha_3 \nu - \alpha_3 \rho}{\alpha_1 + \alpha_3 \theta} \qquad (4-22)$$

---

① 巴罗和萨拉-伊-马丁（Barro，Sala-i-Martin，1995）的第二部分对此做了推导和阐述，并给出了相应的横截面条件。

$$g_Q^* = \lambda \eta H_Q^* \qquad (4-23)$$

$$g_S^* = g_E^* = \frac{(\alpha_1 + \alpha_3)[\lambda \eta H_Q^*(1-\theta) + \nu - \rho]}{\alpha_1 + \alpha_3 \theta} \qquad (4-24)$$

其中，$H_Q^* = \dfrac{(\alpha_1+\alpha_3)(\alpha_1+\alpha_3\theta)\alpha_2\lambda\eta H - \alpha_1[(\alpha_1+\alpha_3)\rho + (\theta-1)\alpha_3\nu]}{\lambda\eta\{(\alpha_1+\alpha_3)(\alpha_1+\alpha_3\theta)\alpha_2 + \alpha_1[(\alpha_1+\alpha_3)\theta + (\theta-1)\alpha_3]\}}$

$$(4-25)$$

证明：根据式（4-4）易知式（4-23）成立，现在，先计算式（4-22）和式（4-24），即将市场均衡路径上的最终产品或消费的增长率以及能源资源存量或消费量的增长率表示为研发部门人力资本数量 H_Q^* 的函数，然后，再求出 H_Q^* 代入上述各式得出结果。

由于经济处于平衡增长路径，根据产出、消费和投资的关系，Y、C 和 K 具有同一不变的增长速率。同理，S 和 E 也有相同的增长率，平衡增长路径上的 H_Y 和 H_Q 均为常数，中间产品质量的增长率为常数。

对式（4-15）两侧取对数对时间求导，并考虑处于平衡增长路径，可得：

$$(1-\alpha_2)g_Y^* = (1-\alpha_2)g_Q^* + \alpha_3 g_E^* \qquad (4-26)$$

与式（4-4）、式（4-21）联立可得：

$$\frac{r^*-\rho}{\theta} = \lambda\eta H_Q^* + \frac{\alpha_3 g_E^*}{\alpha_1 + \alpha_3} \qquad (4-27)$$

对式（4-10）两侧取对数对时间求导有：

$$g_{P_E}^* = g_Y^* - g_E^* \qquad (4-28)$$

代入式（4-20）、式（4-21）可得：

$$r^* - \nu = \frac{r^*-\rho}{\theta} - g_E^* \qquad (4-29)$$

联立式（4-27）、式（4-29），消去 g_E^*，解得平衡增长路径上的市场利率：

$$r^* = \frac{(\alpha_1+\alpha_3)\theta\lambda\eta H_Q^* + \alpha_1\rho + \alpha_3\theta\nu}{\alpha_1 + \alpha_3\theta} \qquad (4-30)$$

所以，依次解得以下两式：

$$g_Y^* = \frac{r^*-\rho}{\theta} = \frac{(\alpha_1+\alpha_3)\lambda\eta H_Q^* + \alpha_3\nu - \alpha_3\rho}{\alpha_1 + \alpha_3\theta}$$

$$g_E^* = g_Y^* - g_{P_E}^* = g_Y^* - (r^*-\nu) = \frac{(\alpha_1+\alpha_3)[\lambda\eta H_Q^*(1-\theta) + \nu - \rho]}{\alpha_1 + \alpha_3\theta}$$

式（4-22）、式（4-24）两式得证，下面求解投入研发部门的人力资本数量 H_Q^*。

按照罗默（1990）的思路，在市场均衡条件下，中间产品部门获得研发成果的成本应该等于它的垄断利润的贴现值，即垄断的中间产品部门对技术创新成果的需求取决于其对企业未来净收益的折现流与当下购买或投资于技术创新的收益之比较。因为假设研发市场是完全竞争的，所以研发成果的价格将达到中间产品部门能够出的最高价。①

$$\int_{t}^{\infty} \pi_x(\tau) e^{-\int_{t}^{\tau} r_u du} d\tau = P_Q Q \qquad (4-31)$$

又根据式（4-30）易知，平衡增长路径的市场利率 r 为常数，式（4-31）两侧对时间求导可解得：

$$\pi_x = (r^* - g_{P_Q}) P_Q Q \qquad (4-32)$$

下面，先求 π_x，由式（4-12）中的中间产品部门利润函数和式（4-13）联立有：

$$\pi_{x(i)} = P_{x_i} x(i) - Q(i) x(i) r = (1 - \alpha_2) P_{x_i} x(i)$$

故可解得：

$$\pi_x = \int_0^1 (1 - \alpha_2) P_{x_i} x(i) di = (1 - \alpha_2) \alpha_2 Y \qquad (4-33)$$

现计算式（4-32）右侧各变量，联立式（4-9）和式（4-18）可得：

$$P_Q Q = \frac{\alpha_1 Y}{\lambda \eta H_Y} \qquad (4-34)$$

由式（4-9）易知，在平衡增长路径最终产出 Y 和人力资本工资 W 具有相同的增长率，再结合式（4-18）两侧对数求导结果，可得：

$$g_{P_Q}^* = g_Y^* - g_Q^* \qquad (4-35)$$

将式（4-33）代入式（4-32）左侧，将式（4-22）、式（4-23）、式（4-30）解得的 g_Y^*、g_Q^* 和 r^* 以及式（4-34）、式（4-35）代入式（4-32）右侧，可解出式（4-25），命题得证。

4.3.2 均衡存在条件与均衡增长率的讨论

从理论上说，命题4-1市场均衡增长路径的解得还需满足内点解假设，即市场均衡是内点解的假设意味着：在经济中，人力资本必须在最终产品部门和研发部门分配，而不是全部集中在某一部门，即满足 $0 < H_Q^* < H$。显而易见，满足该条件的同时，也满足 $0 < H_Y^* < H$。

当 $H_Q^* < H$，据式（4-25）易知需要满足条件：

$$- [(\alpha_1 + \alpha_3)\rho + (\theta - 1)\alpha_3 \nu] < \lambda \eta H [(\alpha_1 + \alpha_3)\theta + (\theta - 1)\alpha_3]$$

$$(4-36)$$

下面，据式（4-25）分两种情形讨论 $H_Q^* > 0$。

情形1：

$$(\alpha_1 + \alpha_3)(\alpha_1 + \alpha_3\theta)\alpha_2 \lambda \eta H > \alpha_1 [(\alpha_1 + \alpha_3)\rho + (\theta - 1)\alpha_3 \nu]$$

$$(4-37)$$

$$(\alpha_1 + \alpha_3)(\alpha_1 + \alpha_3\theta)\alpha_2 > -\alpha_1 [(\alpha_1 + \alpha_3)\theta + (\theta - 1)\alpha_3]$$

$$(4-38)$$

因为式（4-36）、式（4-37）联立可推出式（4-38），同理，式（4-36）、式（4-38）联立也推出式（4-37），故式（4-36）、式（4-37）两式或式（4-36）、式（4-38）两式联立，均可作为市场均衡的内点解条件。

情形2：

$$(\alpha_1 + \alpha_3)(\alpha_1 + \alpha_3\theta)\alpha_2 \lambda \eta H < \alpha_1 [(\alpha_1 + \alpha_3)\rho + (\theta - 1)\alpha_3 \nu]$$

$$(4-39)$$

$$(\alpha_1 + \alpha_3)(\alpha_1 + \alpha_3\theta)\alpha_2 < -\alpha_1 [(\alpha_1 + \alpha_3)\theta + (\theta - 1)\alpha_3]$$

$$(4-40)$$

式（4-36）、式（4-40）联立可推出式（4-39），故该两式联立可作为市场均衡的内点解条件。

综上两情形可知，式（4-36）即为市场均衡的内点解条件。① 化简得到以下命题。

命题4-2　如果满足 $\left[1 + \dfrac{(\theta - 1)(1 + \nu)}{\lambda \eta H \theta + \rho} \right] \dfrac{\alpha_3}{\alpha_1} + 1 > 0$，则 $0 < H_Q^* < H$ 和 $0 < H_Y^* < H$ 同时成立，经济系统存在内点解均衡。

下面，对平衡增长路径上的各变量增长率作简单的讨论。一方面，平衡增长路径上的产出增长率由技术进步率和能源消费增长率共同决定，式（4-26）阐明了这一点。这里有三点需要说明：一是在模型中技术进步率

---

① 式（4-36）实际已隐含 $(\alpha_1 + \alpha_3)(\alpha_1 + \alpha_3\theta)\alpha_2 \neq -\alpha_1 [(\alpha_1 + \alpha_3)\theta + (\theta - 1)\alpha_3]$ 条件，若上式等号成立，则可推出 $H_Q^* = H$，与假设矛盾。

和能源消费增长率可以看作产出取得持续增长的决定性因素，而共同决定的含义是如果技术和能源之间的要素相互替代是有效的，即无论两者此消彼长，总效应决定了均衡产出增长率的大小和方向。二是平衡增长路径的技术进步率和能源消费增长率对产出增长率的贡献程度受到要素投入份额或要素投入弹性的影响。比如，在模型中，能源消费增长率对产出增长率的作用程度还取决于其投入份额在其与最终产品部门人力资本共同要素份额中的比重，而对于技术进步率，则1%的增长率就是1%的最终产出增长。三是如果提高相等幅度的最终均衡产出增长率，通过提高技术进步率的途径要比提高能源消费增长率更加有效。其现实的政策含义是，通过科技进步带动的集约式经济增长方式要比纯粹依靠能源资源消耗的粗放式增长方式更有效率。

另外，命题4-1的式（4-22）实际上意味着市场均衡产出增长率或消费增长率的符号由中间产品质量增长率、能源再生率和消费者主观时间偏好率共同决定，前两者对市场均衡产出增长率有正向影响，后者有负向影响。故只要经济中研发部门投入和能源再生率的增长效应大于消费者的就近时间消费偏好，则经济能够保持可持续增长。与式（4-22）类似，式（4-24）表明市场均衡能源消费增长率或储量增长率的符号，由中间产品质量增长率、能源再生率以及消费者的边际效用弹性和主观时间偏好率共同决定。两者的不同之处在于，对于均衡产出增长率，边际效用弹性只影响增长率数值大小而不决定符号，即不影响经济增长的方向。而对于均衡能源消费增长率，边际效用弹性不仅影响程度大小，而且和其他三个因素共同决定增长的正负方向。总体上，命题4-1的式（4-22）和式（4-24）说明了技术创新和能源再生对于经济长期增长和能源持续供给的关键作用。

4.4　市场均衡的比较静态分析

现在讨论均衡增长路径时，模型中各参数的变化对经济系统的重要变量和均衡增长率的影响。因为上文已求得均衡时各经济变量的解析解，下面，采用标准的比较静态分析方法。

将式（4-25）代入式（4-22）可得：

$$g_Y^* = g_C^* =$$

$$\frac{(\alpha_1 + \alpha_3)\{(\alpha_1 + \alpha_3)(\alpha_1 + \alpha_3\theta)\alpha_2\lambda\eta H - \alpha_1[(\alpha_1 + \alpha_3)\rho + (\theta - 1)\alpha_3\nu]\}}{(\alpha_1 + \alpha_3\theta)\{(\alpha_1 + \alpha_3)(\alpha_1 + \alpha_3\theta)\alpha_2 + \alpha_1[(\alpha_1 + \alpha_3)\theta + (\theta - 1)\alpha_3]\}}$$

$$+ \frac{\alpha_3(\nu - \rho)}{(\alpha_1 + \alpha_3\theta)} \tag{4-41}$$

首先，基于式（4-41）求 g_Y^* 对各参数的偏导数，并假设市场均衡满足上文分析内点解时 $H_Q^* > 0$ 的第1种情形，即式（4-36）、式（4-38）同时成立，则有：

$$\frac{\partial g_Y^*}{\partial \rho} = \frac{-\alpha_1(\alpha_1 + \alpha_3)^2}{(\alpha_1 + \alpha_3\theta)\{(\alpha_1 + \alpha_3)(\alpha_1 + \alpha_3\theta)\alpha_2 + \alpha_1[(\alpha_1 + \alpha_3)\theta + (\theta - 1)\alpha_3]\}}$$

$$- \frac{\alpha_3}{(\alpha_1 + \alpha_3\theta)} < 0$$

$$\frac{\partial g_Y^*}{\partial H} = \frac{(\alpha_1 + \alpha_3)^2(\alpha_1 + \alpha_3\theta)\alpha_2\lambda\eta}{(\alpha_1 + \alpha_3\theta)\{(\alpha_1 + \alpha_3)(\alpha_1 + \alpha_3\theta)\alpha_2 + \alpha_1[(\alpha_1 + \alpha_3)\theta + (\theta - 1)\alpha_3]\}} > 0$$

$$\frac{\partial g_Y^*}{\partial \eta} = \frac{(\alpha_1 + \alpha_3)^2(\alpha_1 + \alpha_3\theta)\alpha_2\lambda H}{(\alpha_1 + \alpha_3\theta)\{(\alpha_1 + \alpha_3)(\alpha_1 + \alpha_3\theta)\alpha_2 + \alpha_1[(\alpha_1 + \alpha_3)\theta + (\theta - 1)\alpha_3]\}} > 0$$

$$\frac{\partial g_Y^*}{\partial \nu} = \frac{\alpha_1\alpha_3(1 - \theta)\nu}{(\alpha_1 + \alpha_3\theta)\{(\alpha_1 + \alpha_3)(\alpha_1 + \alpha_3\theta)\alpha_2 + \alpha_1[(\alpha_1 + \alpha_3)\theta + (\theta - 1)\alpha_3]\}}$$

$$+ \frac{\alpha_3}{(\alpha_1 + \alpha_3\theta)} > 0(如果 \theta < 1)$$

同理，分别将式（4-25）代入式（4-23）、式（4-24）、式（4-30）可得 g_Q^*、g_E^* 和 r^* 的表达式，对各参数分别求偏导数并根据假设条件判断符号，结果经整理总结，见表4-1。

表 4-1　　　　　　经济系统市场均衡的比较静态分析结果

	$\zeta = \rho$	$\zeta = H$	$\zeta = \eta$	$\zeta = \nu$
$\partial H_Q^*/\partial \zeta$	<0	>0	>0	<0 如果 $\theta>1$
$\partial r^*/\partial \zeta$	>0 如果 $\theta>1$	>0	>0	>0 如果 $\theta<1$
$\partial g_Y^*/\partial \zeta$	<0	<0	>0	>0 如果 $\theta<1$
$\partial g_Q^*/\partial \zeta$	<0	>0	>0	<0 如果 $\theta>1$
$\partial g_E^*/\partial \zeta$	<0 如果 $\theta<1$	<0 如果 $\theta>1$	<0 如果 $\theta>1$	>0

命题 4-3 经济中消费者的主观时间偏好率 ρ 是市场均衡产出增长率和消费增长率的减函数；当边际效用弹性系数 $\theta < 1$ 时，市场均衡能源消费增长率是 ρ 的减函数。

命题4-3可以视为经济中代表性家庭主观偏好的长期增长效应，表

4-1的第1列即为该命题的简要表述。ρ 的增加意味着代表性家庭更偏好于近期消费，即从当下消费中获得的效用大于未来消费的效用，故消费者没有意愿作更多的当期投资去获得将来更多的消费。这样，代表性家庭减少储蓄的个体理性决策将使资本市场的供需平衡发生变化，市场利率将提高。根据能源部门最优化决策解式（4-20）（霍特林准则的推广），能源价格均衡增长率会随着市场均衡利率升高而提高，这将使均衡能源消费增长率有下降的趋势。

根据拉姆齐模型的市场均衡解，均衡产出增长率的符号由均衡市场利率和主观时间偏好率之差决定。在上述均衡增长路径上，虽然 ρ 和 r^* 同方向变动，但经济扰动的传导路径是主观时间偏好率的提高先引起储蓄率的变化，由此导致的资本市场供求变化促使市场利率升高，所以在此机制中主观时间偏好率是主因，对均衡产出增长率的作用效应是时间偏好率大于市场利率，故均衡产出增长率将减小，即均衡产出增长率是 ρ 的减函数。

再看研发部门，根据罗默（1990）中间产品部门最优化决策的跨期利润约束方程可知，因为中间产品部门购买研发成果的收益等于其未来垄断利润的市场利率贴现值，故市场利率的升高即提高了中间产品部门获取当下创新技术的机会成本；这样，市场利率升高将使研发部门减少投入研发的人力资本数量，均衡技术进步率将下降。可见，在上述条件下，代表性家庭主观时间偏好率的增加将改变市场主体的决策，并通过市场机制使社会人力资本更多地从研发部门转向最终产品部门。

命题4-4 提升研发部门创新的技术水平增量 η（或研发泊松过程 λ 参数）以及增加社会人力资本总量 H，均可提高研发产出（中间产品质量）和最终产品产出的市场均衡增长率；当 $\theta > 1$ 时，提升 η 和增加 H 均将降低能源消费的市场均衡增长率。

表4-1的第2列、第3列阐述了这一性质。首先，易知实际上 η 和 λ 具有类似的增长效应，所以可以考察其中之一或将 $\lambda\eta$ 看作一个整体，来分析研发效率对长期均衡增长率的影响。研发部门效率的提升，意味着人力资本在该部门投入会比在其他部门具有更高的收益，所以研发部门将加大人力资本投入来提高技术产品增长率 g_Q^*。而根据式（4-22），经济中最终产品生产部门的均衡产出增长率 g_Y^* 也将提高。

其次，根据拉姆齐模型结论可知，g_Y^* 和 r^* 有相同的变动方向，所以市场利率也会上升。据命题4-3的分析可知，市场利率升高使研发部门有降薪减员的动机，故均衡的技术进步率和产出增长率似乎有下降的趋势。但是，上述扰动的主导因素是研发部门创新效率的提高，因为创新效率的提升使得研发部门试图通过研发成果获利从而雇佣更多的人力资本，而经济中的人力资本就会被更多地配置到更具有效率和更具有产出潜能的研发部门，结果是提高了研发成果和最终产品的产出增长率。而在此过程中，根据基本模型中高质量中间产品的生产对应更多实物资本的假设，中间产品部门也将有更大的资本需求，这将导致市场利率上升的趋势，但在此机制中总体上前者是主因。

此外，假设社会人力资本 H 的增加同比例地提高各部门使用的人力资本数目，将相应提高研发成果和最终产品的产出增长率，其增长效应类似于 η 或 λ 通过提高技术产出对均衡产出增长率产生的作用。再看能源消费均衡增长率，类似于对命题 4-3 的分析，根据霍特林准则，随市场均衡利率升高的能源价格均衡增长率，将使均衡能源消费增长率具有下降趋势。

命题 4-5 市场均衡增长路径上，能源消费和存量增长率是能源再生率 ν 的增函数；当 $\theta < 1$ 时，提升 ν 将增加最终产品产出和消费的均衡增长率；当 $\theta > 1$ 时，提升 ν 将增加研发部门的技术效率和技术产品产出的市场均衡增长率。

表 4-1 的第 4 列是命题 4-5 的简要表述。在直观上，能源再生率增加能够使能源储量上升，故在均衡路径上，能源再生率是能源存量增长率进而是能源消费增长率的增函数；据上文可知，均衡能源消费或存量增长率等于人力资本工资与能源价格的增长率之差，故能源再生率提升导致的能源价格相对下降，使均衡能源消费增长率增加。

根据能源部门最优化决策解式（4-20）（霍特林准则的推广），均衡市场利率为能源再生率与能源价格均衡增长率之和。类似于命题 4-3 和命题 4-4 中的分析方法，在以上机制中能源再生率的提高是主导因素，故市场均衡利率会随着能源再生率的升高而上升，从而根据拉姆齐模型的结论，最终产品产出和消费的均衡增长率有上升趋势。同样，类似命题 4-3 和命题 4-4 中的分析结论，在上述均衡条件下能源再生率引起的市场利率上升将导致研发部门投入和技术进步率的下降。

4.5 数值模拟

为了使结果更为直观，下面选取参数的经验值做市场均衡路径的数值模拟。假定最终部门生产中的人力资本、中间产品、能源资源投入的初始份额分别为 40%、40%、20%，主观时间偏好率 ρ 为 0.02，相对风险厌

恶系数 θ 为 2，社会人力资本数量 H 标准化为 1，研发部门效率参数 $\lambda\eta$ 为 0.2，能源再生率 ν 为 0.05，模拟结果如表 4-2 所示。由表 4-2 可见，其一，在较高能源再生率（$\nu=0.05$）和较低主观时间偏好率（$\rho=0.02$）的经济中，经济都能保持正增长，且经济增长率高于能源消费的增长率，经济呈现可持续发展的态势；其二，各种生产要素的产出份额配置对长期增长有影响，比如，中间产品部门份额的提高同时大幅度提高了总体产出和能源消费的增长率；其三，微观主体的主观偏好对市场均衡增长路径影响很大；其四，能源再生对可持续发展意义重大，从模拟结果可见能源再生率从 0.05 减为 0（可耗竭能源）时，产出的均衡增长率下降，同时能源消费增长率大幅度提高。

表 4-2 　　　　　　　　　**经济系统市场均衡的数值模拟结果**

α_1	α_2	α_3	ρ	θ	$\lambda\eta$	ν	g_Y^*	g_E^*	g_Q^*
0.4	0.4	0.2	0.02	2	0.2	0.05	3.30	-0.30	3.40
0.4	0.3	0.3	0.02	2	0.2	0.05	3.29	-0.29	3.42
0.6	0.2	0.2	0.02	2	0.2	0.05	1.66	1.34	1.32
0.2	0.6	0.2	0.02	2	0.2	0.05	5.88	-2.88	7.33
0.4	0.4	0.2	0.04	2	0.2	0.05	2.32	-1.32	2.77
0.4	0.4	0.2	0.01	2	0.2	0.05	3.79	0.21	3.72
0.4	0.4	0.2	0.02	4	0.2	0.05	1.47	-0.14	1.94
0.4	0.4	0.2	0.02	1	0.2	0.05	7.25	-3.00	6.25
0.4	0.4	0.2	0.02	2	0.4	0.05	7.13	-4.13	8.51
0.4	0.4	0.2	0.02	2	0.2	0.02	3.03	-3.03	4.04
0.4	0.4	0.2	0.04	2	0.2	0	2.85	-4.85	4.47

　　社会偏好、研发效率、能源再生能力和能源要素份额等因素对均衡增长率具有不同的作用方向，下面，进一步考察这些因素对均衡增长率的综合效应。我们选取几种较为典型的情形，分别模拟两个代表性参数同时变化对市场均衡产出（或消费）增长率和市场均衡能源消费增长率的影响，结果见图 4-1~图 4-4。

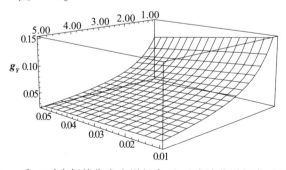

图 4-1a　ρ 和 θ 对市场均衡产出增长率 g_Y^*（或消费增长率 g_C^*）的影响

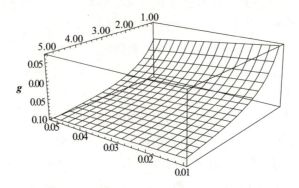

图 4 - 1b　ρ 和 θ 对市场均衡能源消费增长率 g_E^*（或能源储量增长率 g_S^*）的影响

图 4 - 1　ρ 和 θ 对市场均衡产出增长率 g_Y^* 和市场均衡能源消费增长率 g_E^* 的影响

注：相关参数设定：$\alpha_1 = 0.4$，$\alpha_2 = 0.4$，$\alpha_3 = 0.2$，$H = 1$，$\lambda\eta = 0.2$，$\nu = 0.05$。

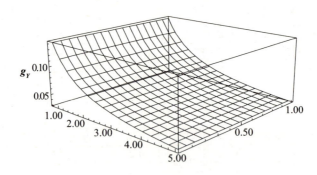

图 4 - 2a　θ 和 $\lambda\eta$ 对市场均衡产出增长率 g_Y^*（或消费增长率 g_C^*）的影响

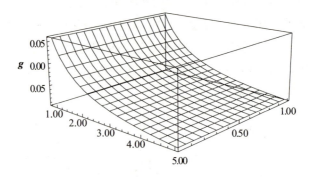

图 4 - 2b　θ 和 $\lambda\eta$ 对市场均衡能源消费增长率 g_E^*（或能源储量增长率 g_S^*）的影响

图 4 - 2　θ 和 λ_η 对市场均衡产出增长率 g_Y^* 和市场均衡能源消费增长率 g_E^* 的影响

注：相关参数设定：$\alpha_1 = 0.4$，$\alpha_2 = 0.4$，$\alpha_3 = 0.2$，$H = 1$，$\rho = 0.02$，$\nu = 0.05$。

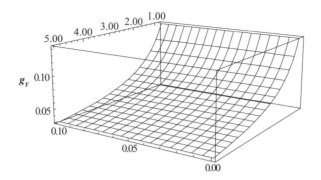

图 4 - 3a ν 和 θ 对市场均衡产出增长率 g_Y^*（或消费增长率 g_C^*）的影响

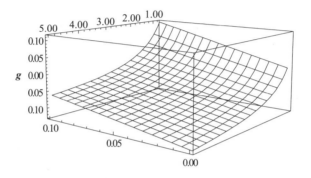

图 4 - 3b ν 和 θ 对市场均衡能源消费增长率 g_E^*（或能源储量增长率 g_S^*）的影响

图 4 - 3 ν 和 θ 对市场均衡产出增长率 g_Y^* 和市场均衡能源消费增长率 g_E^* 的影响

注：相关参数设定：$\alpha_1 = 0.4$，$\alpha_2 = 0.4$，$\alpha_3 = 0.2$，$H = 1$，$\rho = 0.02$，$\lambda\eta = 0.2$。

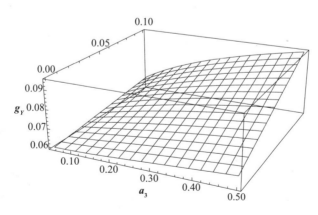

图 4 - 4a α_3 和 ν 对市场均衡产出增长率 g_Y^*（或消费增长率 g_C^*）的影响

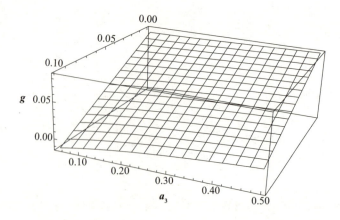

图 4 - 4b α_3 和 ν 对市场均衡能源消费增长率 g_E^*（或能源储量增长率 g_S^*）的影响

图 4 - 4 α_3 和 ν 对市场均衡产出增长率 g_Y^* 和市场均衡能源消费增长率 g_E^* 的影响

注：相关参数设定：$\alpha_1 = 0.4$，$H = 1$，$\rho = 0.02$，$\lambda\eta = 0.2$，$\theta = 2$。

4.6 本章小结

本章基于熊彼特垂直创新方法和能源资源可再生性假设，构建了一个四部门内生增长模型，较为完整地分析了市场竞争条件下能源资源、研发创新与经济可持续增长之间的相互作用。我们采用多种连续中间产品的产出效率来刻画技术创新，考虑能源资源的可再生性，求解并讨论了经济的市场均衡增长路径及其存在条件，运用比较静态和数值模拟方法分析了各类参数的长期产出增长效应和能源消费增长效应。本章的基本结论，一是如果经济中拥有足够的人力资本积累带来的研发产出效率，即创新活动的产出质量是充分有效的，那么经济就可以保持长期增长。经济中的能源综合再生能力对均衡产出增长率和能源消费增长率有不同程度的正向作用。二是社会消费偏好对长期均衡增长的作用是显著的。因为消费者对当下或未来消费时间的选择本质上决定了社会资源储蓄率和投资率，所以只有经济中技术研发效率和能源再生能力的提升程度大于社会代表性家庭就近消费的愿望，才会有正的长期均衡增长率。

首先，正如本章模型中显示的中间产品市场具有向右下方倾斜的需求曲线，在现实经济中，垄断竞争的市场结构是普遍的，政府需要考虑各种不同类型的垄断市场结构带来的社会福利损失问题，进而可以通过制定和执行相关的公共政策来改善经济的长期增长路径。在对市场分散决策均衡的分析中我们知道，中间产品价格大于等于资本价格（市场利率）的 $1/\alpha_2$

倍，所以，中间产品的实际市场需求会因为价格提高而小于社会最优均衡时的需求数量。与中间产品部门的静态效率损失类似，研发部门面临技术跨期外溢的动态效率损失，这两点我们要在下面的章节做进一步的讨论。能源市场上也有类似的问题，但是在市场利率不变时能源再生率与能源价格具有相反的变动方向，在一定程度上补偿了能源市场扭曲。所以，政府可以通过恰当的税收和补贴等财政政策，来鼓励对中间技术产品的购买、对研发资本的投入及对能源勘探开采和能源替代技术方面的创新。

其次，政府应该高度重视科技人才兴国战略和能源资源产业政策。与第3章能源耗竭、技术创新与内生经济增长中的基本模型类似，本章的一个基本结论是技术创新是长期增长的源泉，实际上技术创新的重要作用不仅体现在可以提高整体经济的产出效率，而且其自身即是存在资源耗竭可能性的实际经济能否持续增长的决定性因素。因为，一方面，由技术进步带来的能源资源更高的综合再生能力是对资源稀缺性的克服；另一方面，在本质上，技术进步提供了生产要素之间和要素之内完全替代和有效替代的可能性。如果没有耗竭要素和再生要素的相互替代作用，经济不可能长期存在和发展。本章也显示了人力资本积累是创新最重要的渠道之一，所以政府不仅要想方设法地增加社会人力资本的数量，而且要关注人力资本在各部门的合理配置，尽量将人力资本引导到具有科技创新能力和潜力的领域。能源产业政策也应侧重于对技术创新的激励，比如，对新能源的研发和对不可再生能源资源深度开采技术的推广、对勘探开采的成本降低和效率增进的激励，都可以提升能源综合再生能力，即可以通过提高经济中能源产业的创新水平来提升能源产品的持续供给能力。同时，在需求侧，特别是第二产业中的高耗能产业，必须通过技术创新、结构调整和严格执法来避免能源资源的浪费和过度使用。

本章作为第3章基本模型的一个对照分析，考察了技术创新和能源可再生条件下的市场分散决策均衡增长问题。我们看到，在能源约束和技术创新的双重作用下，经济的可持续发展是可能的，但这里至少还存在三个问题有待进一步讨论。首先，如果社会最优均衡和市场最优均衡并不相同，那么，需要怎样的经济政策工具可以使得经济扭转这种偏差，运行在最优均衡路径；其次，如果采用各类经济政策，那么如何考察它们的政策有效性和政策效率；再次，本章和上一章的基本模型并没有考虑市场的不完全竞争，那么考虑市场的垄断竞争结构，结论将会有什么变化；因为我们知道，在实际经济中行业垄断现象普遍存在，特别是在能源产业的各个生产环节和流通环节。这些问题我们将在下面的章节逐一进行讨论。

第5章　能源约束与内生增长视角的
最优财政政策：动态效率

本章基于对第3章和第4章的社会最优与市场均衡模型的结果比较和机制考察，构建动态一般均衡框架内的经济政策模型，来考察各种政策工具对经济效率改善的效率和程度，以及对能源耗费、技术创新和经济可持续发展的影响，求解和讨论了各种最优经济政策。针对市场扭曲的根源，本章重点讨论了中间产品补贴与技术创新补贴两类政策工具；针对政策基本模型的人力资本市场同质性假设，在模型框架内讨论了人力资本工资政策与相关的公平效率问题。

本章内容安排如下，5.1节，最优均衡与市场均衡的比较分析；5.2节，政策基本模型；5.3节，中间产品补贴与技术创新补贴；5.4节，人力资本工资政策；5.5节，本章小结。

5.1　最优均衡与市场均衡的比较分析

5.1.1　能源再生与技术进步的社会最优均衡

在第3章和第4章，我们基于能源资源约束和中间产品质量进步的内生增长模型，分析了能源约束和技术进步双重作用下经济的均衡增长路径及其特性，下面讨论在这一框架下社会最优均衡和市场竞争均衡的差异。为了便于与第4章的结果比较，本节将在第3章基本模型的基础上，继续考虑能源的可再生性来拓展模型，并求解社会最优均衡。

本节模型的基本框架仍是类似于第3章基于最终产品部门、中间产品部门、技术研发部门和能源生产部门的四部门经济系统。除了能源生产部门将能源再生率以线性形式写入资源积累方程之外，其余三部门的动力方程、效用函数与系统运行机制与第3章基本模型相同，故社会最优化问题可写为：

$$\max_{C_t, H_{Yt}, E_t} \int_0^\infty \frac{C_t^{1-\theta} - 1}{1 - \theta} e^{-\rho t} \mathrm{d}t \tag{5-1}$$

$$\text{s. t.} \quad \dot{K}_t = Y_t - C_t = H_{Yt}^{\alpha_1} Q_t^{1-\alpha_2} K_t^{\alpha_2} E_t^{\alpha_3} - C_t$$

$$\dot{Q}_t = \lambda \eta H_{Qt} Q_t$$

$$\dot{S}_t = \nu S_t - E_t$$

$$H_{Yt} + H_{Qt} = H$$

其中，$\alpha_1 + \alpha_2 + \alpha_3 = 1$，$Q_t \text{、} E_t \text{、} S_t \geqslant 0$。

以上社会最优化问题的现值汉密尔顿函数为：

$$H = \frac{C_t^{1-\theta} - 1}{1 - \theta} + \mu_1 (H_{Yt}^{\alpha_1} Q_t^{1-\alpha_2} K_t^{\alpha_2} E_t^{\alpha_3} - C_t) + \mu_2 \lambda \eta (H - H_{Yt}) Q_t + \mu_3 (\nu S_t - E_t)$$

$$\tag{5-2}$$

式（5-2）中，控制变量为 C_t、H_{Yt} 和 E_t，状态变量为 K_t、Q_t 和 S_t，μ_1、μ_2、μ_3 为协状态变量，一阶条件可得：

$$C_t^{-\theta} = \mu_1 \tag{5-3}$$

$$\frac{\mu_1 \alpha_1 Y_t}{H_{Yt}} = \mu_2 \lambda \eta Q_t \tag{5-4}$$

$$\frac{\mu_1 \alpha_3 Y_t}{E_t} = \mu_3 \tag{5-5}$$

$$\dot{\mu}_1 = \rho \mu_1 - \frac{\mu_1 \alpha_2 Y_t}{K_t} \tag{5-6}$$

$$\dot{\mu}_2 = \rho \mu_2 - \frac{\mu_1 (1 - \alpha_2) Y_t}{Q_t} - \mu_2 \lambda \eta (H - H_{Yt}) \tag{5-7}$$

$$\dot{\mu}_3 = \rho \mu_3 - \mu_3 \nu \tag{5-8}$$

三个横截面条件分别为：

$$\lim_{t \to \infty} \mu_1 K_t e^{-\rho t} = 0 \quad \lim_{t \to \infty} \mu_2 Q_t e^{-\rho t} = 0 \quad \lim_{t \to \infty} \mu_3 S_t e^{-\rho t} = 0 \tag{5-9}$$

联立式（5-3）~式（5-8），可以解得社会最优路径上的人力资本配置与各变量的增长率。

$$H_Y^* = \frac{(\theta - 1) \alpha_1 \lambda \eta H + \alpha_1 \rho + (\theta - 1) \nu \alpha_1 \alpha_3 / (\alpha_1 + \alpha_3)}{(\alpha_1 + \alpha_3) \theta \lambda \eta} \tag{5-10}$$

$$H_Q^* = \frac{(\alpha_1 + \alpha_3 \theta) \lambda \eta H - \alpha_1 \rho - (\theta - 1) \nu \alpha_1 \alpha_3 / (\alpha_1 + \alpha_3)}{(\alpha_1 + \alpha_3) \theta \lambda \eta} \tag{5-11}$$

$$g_Y^* = g_C^* = \frac{\lambda \eta H - \rho - (\theta - 1) \nu \alpha_3 / (\alpha_1 + \alpha_3)}{\theta} \tag{5-12}$$

$$g_Q^* = \frac{(\alpha_1 + \alpha_3\theta)\lambda\eta H - \alpha_1\rho - (\theta-1)\nu\alpha_1\alpha_3/(\alpha_1+\alpha_3)}{(\alpha_1+\alpha_3)\theta} \quad (5-13)$$

$$g_S^* = g_E^* = \frac{\lambda\eta H(1-\theta) - \rho - (\theta-1)\nu\alpha_3/(\alpha_1+\alpha_3)}{\theta} \quad (5-14)$$

联立式（5-3）~式（5-9），可解得唯一的横截面条件：

$$\lambda\eta H(1-\theta) - \rho + \frac{(1-\theta)^2\nu\alpha_3}{\theta(\alpha_1+\alpha_3)} < 0 \quad (5-15)$$

因为已经得出解析解，我们先将以上结论与不考虑能源再生的情况（第3章的能源耗竭基本模型结论）作简单比较，见表5-1。

表5-1　　　　　　　能源再生模型和能源耗竭模型的最优均衡比较

	能源再生模型	能源耗竭模型
H_Y^*	$\dfrac{(\theta-1)\alpha_1\lambda\eta H + \alpha_1\rho + (\theta-1)\nu\alpha_1\alpha_3/(\alpha_1+\alpha_3)}{(\alpha_1+\alpha_3)\theta\lambda\eta}$	$\dfrac{(\theta-1)\alpha_1\lambda\eta H + \alpha_1\rho}{(\alpha_1+\alpha_3)\theta\lambda\eta}$
H_Q^*	$\dfrac{(\alpha_1+\alpha_3\theta)\lambda\eta H - \alpha_1\rho - (\theta-1)\nu\alpha_1\alpha_3/(\alpha_1+\alpha_3)}{(\alpha_1+\alpha_3)\theta\lambda\eta}$	$\dfrac{(\alpha_1+\alpha_3\theta)\lambda\eta H - \alpha_1\rho}{(\alpha_1+\alpha_3)\theta\lambda\eta}$
$g_Y^*(g_C^*)$	$\dfrac{\lambda\eta H - \rho - (\theta-1)\nu\alpha_3/(\alpha_1+\alpha_3)}{\theta}$	$\dfrac{\lambda\eta H - \rho}{\theta}$
g_Q^*	$\dfrac{(\alpha_1+\alpha_3\theta)\lambda\eta H - \alpha_1\rho - (\theta-1)\nu\alpha_1\alpha_3/(\alpha_1+\alpha_3)}{(\alpha_1+\alpha_3)\theta}$	$\dfrac{(\alpha_1+\alpha_3\theta)\lambda\eta H - \alpha_1\rho}{(\alpha_1+\alpha_3)\theta}$
$g_S^*(g_E^*)$	$\dfrac{\lambda\eta H(1-\theta) - \rho - (\theta-1)\nu\alpha_3/(\alpha_1+\alpha_3)}{\theta}$	$\dfrac{\lambda\eta H(1-\theta) - \rho}{\theta}$

分析表5-1可知，第一，正如第4章的模型假设中所提到的，相对于不考虑能源再生模型，考虑能源再生模型是更普通的形式，或者说能源耗竭模型是能源再生模型的特例，将能源再生模型中的能源再生率设为0，则两模型各类人力资本数量和增长率的表达式均相同；第二，两模型结果的关键差别是$(\theta-1)\nu\alpha_3/\theta(\alpha_1+\alpha_3)$项，如果该项的数值设为0则两模型等价，但根据该项所涉及参数都不为0和效用函数CRRA中$\theta\neq1$的假设，两模型结论必不相同；第三，我们来看哪些参数影响了模型的计算结果，根据$(\theta-1)\nu\alpha_3/\theta(\alpha_1+\alpha_3)$，虽然在模型中只增加了能源储量效应的线性项$\nu$，但各要素投入的相对份额和家庭消费的边际效用弹性同样会起作用。比如，对应于最终产品部门和研发部门的人力资本投入，差额项是$(\theta-1)\nu\alpha_1\alpha_3/\theta\lambda\eta(\alpha_1+\alpha_3)^2$，对应于各类增长率，差额项是$(\theta-1)\nu\alpha_3/\theta(\alpha_1+\alpha_3)$（产出和能源消费增长率）或者$(\theta-1)\nu\alpha_1\alpha_3/(\alpha_1+\alpha_3)^2$（技术创新增长率），其中，$\theta>1$与否直接影响差额项的符号；所以，无论在模型中是否引入能源再生，消费边际效用弹性，或者说人们的某些主观偏

好因素影响到最优均衡路径。第四，我们来看看能源再生模型的结果，研发部门人力资本投资的内点解条件保证了技术创新增长率 g_Q^* 恒为正，实际上，从创新技术的动力方程式（4-4）也可以直观得出该结论；同时，可以证明人力资本的内点解条件也充分保证了产出增长率 g_Y^* 为正和能源消费增长率 g_E^* 为负。

下面，基于模型解析解，将能源再生模型的社会最优均衡结果与第4章的市场均衡结果做比较分析，见表5-2。

表5-2　　　　　能源再生模型的社会最优均衡和市场均衡的比较

	社会最优均衡	市场均衡
H_Y^*	$\dfrac{(\theta-1)\alpha_1\lambda\eta H+\alpha_1\rho+(\theta-1)\nu\alpha_1\alpha_3/(\alpha_1+\alpha_3)}{(\alpha_1+\alpha_3)\theta\lambda\eta}$	$\dfrac{[(\alpha_1+\alpha_3)\theta+(\theta-1)\alpha_1]\lambda\eta H+\alpha_1[(\alpha_1+\alpha_3)\rho+(\theta-1)\alpha_3\nu]}{\lambda\eta\{(\alpha_1+\alpha_3)(\alpha_1+\alpha_3\theta)\alpha_2+\alpha_1[(\alpha_1+\alpha_3)\theta+(\theta-1)\alpha_3]\}}$
H_Q^*	$\dfrac{(\alpha_1+\alpha_3\theta)\lambda\eta H-\alpha_1\rho-(\theta-1)\nu\alpha_1\alpha_3/(\alpha_1+\alpha_3)}{(\alpha_1+\alpha_3)\theta\lambda\eta}$	$\dfrac{(\alpha_1+\alpha_3)(\alpha_1+\alpha_3\theta)\alpha_2\lambda\eta H-\alpha_1[(\alpha_1+\alpha_3)\rho+(\theta-1)\alpha_3\nu]}{\lambda\eta\{(\alpha_1+\alpha_3)(\alpha_1+\alpha_3\theta)\alpha_2+\alpha_1[(\alpha_1+\alpha_3)\theta+(\theta-1)\alpha_3]\}}$
g_Y^*	$\dfrac{\lambda\eta H-\rho-(\theta-1)\nu\alpha_3/(\alpha_1+\alpha_3)}{\theta}$	$\dfrac{(\alpha_1+\alpha_3)\{(\alpha_1+\alpha_3)(\alpha_1+\alpha_3\theta)\alpha_2\lambda\eta H-\alpha_1[(\alpha_1+\alpha_3)\rho+(\theta-1)\alpha_3\nu]\}}{(\alpha_1+\alpha_3\theta)\{(\alpha_1+\alpha_3)(\alpha_1+\alpha_3\theta)\alpha_2+\alpha_1[(\alpha_1+\alpha_3)\theta+(\theta-1)\alpha_3]\}}$ $+\dfrac{\alpha_3(\nu-\rho)}{\alpha_1+\alpha_3\theta}$
g_Q^*	$\dfrac{(\alpha_1+\alpha_3\theta)\lambda\eta H-\alpha_1\rho-(\theta-1)\nu\alpha_1\alpha_3/(\alpha_1+\alpha_3)}{(\alpha_1+\alpha_3)\theta}$	$\dfrac{(\alpha_1+\alpha_3)(\alpha_1+\alpha_3\theta)\alpha_2\lambda\eta H-\alpha_1[(\alpha_1+\alpha_3)\rho+(\theta-1)\alpha_3\nu]}{(\alpha_1+\alpha_3)(\alpha_1+\alpha_3\theta)\alpha_2+\alpha_1[(\alpha_1+\alpha_3)\theta+(\theta-1)\alpha_3]}$
g_S^*	$\dfrac{\lambda\eta H(1-\theta)-\rho-(\theta-1)\nu\alpha_3/(\alpha_1+\alpha_3)}{\theta}$	$\dfrac{(\alpha_1+\alpha_3)(1-\theta)\{(\alpha_1+\alpha_3)(\alpha_1+\alpha_3\theta)\alpha_2\lambda\eta H-\alpha_1[(\alpha_1+\alpha_3)\rho+(\theta-1)\alpha_3\nu]\}}{(\alpha_1+\alpha_3\theta)\{(\alpha_1+\alpha_3)(\alpha_1+\alpha_3\theta)\alpha_2+\alpha_1[(\alpha_1+\alpha_3)\theta+(\theta-1)\alpha_3]\}}$ $+\dfrac{(\alpha_1+\alpha_3)(\nu-\rho)}{\alpha_1+\alpha_3\theta}$

分析表5-2可知，能源再生模型的社会最优均衡和市场均衡并不一定相等，即市场均衡增长路径未必是社会最优路径。下面，将在实际经济中较常见的参数条件下给出较为严格的证明，来说明基本模型的以上推论基本能成立。为了简化问题，先考察能源耗竭情形，对于研发部门的人力资本投入 H_Q^*，根据表5-2第2行，能源耗竭情形的社会最优均衡数量大于市场均衡数量的条件等价于以下不等式：

$$\frac{(\alpha_1+\alpha_3\theta)\lambda\eta H-\alpha_1\rho}{(\alpha_1+\alpha_3)\theta\lambda\eta}$$
$$>\frac{(\alpha_1+\alpha_3)(\alpha_1+\alpha_3\theta)\alpha_2\lambda\eta H-\alpha_1(\alpha_1+\alpha_3)\rho}{\lambda\eta\{(\alpha_1+\alpha_3)(\alpha_1+\alpha_3\theta)\alpha_2+\alpha_1[(\alpha_1+\alpha_3)\theta+(\theta-1)\alpha_3]\}} \tag{5-16}$$

即只要证：

$$\frac{(\alpha_1+\alpha_3\theta)\alpha_2\lambda\eta H-\alpha_1\alpha_2\rho}{(\alpha_1+\alpha_3)\alpha_2\theta}>\frac{(\alpha_1+\alpha_3\theta)\alpha_2\lambda\eta H-\alpha_1\rho}{(\alpha_1+\alpha_3\theta)\alpha_2+\alpha_1\theta+(\theta-1)\alpha_1\alpha_3/(\alpha_1+\alpha_3)}$$
$$\tag{5-17}$$

假设实际经济中需满足条件 $\theta > 1$（在大部分数值模拟与参数校准文献中，θ 取值范围在 $1.5 \sim 4$ 之间）。比较不等式（5-17）两侧分子，显然左侧大于右侧，对于不等式两侧分母，如果 $\theta > 1$，则有：

$$(\alpha_1 + \alpha_3)\alpha_2\theta < (\alpha_1 + \alpha_3\theta)\alpha_2 + \alpha_1\theta + (\theta - 1)\alpha_1\alpha_3/(\alpha_1 + \alpha_3)$$

所以，当 $\theta > 1$ 时，研发部门的人力资本社会最优数量大于市场均衡数量。同样可知，最终产品部门人力资本的社会最优数量要小于市场均衡数量。根据技术创新部门的动力方程，社会最优技术创新增长率要大于市场均衡技术创新增长率。

根据表 5-2 的第 4 行表达式，如果考虑能源耗竭情形，其社会最优产出增长率大于市场均衡产出增长率的条件等价于以下不等式：

$$
\frac{\lambda\eta H - \rho}{\theta}
$$
$$
> \frac{(\alpha_1 + \alpha_3)\{(\alpha_1 + \alpha_3)(\alpha_1 + \alpha_3\theta)\alpha_2\lambda\eta H - \alpha_1(\alpha_1 + \alpha_3)\rho\}}{(\alpha_1 + \alpha_3\theta)\{(\alpha_1 + \alpha_3)(\alpha_1 + \alpha_3\theta)\alpha_2 + \alpha_1[(\alpha_1 + \alpha_3)\theta + (\theta - 1)\alpha_3]\}}
$$
$$
- \frac{\alpha_3\rho}{\alpha_1 + \alpha_3\theta} \tag{5-18}
$$

即只要证：

$$
\frac{(\alpha_1 + \alpha_3\theta)\lambda\eta H - (\alpha_1 + \alpha_3\theta)\rho}{(\alpha_1 + \alpha_3)\theta}
$$
$$
> \frac{(\alpha_1 + \alpha_3\theta)\alpha_2\lambda\eta H - \alpha_1\rho}{(\alpha_1 + \alpha_3\theta)\alpha_2 + \alpha_1\theta + (\theta - 1)\alpha_1\alpha_3/(\alpha_1 + \alpha_3)} - \frac{\alpha_3\rho}{\alpha_1 + \alpha_3} \tag{5-19}
$$

不等式（5-19）右侧第 2 项移项合并，可得式（5-19）恰好等价于式（5-16），这样就证明了如果 $\theta > 1$，社会最优产出增长率大于市场均衡产出增长率。同样，对于能源耗竭情形，社会最优能源消费增长率小于市场均衡能源消费增长率的条件等价于以下不等式：

$$
\frac{\lambda\eta H(1 - \theta) - \rho}{\theta}
$$
$$
< \frac{(\alpha_1 + \alpha_3)(1 - \theta)\{(\alpha_1 + \alpha_3)(\alpha_1 + \alpha_3\theta)\alpha_2\lambda\eta H - \alpha_1(\alpha_1 + \alpha_3)\rho\}}{(\alpha_1 + \alpha_3\theta)\{(\alpha_1 + \alpha_3)(\alpha_1 + \alpha_3\theta)\alpha_2 + \alpha_1[(\alpha_1 + \alpha_3)\theta + (\theta - 1)\alpha_3]\}}
$$
$$
- \frac{(\alpha_1 + \alpha_3)\rho}{\alpha_1 + \alpha_3\theta} \tag{5-20}
$$

如果 $\theta > 1$，则只要证：

$$
\frac{\lambda\eta H(1 - \theta) - \rho}{\theta(1 - \theta)} + \frac{(\alpha_1 + \alpha_3)\rho}{(\alpha_1 + \alpha_3\theta)(1 - \theta)}
$$
$$
> \frac{(\alpha_1 + \alpha_3)\{(\alpha_1 + \alpha_3)(\alpha_1 + \alpha_3\theta)\alpha_2\lambda\eta H - \alpha_1(\alpha_1 + \alpha_3)\rho\}}{(\alpha_1 + \alpha_3\theta)\{(\alpha_1 + \alpha_3)(\alpha_1 + \alpha_3\theta)\alpha_2 + \alpha_1[(\alpha_1 + \alpha_3)\theta + (\theta - 1)\alpha_3]\}}
$$

而不等式左侧：

$$\frac{\lambda \eta H(1-\theta)-\rho}{\theta(1-\theta)}+\frac{(\alpha_1+\alpha_3)\rho}{(\alpha_1+\alpha_3\theta)(1-\theta)}$$

$$>\frac{\lambda \eta H-\rho}{\theta}-\frac{\rho}{\theta(1-\theta)}+\frac{(\alpha_1+\alpha_3)\rho}{(\alpha_1\theta+\alpha_3\theta)(1-\theta)}=\frac{\lambda \eta H-\rho}{\theta} \quad (5-21)$$

式（5-21）与式（5-18）比较可知，式（5-20）成立，所以，能源耗竭情形的社会最优能源消费增长率小于市场均衡能源消费增长率。

以上论述归结为以下命题：

命题 5-1 如果政府不通过政策干预经济，能源耗竭基本模型中的市场均衡并不必然等于社会最优均衡路径。如果 $\theta>1$，则研发部门人力资本数量小于最优均衡数量，最终产品部门人力资本数量大于最优均衡数量，产出增长率和技术创新增长率低于最优均衡增长率，能源消费增长率高于最优均衡增长率。

下面，继续考察能源再生情形。对于研发部门的人力资本投入 H_Q^*，社会最优均衡数量大于市场均衡数量的条件等价于以下不等式成立：

$$\frac{(\alpha_1+\alpha_3\theta)\lambda \eta H-\alpha_1\rho-(\theta-1)\nu\alpha_1\alpha_3/(\alpha_1+\alpha_3)}{(\alpha_1+\alpha_3)\theta\lambda \eta}$$

$$>\frac{(\alpha_1+\alpha_3)(\alpha_1+\alpha_3\theta)\alpha_2\lambda \eta H-\alpha_1[(\alpha_1+\alpha_3)\rho+(\theta-1)\alpha_3\nu]}{\lambda \eta\{(\alpha_1+\alpha_3)(\alpha_1+\alpha_3\theta)\alpha_2+\alpha_1[(\alpha_1+\alpha_3)\theta+(\theta-1)\alpha_3]\}} \quad (5-22)$$

只要证：

$$\frac{(\alpha_1+\alpha_3\theta)\lambda \eta H-\alpha_1\rho-(\theta-1)\nu\alpha_1\alpha_3/(\alpha_1+\alpha_3)}{(\alpha_1+\alpha_3)\theta\lambda \eta}$$

$$>\frac{(\alpha_1+\alpha_3\theta)\alpha_2\lambda \eta H-\alpha_1\rho-(\theta-1)\alpha_1\alpha_3\nu/(\alpha_1+\alpha_3)}{\lambda \eta[(\alpha_1+\alpha_3\theta)\alpha_2+\alpha_1\theta+(\theta-1)\alpha_1\alpha_3/(\alpha_1+\alpha_3)]} \quad (5-23)$$

比较不等式（5-23）两侧，左侧分子乘以 α_2 显然要大于右侧分子（$\alpha_2 \in (0,1)$），对于不等式两侧分母，如果 $\theta>1$，则式（5-24）显然成立：

$$(\alpha_1+\alpha_3)\alpha_2\theta<(\alpha_1+\alpha_3\theta)\alpha_2+\alpha_1\theta+(\theta-1)\alpha_1\alpha_3/(\alpha_1+\alpha_3) \quad (5-24)$$

所以，式（5-23）成立，即证明了对于能源再生情形，研发部门人力资本投入的社会最优均衡数量大于市场均衡数量。与能源耗竭情形的分析方法类似，能源再生情形也可以直接得出最终产品部门人力资本的社会最优均衡数量小于市场均衡数量，社会最优技术创新增长率要大于市场均衡技术创新增长率。

下面，继续说明在一般情况下，能源再生情形的最优产出增长率并不必然等于市场均衡产出增长率，根据表5-2的第4行表达式，如果两者相等，则式（5-25）成立。

$$\frac{\lambda\eta H - \rho - (\theta - 1)\nu\alpha_3/(\alpha_1 + \alpha_3)}{\theta}$$

$$= \frac{(\alpha_1 + \alpha_3)\{(\alpha_1 + \alpha_3)(\alpha_1 + \alpha_3\theta)\alpha_2\lambda\eta H - \alpha_1[(\alpha_1 + \alpha_3)\rho + (\theta - 1)\alpha_3\nu]\}}{(\alpha_1 + \alpha_3\theta)\{(\alpha_1 + \alpha_3)(\alpha_1 + \alpha_3\theta)\alpha_2 + \alpha_1[(\alpha_1 + \alpha_3)\theta + (\theta - 1)\alpha_3]\}}$$

$$+ \frac{\alpha_3(\nu - \rho)}{\alpha_1 + \alpha_3\theta} \tag{5-25}$$

等式右侧第二项移项合并可得：

$$\frac{(\alpha_1 + \alpha_3\theta)\lambda\eta H - \alpha_1\rho - \alpha_3\nu\theta - (\alpha_1 + \alpha_3\theta)(\theta - 1)\nu\alpha_3/(\alpha_1 + \alpha_3)}{(\alpha_1 + \alpha_3)\theta}$$

$$= \frac{(\alpha_1 + \alpha_3\theta)\alpha_2\lambda\eta H - \alpha_1\rho - (\theta - 1)\alpha_1\alpha_3\nu/(\alpha_1 + \alpha_3)}{(\alpha_1 + \alpha_3\theta)\alpha_2 + \alpha_1\theta + (\theta - 1)\alpha_1\alpha_3/(\alpha_1 + \alpha_3)} \tag{5-26}$$

等式右侧恰为市场均衡技术创新增长率，但等式左侧与社会最优技术创新增长率不相等，其分子部分的差额为 $-\alpha_3\nu\theta - \theta(\theta - 1)\nu\alpha_3^2/(\alpha_1 + \alpha_3)$（分母相同），所以，式（5-26）并不成立。可见在一般情形下，社会产出增长率的最优均衡路径与市场均衡路径相等时，技术创新增长率两路径相等的条件却不能同时满足。同样可以证明，对于能源再生情形，能源消费增长率的最优路径和市场均衡路径相等与技术进步率两路径相等也不能同时满足。

我们将能源再生情形的讨论归结为以下命题：

命题 5-2　如果政府不通过政策干预经济，能源再生基本模型中的市场均衡并不必然等于社会最优均衡路径。比如，如果 $\theta > 1$，则研发部门人力资本数量小于最优均衡数量，最终产品部门人力资本数量大于最优均衡数量，技术进步增长率低于最优均衡增长率。

综上所述，无论是从能源耗竭模型还是能源再生模型的角度，在与实际经济相近的一些条件下，如果政府不通过适宜的经济政策介入经济，市场均衡都将偏离社会最优路径。下面在讨论经济政策前，继续从模型经济运行机制的角度讨论市场均衡偏离社会最优路径的可能成因。

5.1.2　非帕累托最优与经济政策

一般来说，对市场失灵微观层面的考察，主要是涉及垄断、外部性、公共物品与不完全信息等方面对经济效率的影响。下面，我们从前面章节的社会计划最优与市场分散决策两类模型出发，进一步考察市场经济中以下两类典型的经济无效率，即中间产品部门的垄断与 R&D 创新的正外部性为什么可能使整体经济处于非帕累托最优状态。本书的后续章节还要分析能源生产部门的垄断对社会最优均衡路径的影响，本节只讨论如果没有政府干预，上述中间产品垄断或创新正外部性可能带来经济静态效率与动态效率的损失。

先看中间产品部门的垄断定价，从中间产品部门利润最大化的一阶条件可得式（4 - 13），即 $P_{x_i} = Q(i)r/\alpha_2$。最终产品部门的产出可写为：

$$Y = H_Y^{\alpha_1} x^{\alpha_2} \int_0^1 Q(i)\,\mathrm{d}i E_t^{\alpha_3} = H_Y^{\alpha_1} x^{\alpha_2} QE^{\alpha_3} = H_Y^{\alpha_1} Q^{1-\alpha_2} K^{\alpha_2} E^{\alpha_3} \quad (5-27)$$

因为模型假设最终产品部门处于完全竞争市场，中间产品要素的需求价格为其边际产出，即对式（5 - 27）的一阶导数，得到 $P_{x_i} = \alpha_2 Y/x$；同样，竞争市场的均衡利率应为最终产品对资本的一阶导数，得到市场利率 $r = \alpha_2 Y/K$；又因为模型假设了各种中间产品的质量加权与所需资本一一对应 $x(i) = x = K/Q(i)$，所以得到完全竞争市场的 $P_{x_i} = Q(i)r$。显然，中间产品部门的垄断价格 $Q(i)r/\alpha_2$ 要高于中间产品的边际产出 $Q(i)r$，这将使中间产品均衡数量低于社会最优均衡的数量。

根据式（4 - 14），中间产品的市场均衡数量为：

$$x(i) = \left(\frac{\alpha_2^2 H_Y^{\alpha_1} E^{\alpha_3}}{r}\right)^{\frac{1}{1-\alpha_2}} \quad (5-28)$$

而由 $Q(i)r = \alpha_2 Y/x$ 得到完全竞争市场的社会最优中间产品数量为：

$$x(i) = \left(\frac{\alpha_2 H_Y^{\alpha_1} E^{\alpha_3}}{r}\right)^{\frac{1}{1-\alpha_2}} \quad (5-29)$$

所以，两者相对应的社会产出分别为：

$$Y = H_Y^{\alpha_1} \left(\frac{\alpha_2^2 H_Y^{\alpha_1} E^{\alpha_3}}{r}\right)^{\frac{\alpha_2}{1-\alpha_2}} QE^{\alpha_3} \quad (5-30)$$

和

$$Y = H_Y^{\alpha_1} \left(\frac{\alpha_2 H_Y^{\alpha_1} E^{\alpha_3}}{r}\right)^{\frac{\alpha_2}{1-\alpha_2}} QE^{\alpha_3} \quad (5-31)$$

即垄断市场的社会总产出为社会最优产出的 $\alpha_2^{\frac{\alpha_2}{1-\alpha_2}}$ 倍，$\alpha_2 \in (0,1)$，故 $\alpha_2^{\frac{\alpha_2}{1-\alpha_2}}$ 恒小于1，垄断市场的社会产出总小于社会最优产出。

我们再看资本的边际产出和实际市场利率。由式（5 - 28）可得，实际市场利率为 $\alpha_2^2 Y/K$，而已知资本的边际产出为 $\alpha_2 Y/K$，可见实际市场利率偏离了资本的边际产出，垄断的中间产品部门支付的资本租金率（市场利率）低于资本的边际产出。同样，中间产品部门的垄断也使得最终产出的要素份额发生了相对变化，相对于社会最优配置，能源资源的使用也不在最优路径；对比分析社会最优路径与市场均衡路径的能源资源储量增长率或产出增长率，也可以了解这一点，命题 5-1 和命题 5-2 已经做了阐述。

以上对垄断市场价格扭曲的分析可以是针对任意时间截面的，所以实际上还只是同一时点的资源配置带来的静态效率损失。而基本模型的经济无效率还因为技术创新的跨期溢出效应，这涉及时间序列上的优化问题，下面简单讨论这类动态经济无效率。

由研发部门技术创新动态方程 $\dot{Q}_t = \lambda \eta H_{Qt} Q_t$ 可解得 $Q_t = Q_{(0)} e^{\lambda \eta H_{Qt} t}$，所以社会知识资本的存量呈指数函数增加，并且增长速度与研发部门的人力资本高度相关。技术知识的这种正的溢出使得研发部门的收益率小于社会收益率，因为市场经济中研发部门如果以自身盈利最大化为决策目标，那么该部门的人力资本投入将小于社会最优数量。在市场经济中，这种研发部门决策时无法兼顾到的技术资本积累的外部效应，是一种动态的经济无效率。

根据福利经济学的第一定理和第二定理，如果在完全竞争的假设条件下，最优均衡和市场均衡是等价的，即都可以达到经济的帕累托最优状态。我们通过对第3章、第4章中的基于能源约束和技术进步的内生增长两类模型的结果比较和机制考察，发现社会最优均衡并不必然等于市场均衡的原因是，经济中存在中间产品部门的垄断、技术溢出的外部性和能源资源要素的可耗竭性等诸因素。既然经济存在系统性扭曲和帕累托改进的空间，政府就有必要通过一定的经济政策工具，引导整体经济运行回复到效率路径。我们知道，经济政策是纠正外部性、市场信息的不对称或不完全竞争的市场结构等无法避免的市场扭曲的有效手段，其本质是政府可以通过经济政策的再分配效应使得社会资源重新配置在最具有效率和潜力的生产部门。在研究传统上，宏观经济政策主要指财政政策和货币政策。本章试图在一般均衡框架内构建以财税政策为主的政策模型，来考察各种财税政策工具对经济效率改善的效率和程度，以及对能源耗费、技术创新和经济可持续发展的影响。本章涉及的其他相关政策，比如科技政策、人力资本政策和能源环境政策等也是通过财税政策途径对整体经济发生作用，我们试图以经济学的标准方法对各种政策的机制和效果作同一标准的表述和讨论。

5.2 政策基本模型

5.2.1 动态一般均衡框架的经济政策

既然从长期看，经济政策工具是政府调配社会资源、改善经济扭曲不可或缺的方法，我们就有必要不仅基于某个时点，而且最好在动态一般均衡的框架内加以考察。下面，在构建本章的政策基本模型之前，先通过一个基于拉姆齐框架的经济政策模型，考察动态一般均衡框架的经济政策模型的基本思路与方法。

我们套用第 4 章的基本模型来简单说明。标准拉姆齐模型的经济中存在永久存活的代表性消费者和厂商，根据新古典增长理论的研究传统，厂商的生产函数规模报酬不变，比如，生产函数类似于第 3 章、第 4 章中的模型里中间产品质量为常数时的形式 $Y_t = Q_t^{1-\alpha_2} H_{Yt}^{\alpha_1} K_t^{\alpha_2} E_t^{\alpha_3}$（Q 为常数），厂商追求利润最大化。代表性消费者在预算约束下，通过权衡投资和消费之间的资源分配达到自身在无限时间上的效用最大化。对于消费者要说明的是，第一，效用由个人消费通过 CRRA 效用函数来实现；第二，将来的效用或消费要通过折现才适合与目前的效用或消费比较。所以，消费者在无限时间上的效用最大化如下：

$$\max \int_0^\infty \frac{C^{1-\theta}-1}{1-\theta} e^{-\rho t} \mathrm{d}t$$

$$\text{s. t.}\quad \dot{a} = W + ar - C - T$$

代表性消费者的预算约束中，a、W、r、C 和 T 分别是个人财富、工资、资本收益率（利率）、个人消费和个人税收（如果负数为转移支付）。现在，如果政府对消费者征收税率为 τ_w 的工资税，税率为 τ_r 的资本税，税率为 τ_c 的消费税，并假设政府保持预算平衡，代表性消费者的效用函数形式不变，则代表性消费者效用最大化问题写为：

$$\max \int_0^\infty \frac{C^{1-\theta}-1}{1-\theta} e^{-\rho t} \mathrm{d}t \tag{5-32}$$

$$\text{s. t.}\quad \dot{a} = (1-\tau_w)W + (1-\tau_r)ar - (1-\tau_c)C - T \tag{5-33}$$

该最大化问题的现值汉密尔顿函数为：

$$H = \frac{C^{1-\theta}-1}{1-\theta} + \mu\big[(1-\tau_w)W + (1-\tau_r)ar - (1-\tau_c)C - T\big]$$

$$\tag{5-34}$$

汉密尔顿函数的两个一阶条件，即分别对 C 和 a 求导可以解得：

$$C^{-\theta} = \mu(1 - \tau_c) \qquad (5-35)$$

$$\dot{\mu} = \rho\mu - \mu(1 - \tau_r)r \qquad (5-36)$$

联立可得消费或产出的长期均衡增长率：

$$\frac{\dot{C}}{C} = \frac{1}{\theta}\Big[(1 - \tau_r)r - \frac{\dot{\tau_c}}{1 - \tau_c} - \rho\Big] \qquad (5-37)$$

如果假设消费税率不随时间变化，则有：

$$\frac{\dot{C}}{C} = \frac{1}{\theta}\big[(1 - \tau_r)r - \rho\big] \qquad (5-38)$$

由式（5-38）可知，资本税将改变均衡增长路径。代表性消费者的消费增长率取决于资本税后收益率，同时，我们看到资本税后收益率也将影响均衡存在的横截面条件：

$$\lim_{t\to\infty} ar(1 - \tau_r)\mu e^{-\rho t} = 0 \qquad (5-39)$$

再看厂商的利润最大化决策，为了说明主要问题，我们假设经济中只用资本和人力资本进行生产，生产函数简化为 $Y_t = H_{Yt}^{\alpha_1} K_t^{\alpha_2}$：

$$\max(H_{Yt}^{\alpha_1} K_t^{\alpha_2} - H_Y w - K_t r)$$

在没有征税的情况下，厂商利润最大化的结果是工资率和利率都等于其边际产出。现在假设对厂商征收税率为 τ_Y 的企业商品销售税，厂商利润最大化问题为：

$$\max(1 - \tau_Y)H_{Yt}^{\alpha_1} K_t^{\alpha_2} - H_Y w - K_t r \qquad (5-40)$$

厂商利润最大化对资本的一阶条件有：

$$(1 - \tau_Y)\alpha_2 Y_t / K_t = r \qquad (5-41)$$

而我们知道在没有企业商品税的情况下，市场利率即资本的边际产出 $\alpha_2 Y_t / K_t$。企业商品税将使市场利率下降，所以，考虑企业商品税的消费或产出的增长率为：

$$\frac{\dot{C}}{C} = \frac{1}{\theta}\big[(1 - \tau_r)(1 - \tau_Y)r - \rho\big] \qquad (5-42)$$

而此时均衡的横截面条件变为：

$$\lim_{t\to\infty} ar(1 - \tau_r)(1 - \tau_Y)\mu e^{-\rho t} = 0 \qquad (5-43)$$

以上是拉姆齐模型框架财税政策的基本机制，如果是内生增长模型，即生产函数中的技术是由经济内生决定的，那么一般的方法可以是，对消费者效用函数的假定不变，生产侧的基本分析思路与以上拉姆齐框架政策模型的分析思路类似。我们将在下面章节沿用第 3 章、第 4 章的内生增长模型来构建政策基本模型，并从各个视角讨论不同政策的经济机制和政策效果。

5.2.2 政策基本模型构建

5.1节在能源耗竭模型和能源再生模型经济运行机制的基础上，讨论了市场经济中的中间产品部门垄断和R&D创新正外部性等因素可能使整体经济处于静态和动态的无效率。下面，沿用第4章的基本模型，构建动态一般均衡框架内财政政策的内生增长模型，探讨经济政策如何矫正扭曲，改进经济效率。

类似于市场均衡的能源再生模型，我们在政策基本模型中假设人力资本市场为完全竞争市场，所以最终产品部门工资 W_Y 和研发部门工资 W_Q 均等于 W，其他价格变量做如下假定：P_{x_i}、P_Q 和 P_E 分别表示中间产品价格、研发成果价格和能源产品价格，r 为市场利率，最终产品 Y 的价格标准化为1。政策基本模型假设政府对最终产品部门征收税率为 τ_Y 的商品销售税（产出税）并提供补贴率为 S_x 的中间产品购买补贴，对R&D部门提供补贴率为 $S_{R\&D}$ 的技术产品补贴。为了突出主要问题，使模型简洁，本节的政策基本模型暂不考虑能源再生率、能源税和能源补贴，有关能源税和能源补贴对动态效率和持续增长的作用将在以后章节集中讨论。

政策基本模型的经济机制，如图5-1所示。

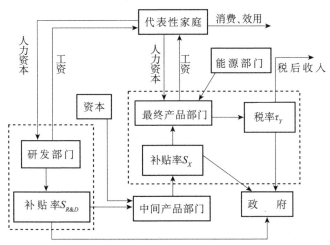

图5-1　政策基本模型的经济机制

5.2.2.1　最终产品部门

与第4章基本模型类似，最终产品部门的利润函数可写为：

$$\pi_Y = H_Y^{\alpha_1} \int_0^1 Q(i)x(i)^{\alpha_2} \mathrm{d}iE^{\alpha_3} - W_Y H_Y - P_E E - \int_0^1 P_{x_i} x(i)\mathrm{d}i \qquad (5-44)$$

如果对最终产品部门征收税率为 τ_Y 的商品税（产出税），并提供补贴率为 S_X 的中间产品购买补贴，则利润函数可写为：

$$\pi_Y = (1-\tau_Y) H_Y^{\alpha_1} \int_0^1 Q(i)x(i)^{\alpha_2} \mathrm{d}iE^{\alpha_3} - W_Y H_Y - P_E E - (1-S_X)\int_0^1 P_{x_i} x(i)\mathrm{d}i$$
$$(5-45)$$

最终产品部门代表性厂商的利润最大化决策为：

$$\max_{H_Y,x(i),E} (1-\tau_Y) H_Y^{\alpha_1} \int_0^1 Q(i)x(i)^{\alpha_2} \mathrm{d}iE^{\alpha_3} - W_Y H_Y - P_E E - (1-S_X)\int_0^1 P_{x_i} x(i)\mathrm{d}i$$
$$(5-46)$$

一阶条件分别解得：

$$W = W_Y = \frac{\alpha_1(1-\tau_Y)Y}{H_Y} \qquad (5-47)$$

$$P_E = \frac{\alpha_3(1-\tau_Y)Y}{E} \qquad (5-48)$$

$$P_{x_i} = \frac{\alpha_2(1-\tau_Y)H_Y^{\alpha_1}Q(i)x(i)^{\alpha_2-1}E^{\alpha_3}}{1-S_X} \qquad (5-49)$$

5.2.2.2 中间产品部门

根据能源再生基本模型对中间产品生产和资本——一对应的假设，又假设了 r 为市场利率，则各中间产品部门代表性厂商的利润函数为：

$$\pi_{x(i)} = P_{x_i} x(i) - Q(i)x(i)r \qquad (5-50)$$

因为政策基本模型中假设对中间产品的补贴只在市场需求侧，即只对中间产品购买方（最终产品部门）进行补贴，所以中间产品部门的利润函数不变。

将式（5-49）代入式（5-50），一阶条件可解得中间产品价格和数量：

$$P_{x_i} = \frac{Q(i)r}{\alpha_2} \qquad (5-51)$$

$$x(i) = \left[\frac{(1-\tau_Y)\alpha_2^2 H_Y^{\alpha_1}E^{\alpha_3}}{(1-S_X)r} \right]^{\frac{1}{1-\alpha_2}} \qquad (5-52)$$

5.2.2.3 研发部门（R&D）

研发部门的利润函数为：

$$\pi_{R\&D} = P_Q \dot{Q} - W_Q H_Q = P_Q \lambda \eta H_Q Q - W_Q H_Q$$

如果对研发部门提供补贴率为 $S_{R\&D}$ 的技术产品供给补贴，则利润函数可写为：

$$\pi_{R\&D} = (1 + S_{R\&D})P_Q\lambda\eta H_Q Q - W_Q H_Q \qquad (5-53)$$

研发部门利润最大化决策为：

$$\max_{H_Q}\pi_{R\&D} = (1 + S_{R\&D})P_Q\lambda\eta H_Q Q - W_Q H_Q \qquad (5-54)$$

一阶条件解得：

$$W = W_Q = (1 + S_{R\&D})P_Q\lambda\eta Q \qquad (5-55)$$

5.2.2.4 能源生产部门

因为政策基本模型中只假设了在能源产品需求侧征收能源消费税，即只对能源产品购买方（最终产品部门）征税，所以能源生产部门的利润函数不变，即如果不考虑开采成本，完全竞争能源市场上能源部门的利润函数为：

$$\pi_E = \int_t^\infty P_E E_\tau e^{-\int_t^\tau r_u du}\mathrm{d}\tau \qquad (5-56)$$

$$\text{s.t. } \dot{S} = -E, \quad S、E \geq 0, \quad \tau \geq t$$

式（5-56）是标准的霍特林模型，可以写出上式的最优控制现值汉密尔顿函数，其中，E 为控制变量，S 为状态变量，联立其一阶条件可解得：

$$g_{P_E} = r \qquad (5-57)$$

式（5-57）是霍特林模型的主要结论之一。

5.2.2.5 政府

根据政策基本模型的假设，对政府的预算约束为：

$$\int_0^\infty \left[\tau_Y H_Y^{\alpha_1}\int_0^1 Q(i)x(i)^{\alpha_2}\mathrm{d}i E^{\alpha_3} - S_X\int_0^1 P_{x_i}x(i)\mathrm{d}i - S_{R\&D}P_Q\lambda\eta H_Q Q - C_G\right]e^{-\int_0^\tau r_u du}\mathrm{d}\tau = 0 \qquad (5-58)$$

式（5-58）表示，政府从最终产品部门征收商品税，用于中间产品补贴、技术创新补贴和其他政府支出，无论存在跨期借贷与否，任意时刻都需满足的预算约束条件。如果假设政府在任何时点平衡预算，而且暂不考虑补贴以外的政府支出，则政府预算约束可简化为：

$$\tau_Y H_Y^{\alpha_1}\int_0^1 Q(i)x(i)^{\alpha_2}\mathrm{d}i E^{\alpha_3} = S_X\int_0^1 P_{x_i}x(i)\mathrm{d}i + S_{R\&D}P_Q\lambda\eta H_Q Q \qquad (5-59)$$

式（5-59）即表示为平衡预算，最终产品商品税在数量上等于中间产品补贴和技术创新补贴之和。

5.2.2.6 代表性家庭

假设社会代表性家庭效用以 CRRA 函数表述，瞬时效用仅与消费数量 C 和长期中不变的相对风险厌恶系数 θ 有关，则在无限时间上效用函数为：

$$U = \int_0^\infty \frac{C_t^{1-\theta} - 1}{1 - \theta} e^{-\rho t} \mathrm{d}t$$

与标准的拉姆齐模型类似，政策基本模型代表性家庭动态最优化写为：

$$\max_{C_t} \int_0^\infty \frac{C_t^{1-\theta} - 1}{1 - \theta} e^{-\rho t} \mathrm{d}t$$

s. t. $\dot{a} = W_Q H_Q + W_Y H_Y + \pi_Y + \pi_X + \pi_{R\&D} + ar + P_E E - C - T$ （5 - 60）

约束条件说明，代表性家庭财富的增量由工资、利润、资本租（利息）、能源租、消费和家庭税收（或转移支付）决定，家庭财富的增量为以上收支总和。由于社会财富最终可视为所有代表性家庭的财富总和，并且数量上与实物资本相等，所以 $\dot{a}$ 也可以表示社会资本增量。根据政策基本模型，没有直接针对家庭进行税收和补贴，所以 T 为 0，又因为假设了最终产品和研发部门的完全竞争市场，所以 π_Y、$\pi_{R\&D}$ 均等于 0，可以写出以上代表性家庭最优化问题的现值汉密尔顿函数：

$$H = \frac{C^{1-\theta} - 1}{1 - \theta} + \mu(W_Q H_Q + W_Y H_Y + \pi_X + ar + P_E E - C) \quad （5 - 61）$$

式（5 - 61）中，控制变量为 C，状态变量为 a，汉密尔顿函数的两个一阶条件联立可解得：

$$g_C = \frac{r - \rho}{\theta} \quad\quad\quad （5 - 62）$$

以上是标准拉姆齐模型的均衡解，其中，r 为市场实际利率。

5.2.3 模型求解与讨论

政策基本模型中平衡增长路径的产出 Y、消费 C、投资 K 具有同一不变的增长速率，H_Y 和 H_Q 均为常数，中间产品质量的增长率为常数，能源储量 S 和消费量 E 有相同的增长率。下面，先求解市场利率 r，对最终产品生产函数两侧对数求导，并考虑处于平衡增长路径可得：

$$(1 - \alpha_2)g_Y^* = (1 - \alpha_2)g_Q^* + \alpha_3 g_E^* \quad\quad （5 - 63）$$

对式（5 - 48）两侧对数求导有：

$$g_{P_E}^* = g_Y^* - g_E^* \quad\quad\quad （5 - 64）$$

联立式（5 - 64）与式（5 - 63）消去 g_E^*，分别代入 $g_Y^* = (r - \rho)/\theta$、$g_Q^* = \lambda \eta H_Q$、$g_{P_E} = r$，可解得平衡增长路径上的市场利率：

$$r^* = \frac{(\alpha_1 + \alpha_3)\theta\lambda\eta H_Q^* + \alpha_1\rho}{\alpha_1 + \alpha_3\theta} \quad\quad （5 - 65）$$

然后，解出均衡增长率：

$$g_Y^* = \frac{r^* - \rho}{\theta} = \frac{(\alpha_1 + \alpha_3)\lambda\eta H_Q^* - \alpha_3\rho}{\alpha_1 + \alpha_3\theta} \qquad (5-66)$$

$$g_E^* = g_Y^* - g_{P_E}^* = g_Y^* - r^* = \frac{(\alpha_1 + \alpha_3)(\lambda\eta H_Q^*(1-\theta) - \rho)}{\alpha_1 + \alpha_3\theta} \quad (5-67)$$

下面，求解研发部门的人力资本数量 H_Q^*。正如格罗斯曼和赫尔普曼（1989）与罗默（1990）论述的技术研发的门槛条件，在市场均衡下，中间产品部门获得研发成果的成本应该等于它的预期垄断利润的贴现值，即满足：

$$\pi_x = (r^* - g_{P_Q})P_Q Q \qquad (5-68)$$

先求 π_x，中间产品部门利润函数和 $P_{x_i} = Q(i)r/\alpha_2$ 联立有：

$$\pi_{x(i)} = P_{x_i}x(i) - Q(i)x(i)r = (1-\alpha_2)P_{x_i}x(i)$$

故解得：

$$\pi_x = \int_0^1 (1-\alpha_2)P_{x_i}x(i)\,\mathrm{d}i = (1-\alpha_2)\alpha_2 Y \qquad (5-69)$$

现计算式（5-68）右侧各变量，因为最终产品部门和研发部门的工资率相等，联立式（5-47）和式（5-55）有：

$$\frac{\alpha_1(1-\tau_Y)Y}{H_Y} = W_Y = W_Q = (1+S_{R\&D})P_Q\lambda\eta Q \qquad (5-70)$$

可得技术创新的成本为：

$$P_Q Q = \frac{\alpha_1(1-\tau_Y)Y}{\lambda\eta(1+S_{R\&D})H_Y} \qquad (5-71)$$

由式（5-71）两侧对数求导可得：

$$g_{P_Q}^* = g_Y^* - g_Q^* \qquad (5-72)$$

将式（5-69）代入式（5-68）左侧，将上文解得的 g_Y^*、g_Q^* 和 r^* 以及式（5-71）、式（5-72）代入式（5-68）右侧，可解出研发部门的均衡人力资本数量：

$$H_Q^* = \frac{(1+S_{R\&D})(\alpha_1+\alpha_3)(\alpha_1+\alpha_3\theta)\alpha_2\lambda\eta H - \alpha_1(\alpha_1+\alpha_3)(1-\tau_Y)\rho}{\lambda\eta\{(1+S_{R\&D})(\alpha_1+\alpha_3)(\alpha_1+\alpha_3\theta)\alpha_2 + \alpha_1(1-\tau_Y)[(\alpha_1+\alpha_3)\theta+(\theta-1)\alpha_3]\}}$$

$$(5-73)$$

将式（5-73）分别代入式（5-66）、式（5-67），可以分别解出政策基本模型的均衡产出和能源消费增长率。我们把以上讨论归结为以下命题：

命题 5-3 如果政府对最终产品部门征收税率为 τ_Y 的商品销售税并提供补贴率为 s_x 的中间产品购买补贴，对 R&D 部门提供补贴率为 $S_{R\&D}$ 的技术产品补贴，政策基本模型的市场均衡存在，市场利率、均衡产出增长率、均衡能源消费增长率、均衡研发部门人力资本数量，分别如式（5-65）、式（5-66）、式（5-67）、式（5-73）所示。

下面，对政策基本模型结论做一些讨论。我们先来看商品税和研发补贴的增长效应。做均衡研发部门人力资本对税率和补贴率的比较静态分析，为了简化书写，做如下假设：

$$H_Q^* = \frac{(1+S_{R\&D})(\alpha_1+\alpha_3)(\alpha_1+\alpha_3\theta)\alpha_2\lambda\eta H - \alpha_1(\alpha_1+\alpha_3)(1-\tau_Y)\rho}{\lambda\eta\{(1+S_{R\&D})(\alpha_1+\alpha_3)(\alpha_1+\alpha_3\theta)\alpha_2 + \alpha_1(1-\tau_Y)[(\alpha_1+\alpha_3)\theta+(\theta-1)\alpha_3]\}}$$

$$= \frac{A_3H + A_2}{A_3 + A_1}$$

其中：

$$A_1 = \lambda\eta\alpha_1(1-\tau_Y)[(\alpha_1+\alpha_3)\theta+(\theta-1)\alpha_3]$$
$$A_2 = -\alpha_1(\alpha_1+\alpha_3)(1-\tau_Y)\rho$$
$$A_3 = \lambda\eta(1+S_{R\&D})(\alpha_1+\alpha_3)(\alpha_1+\alpha_3\theta)\alpha_2$$

对研发部门补贴率作一阶导数有：

$$\frac{\partial H_Q^*}{\partial S_{R\&D}} = \frac{A_3H(A_3+A_1)-A_3(A_3H+A_2)}{(A_3+A_1)^2(1+S_{R\&D})} = \frac{(A_1H-A_2)A_3}{(A_3+A_1)^2(1+S_{R\&D})} > 0$$

$$(5-74)$$

在以上求解过程中，$A_1H-A_2>0$ 用到了系统存在内点解的条件 $H_Q^* \in (0, H)$，即可以证明：

$$-(\alpha_1+\alpha_3)\rho < \lambda\eta H[(\alpha_1+\alpha_3)\theta+(\theta-1)\alpha_3]$$

然后，来求利率与增长率对研发补贴的一阶导数，可得：

$$\frac{\partial r^*}{\partial S_{R\&D}} = \frac{\partial r^*}{\partial H_Q^*}\frac{\partial H_Q^*}{\partial S_{R\&D}} = \frac{(\alpha_1+\alpha_3)\theta\lambda\eta}{\alpha_1+\alpha_3\theta}\frac{\partial H_Q^*}{\partial S_{R\&D}} > 0 \qquad (5-75)$$

$$\frac{\partial g_Y^*}{\partial S_{R\&D}} = \frac{\partial g_Y^*}{\partial H_Q^*}\frac{\partial H_Q^*}{\partial S_{R\&D}} = \frac{(\alpha_1+\alpha_3)\lambda\eta}{\alpha_1+\alpha_3\theta}\frac{\partial H_Q^*}{\partial S_{R\&D}} > 0 \qquad (5-76)$$

$$\frac{\partial g_Q^*}{\partial S_{R\&D}} = \frac{\partial g_Q^*}{\partial H_Q^*}\frac{\partial H_Q^*}{\partial S_{R\&D}} = \lambda\eta\frac{\partial H_Q^*}{\partial S_{R\&D}} > 0 \qquad (5-77)$$

$$\frac{\partial g_E^*}{\partial S_{R\&D}} = \frac{\partial g_E^*}{\partial H_Q^*}\frac{\partial H_Q^*}{\partial S_{R\&D}} = \frac{\lambda\eta(\alpha_1+\alpha_3)(1-\theta)}{\alpha_1+\alpha_3\theta}\frac{\partial H_Q^*}{\partial S_{R\&D}} < 0, \theta > 1 \text{ 时} \quad (5-78)$$

我们发现，研发补贴率上升会引起市场利率、均衡产出增长率和技术增长率的上升，在一定条件下引起均衡能源消费增长率的下降。可见，研发补贴率有利于改善均衡路径。

做对商品税率的一阶导数有：

$$\frac{\partial H_Q^*}{\partial \tau_Y} = \frac{A_3 H (A_3 + A_1) - A_3 (A_3 H + A_2)}{(A_3 + A_1)^2 (1 - \tau_Y)} = \frac{(A_1 H - A_2) A_3}{(A_3 + A_1)^2 (1 - \tau_Y)} > 0 \quad (5-79)$$

以上证明同样用到系统存在内点解的条件。

类似的，利率与增长率作对商品税率的一阶导数，可得：

$$\frac{\partial r^*}{\partial \tau_Y} = \frac{\partial r^*}{\partial H_Q^*} \frac{\partial H_Q^*}{\partial \tau_Y} = \frac{(\alpha_1 + \alpha_3) \theta \lambda \eta}{\alpha_1 + \alpha_3 \theta} \frac{\partial H_Q^*}{\partial \tau_Y} > 0 \quad (5-80)$$

$$\frac{\partial g_Y^*}{\partial \tau_Y} = \frac{\partial g_Y^*}{\partial H_Q^*} \frac{\partial H_Q^*}{\partial \tau_Y} = \frac{(\alpha_1 + \alpha_3) \lambda \eta}{\alpha_1 + \alpha_3 \theta} \frac{\partial H_Q^*}{\partial \tau_Y} > 0 \quad (5-81)$$

$$\frac{\partial g_Q^*}{\partial \tau_Y} = \frac{\partial g_Q^*}{\partial H_Q^*} \frac{\partial H_Q^*}{\partial \tau_Y} = \lambda \eta \frac{\partial H_Q^*}{\partial \tau_Y} > 0 \quad (5-82)$$

$$\frac{\partial g_E^*}{\partial \tau_Y} = \frac{\partial g_E^*}{\partial H_Q^*} \frac{\partial H_Q^*}{\partial \tau_Y} = \frac{\lambda \eta (\alpha_1 + \alpha_3)(1 - \theta)}{\alpha_1 + \alpha_3 \theta} \frac{\partial H_Q^*}{\partial \tau_Y} < 0, \theta > 1 \text{ 时} \quad (5-83)$$

比较静态结果，见表 5-3。我们发现，商品税率对利率和各类增长率的作用与研发补贴率类似，这在直观上与实际经济似乎并不完全一致。这主要是因为我们模型的假设所致，实际上政策基本模型的内生增长的主要引擎是人力资本的边际产出和研发效率。商品税使得最终产品部门人力资本的边际产出下降，所以该部门工资有降低的趋势，因为我们假设了部门之间的人力资本并无差异，劳动力市场是同质的完全竞争市场，人力资本可以自由转移，这样对于研发部门就可能有更多的劳动供给。这种机制我们还将在 5.4 节进一步讨论。

表 5-3   商品税和研发补贴对均衡路径上各变量的影响

	$\zeta = H_Q^*$	$\zeta = r^*$	$\zeta = g_Y^*$	$\zeta = g_Q^*$	$\zeta = g_E^*$
$\frac{\partial \zeta}{\partial S_{R\&D}}$	>0	>0	>0	>0	<0 if $\theta > 1$
$\frac{\partial \zeta}{\partial \tau_Y}$	>0	>0	>0	>0	<0 if $\theta > 1$

我们把以上讨论归结为以下命题：

命题 5-4   政策基本模型的最终产品部门商品税和技术研发部门的研发补贴具有类似的增长效应。市场利率、均衡研发部门人力资本数量与均衡产出增长率均是以上商品税率或研发补贴率的增函数；当 $\theta > 1$ 时，均衡能源消费增长率是以上商品税率或研发补贴率的减函数。

最后，我们讨论对应于资源配置动态效率的社会最优商品税率和研发补贴。因为政策基本模型与市场均衡模型结论中的均衡利率、产出增长率、技术进步增长率和能源消费增长率具有类似的形式，所以在研发部门人力资本数量相等的情况下，两者具有相同的均衡增长路径。表 5-1 中已给出能源耗竭模型的最优均衡，所以如果商品税率 τ_Y 和研发补贴率 $S_{R\&D}$ 满足式（5-84）：

$$\frac{(\alpha_1 + \alpha_3\theta)\lambda\eta H - \alpha_1\rho}{(\alpha_1 + \alpha_3)\theta\lambda\eta}$$

$$= \frac{(1 + S_{R\&D})(\alpha_1 + \alpha_3)(\alpha_1 + \alpha_3\theta)\alpha_2\lambda\eta H - \alpha_1(\alpha_1 + \alpha_3)(1 - \tau_Y)\rho}{\lambda\eta\{(1 + S_{R\&D})(\alpha_1 + \alpha_3)(\alpha_1 + \alpha_3\theta)\alpha_2 + \alpha_1(1 - \tau_Y)[(\alpha_1 + \alpha_3)\theta + (\theta - 1)\alpha_3]\}}$$

$$(5-84)$$

那么，经济系统将处于社会最优均衡路径，而此时的商品税率和研发补贴率组合是最优政策工具组合。根据式（5-84）可知，理论上存在无数个商品税率和研发补贴率的组合能够使经济调整扭曲，达到社会最优均衡路径；但在实际经济中，政府制定的税率或补贴率在短期内是相对固定的，这里存在动态税率与固定税率的最优问题，并且政府需要考虑政府与公众的长期博弈，即政策的时间一致性问题。以上问题我们暂时不展开讨论，下面求解如果政府单独运用研发补贴或最终产品商品税政策工具，选取什么样的税率（或补贴率）能使经济达到社会最优路径。

政府如果单独运用 R&D 部门的研发补贴政策工具，则能达到社会最优路径的研发补贴率要求满足：

$$\frac{(\alpha_1 + \alpha_3\theta)\lambda\eta H - \alpha_1\rho}{(\alpha_1 + \alpha_3)\theta\lambda\eta}$$

$$= \frac{(1 + S_{R\&D})(\alpha_1 + \alpha_3)(\alpha_1 + \alpha_3\theta)\alpha_2\lambda\eta H - \alpha_1(\alpha_1 + \alpha_3)\rho}{\lambda\eta\{(1 + S_{R\&D})(\alpha_1 + \alpha_3)(\alpha_1 + \alpha_3\theta)\alpha_2 + \alpha_1[(\alpha_1 + \alpha_3)\theta + (\theta - 1)\alpha_3]\}}$$

$$(5-85)$$

下面来求解最优研发补贴率，为了易于表述，假设：

$$B_1 = \lambda\eta\alpha_1[(\alpha_1 + \alpha_3)\theta + (\theta - 1)\alpha_3]$$
$$B_2 = -\alpha_1(\alpha_1 + \alpha_3)\rho$$
$$B_3 = \lambda\eta(\alpha_1 + \alpha_3)(\alpha_1 + \alpha_3\theta)\alpha_2$$
$$B_4 = (\alpha_1 + \alpha_3\theta)\lambda\eta H - \alpha_1\rho$$
$$B_5 = (\alpha_1 + \alpha_3)\theta\lambda\eta$$

则式（5-85）可表示为：$\dfrac{B_4}{B_5} = \dfrac{B_3 H(1 + S_{R\&D}) + B_2}{B_3(1 + S_{R\&D}) + B_1}$

可解得：

$$S_{R\&D} = \frac{B_2 B_5 - B_1 B_4}{B_3(B_4 - B_5 H)} - 1 \qquad (5-86)$$

如果政府单独运用最终产品商品税政策工具，则能达到社会最优路径的最终产品商品税要求满足：

$$\frac{(\alpha_1 + \alpha_3\theta)\lambda\eta H - \alpha_1\rho}{(\alpha_1 + \alpha_3)\theta\lambda\eta}$$

$$= \frac{(\alpha_1 + \alpha_3)(\alpha_1 + \alpha_3\theta)\alpha_2\lambda\eta H - \alpha_1(\alpha_1 + \alpha_3)(1 - \tau_Y)\rho}{\lambda\eta\{(\alpha_1 + \alpha_3)(\alpha_1 + \alpha_3\theta)\alpha_2 + \alpha_1(1 - \tau_Y)[(\alpha_1 + \alpha_3)\theta + (\theta - 1)\alpha_3]\}}$$

$$(5-87)$$

用同样的假设和方法求解式（5-87），可得最优最终产品商品税为：

$$\tau_Y = 1 - \frac{B_3(B_4 - B_5 H)}{B_2 B_5 - B_1 B_4} \qquad (5-88)$$

我们把以上讨论归结为以下命题：

命题5-5 对于政策基本模型，最终产品部门商品税和技术研发部门研发补贴满足式（5-84）的任一政策工具组合，能够使经济达到社会最优均衡路径。如果单独运用最终产品部门商品税或技术研发部门研发补贴作为政策工具，最终产品商品税率 τ_Y 满足式（5-88）或研发补贴率 $S_{R\&D}$ 满足式（5-86），经济也能达到社会最优均衡路径。

5.2.4 数值模拟

为使结果更为直观，下面选取参数的经验值做最优商品税和最优研发补贴的数值模拟。假定初始的最终部门生产中的人力资本、中间产品、能源资源投入份额分别为40%、40%、20%，主观时间偏好率 ρ 为0.02，相对风险厌恶系数 θ 为2，社会人力资本数量 H 标准化为1，研发部门效率参数 $\lambda\eta$ 为0.2，在此基准上做数值模拟，结果如表5-4～表5-13所示。

表5-4模拟无财政政策干预经济时的技术进步增长率、能源消费增长率、产出增长率与潜在的最优增长率，表5-5～表5-7模拟单独运用技术创新补贴对应的技术增长率、能源消费增长率与产出增长率，表5-8～表5-10模拟单独运用最终产品商品税对应的技术进步增长率、能源消费增长率与产出增长率，表5-11～表5-13模拟同时运用技术补贴和商品税时的情形。模拟结果可见：其一，在较低主观时间偏好率（ρ）和边际效用替代弹性（θ）的经济中，经济无论是受到或不受到政策干预，都能保持正增长，且经济产出增长率高于能源消费的增长率，经济呈现可持续发展态势。其二，各种生产要素的产出份额配置对长期增长有影响，比如，中间产品部门份额的提高同时大幅度提高了经济产出和能源消费的增长率。其三，在各种情形下，研发补贴或商品税都能起到不同程度的政策效果，技术替代或人力资本流动促使经济向潜在的最优增长率过渡。其

四，研发补贴和商品税政策之间能够起到一定的替代作用，联合政策的作用效果较为明显。

表5-4　　　无政策干预时的技术、能源、产出增长率与潜在的最优增长率

α_1	α_2	α_3	ρ	θ	$\lambda\eta$	H_Q^*	g_Y^*	g_E^*	$H_{Q\max}^*$	$g_{Y\max}^*$	$g_{E\max}^*$
0.4	0.4	0.2	0.02	2	0.2	0.223	0.029	-0.049	0.633	0.090	-0.110
0.4	0.3	0.3	0.02	2	0.2	0.204	0.023	-0.043	0.686	0.090	-0.110
0.6	0.2	0.2	0.02	2	0.2	0.090	0.010	-0.030	0.588	0.090	-0.110
0.2	0.6	0.2	0.02	2	0.2	0.395	0.046	-0.066	0.725	0.090	-0.110
0.4	0.4	0.2	0.04	2	0.2	0.191	0.019	-0.059	0.600	0.080	-0.120
0.4	0.4	0.2	0.01	2	0.2	0.239	0.033	-0.043	0.650	0.095	-0.105
0.4	0.4	0.2	0.02	4	0.2	0.177	0.014	-0.063	0.483	0.045	-0.155
0.4	0.4	0.2	0.02	1	0.2	0.313	0.056	-0.020	0.933	0.180	-0.020
0.4	0.4	0.2	0.02	2	0.4	0.239	0.067	-0.087	0.650	0.190	-0.210
0.4	0.4	0.2	0.02	2	0.2	0.223	0.029	-0.049	0.633	0.090	-0.110
0.4	0.4	0.2	0.04	2	0.2	0.191	0.019	-0.059	0.600	0.080	-0.120

表5-5　　　研发补贴对应的技术、能源与产出增长率（$S_{R\&D}=0.1$ 或 0.4）

α_1	α_2	α_3	ρ	θ	$\lambda\eta$	H_Q^*	g_Y^*	g_E^*	H_Q^*	g_Y^*	g_E^*
0.4	0.4	0.2	0.02	2	0.2	0.243	0.031	-0.051	0.295	0.039	-0.059
0.4	0.3	0.3	0.02	2	0.2	0.223	0.025	-0.043	0.273	0.032	-0.043
0.6	0.2	0.2	0.02	2	0.2	0.102	0.012	-0.030	0.135	0.018	-0.030
0.2	0.6	0.2	0.02	2	0.2	0.420	0.049	-0.066	0.482	0.058	-0.066
0.4	0.4	0.2	0.02	2	0.2	0.212	0.022	-0.059	0.266	0.030	-0.059
0.4	0.4	0.2	0.01	2	0.2	0.258	0.036	-0.043	0.310	0.044	-0.043
0.4	0.4	0.2	0.02	4	0.2	0.193	0.016	-0.063	0.237	0.020	-0.063
0.4	0.4	0.2	0.02	1	0.2	0.337	0.061	-0.020	0.402	0.074	-0.020
0.4	0.4	0.2	0.02	2	0.4	0.258	0.072	-0.087	0.310	0.088	-0.087
0.4	0.4	0.2	0.02	2	0.2	0.243	0.031	-0.049	0.295	0.039	-0.049
0.4	0.4	0.2	0.04	2	0.2	0.212	0.022	-0.059	0.266	0.030	-0.059

表5-6　　　研发补贴对应的技术进步率与产出增长率（$S_{R\&D}=0.8$ 或 1.2）

α_1	α_2	α_3	ρ	θ	$\lambda\eta$	H_Q^*	g_Y^*	g_E^*	H_Q^*	g_Y^*	g_E^*
0.4	0.4	0.2	0.02	2	0.2	0.355	0.048	-0.068	0.406	0.056	-0.076
0.4	0.3	0.3	0.02	2	0.2	0.204	0.023	-0.043	0.204	0.023	-0.043
0.6	0.2	0.2	0.02	2	0.2	0.090	0.010	-0.030	0.090	0.010	-0.030
0.2	0.6	0.2	0.02	2	0.2	0.395	0.046	-0.066	0.395	0.046	-0.066
0.4	0.4	0.2	0.04	2	0.2	0.191	0.019	-0.059	0.191	0.019	-0.059
0.4	0.4	0.2	0.01	2	0.2	0.239	0.033	-0.043	0.239	0.033	-0.043
0.4	0.4	0.2	0.02	4	0.2	0.177	0.014	-0.063	0.177	0.014	-0.063
0.4	0.4	0.2	0.02	1	0.2	0.313	0.056	-0.020	0.313	0.056	-0.020
0.4	0.4	0.2	0.02	2	0.4	0.239	0.067	-0.087	0.239	0.067	-0.087
0.4	0.4	0.2	0.02	2	0.2	0.223	0.029	-0.049	0.223	0.029	-0.049
0.4	0.4	0.2	0.04	2	0.2	0.191	0.019	-0.059	0.191	0.019	-0.059

表 5 - 7　　研发补贴对应的技术进步率与产出增长率（$S_{R\&D} = 1.5$ 或 2）

α_1	α_2	α_3	ρ	θ	$\lambda\eta$	H_Q^*	g_Y^*	g_E^*	H_Q^*	g_Y^*	g_E^*
0.4	0.4	0.2	0.02	2	0.2	0.438	0.061	-0.081	0.486	0.068	-0.088
0.4	0.3	0.3	0.02	2	0.2	0.204	0.023	-0.043	0.204	0.023	-0.043
0.6	0.2	0.2	0.02	2	0.2	0.090	0.010	-0.030	0.090	0.010	-0.030
0.2	0.6	0.2	0.02	2	0.2	0.395	0.046	-0.066	0.395	0.046	-0.066
0.4	0.4	0.2	0.04	2	0.2	0.191	0.019	-0.059	0.191	0.019	-0.059
0.4	0.4	0.2	0.01	2	0.2	0.239	0.033	-0.043	0.239	0.033	-0.043
0.4	0.4	0.2	0.02	4	0.2	0.177	0.014	-0.063	0.177	0.014	-0.063
0.4	0.4	0.2	0.02	1	0.2	0.313	0.056	-0.020	0.313	0.056	-0.020
0.4	0.4	0.2	0.02	2	0.4	0.239	0.067	-0.087	0.239	0.067	-0.087
0.4	0.4	0.2	0.02	2	0.2	0.223	0.029	-0.049	0.223	0.029	-0.049
0.4	0.4	0.2	0.04	2	0.2	0.191	0.019	-0.059	0.191	0.019	-0.059

表 5 - 8　　商品税对应的技术、能源与产出增长率（$\tau_Y = 0.1$ 或 0.2）

α_1	α_2	α_3	ρ	θ	$\lambda\eta$	H_Q^*	g_Y^*	g_E^*	H_Q^*	g_Y^*	g_E^*
0.4	0.4	0.2	0.02	2	0.2	0.245	0.032	-0.052	0.270	0.036	-0.056
0.4	0.3	0.3	0.02	2	0.2	0.225	0.025	-0.045	0.249	0.029	-0.049
0.6	0.2	0.2	0.02	2	0.2	0.103	0.013	-0.033	0.119	0.015	-0.035
0.2	0.6	0.2	0.02	2	0.2	0.422	0.050	-0.070	0.453	0.054	-0.074
0.4	0.4	0.2	0.04	2	0.2	0.214	0.022	-0.062	0.240	0.026	-0.066
0.4	0.4	0.2	0.01	2	0.2	0.260	0.037	-0.047	0.285	0.040	-0.050
0.4	0.4	0.2	0.02	4	0.2	0.195	0.016	-0.068	0.215	0.018	-0.075
0.4	0.4	0.2	0.02	1	0.2	0.340	0.061	-0.020	0.371	0.068	-0.020
0.4	0.4	0.2	0.02	2	0.4	0.260	0.073	-0.093	0.285	0.081	-0.101
0.4	0.4	0.2	0.02	2	0.2	0.245	0.032	-0.052	0.270	0.036	-0.056
0.4	0.4	0.2	0.04	2	0.2	0.214	0.022	-0.062	0.240	0.026	-0.066

表 5 - 9　　商品税对应的技术、能源与产出增长率（$\tau_Y = 0.3$ 或 0.4）

α_1	α_2	α_3	ρ	θ	$\lambda\eta$	H_Q^*	g_Y^*	g_E^*	H_Q^*	g_Y^*	g_E^*
0.4	0.4	0.2	0.02	2	0.2	0.300	0.040	-0.060	0.336	0.045	-0.065
0.4	0.3	0.3	0.02	2	0.2	0.278	0.033	-0.053	0.313	0.038	-0.058
0.6	0.2	0.2	0.02	2	0.2	0.138	0.018	-0.038	0.162	0.022	-0.042
0.2	0.6	0.2	0.02	2	0.2	0.487	0.058	-0.078	0.527	0.064	-0.084
0.4	0.4	0.2	0.04	2	0.2	0.271	0.031	-0.071	0.309	0.036	-0.076
0.4	0.4	0.2	0.01	2	0.2	0.314	0.045	-0.055	0.350	0.050	-0.060
0.4	0.4	0.2	0.02	4	0.2	0.240	0.021	-0.082	0.271	0.024	-0.091
0.4	0.4	0.2	0.02	1	0.2	0.408	0.075	-0.020	0.450	0.083	-0.020
0.4	0.4	0.2	0.02	2	0.4	0.314	0.089	-0.109	0.350	0.100	-0.120
0.4	0.4	0.2	0.02	2	0.2	0.300	0.040	-0.060	0.336	0.045	-0.065
0.4	0.4	0.2	0.04	2	0.2	0.271	0.031	-0.071	0.309	0.036	-0.076

表 5 – 10 　　　 商品税对应的技术、能源与产出增长率（$\tau_Y = 0.5$ 或 0.6）

α_1	α_2	α_3	ρ	θ	$\lambda\eta$	H_Q^*	g_Y^*	g_E^*	H_Q^*	g_Y^*	g_E^*
0.4	0.4	0.2	0.02	2	0.2	0.381	0.052	−0.072	0.438	0.061	−0.081
0.4	0.3	0.3	0.02	2	0.2	0.356	0.044	−0.064	0.412	0.052	−0.072
0.6	0.2	0.2	0.02	2	0.2	0.194	0.027	−0.047	0.238	0.034	−0.054
0.2	0.6	0.2	0.02	2	0.2	0.574	0.070	−0.090	0.629	0.077	−0.097
0.4	0.4	0.2	0.04	2	0.2	0.356	0.043	−0.083	0.415	0.052	−0.092
0.4	0.4	0.2	0.01	2	0.2	0.394	0.057	−0.067	0.450	0.065	−0.075
0.4	0.4	0.2	0.02	4	0.2	0.311	0.028	−0.103	0.363	0.033	−0.119
0.4	0.4	0.2	0.02	1	0.2	0.500	0.093	−0.020	0.560	0.105	−0.020
0.4	0.4	0.2	0.02	2	0.4	0.394	0.113	−0.133	0.450	0.130	−0.150
0.4	0.4	0.2	0.02	2	0.2	0.381	0.052	−0.072	0.438	0.061	−0.081
0.4	0.4	0.2	0.04	2	0.2	0.356	0.043	−0.083	0.415	0.052	−0.092

表 5 – 11 　 联合政策对应的技术、能源与产出增长率（$S_{R\&D} = 0.2$，$\tau_Y = 0.1$ 或 0.2）

α_1	α_2	α_3	ρ	θ	$\lambda\eta$	H_Q^*	g_Y^*	g_E^*	H_Q^*	g_Y^*	g_E^*
0.4	0.4	0.2	0.02	2	0.2	0.284	0.038	−0.058	0.311	0.042	−0.062
0.4	0.3	0.3	0.02	2	0.2	0.225	0.025	−0.045	0.249	0.029	−0.049
0.6	0.2	0.2	0.02	2	0.2	0.103	0.013	−0.033	0.119	0.015	−0.035
0.2	0.6	0.2	0.02	2	0.2	0.422	0.050	−0.070	0.453	0.054	−0.074
0.4	0.4	0.2	0.04	2	0.2	0.214	0.022	−0.062	0.240	0.026	−0.066
0.4	0.4	0.2	0.01	2	0.2	0.260	0.037	−0.047	0.285	0.040	−0.050
0.4	0.4	0.2	0.02	4	0.2	0.195	0.016	−0.068	0.215	0.018	−0.075
0.4	0.4	0.2	0.02	1	0.2	0.340	0.061	−0.020	0.371	0.068	−0.020
0.4	0.4	0.2	0.02	2	0.4	0.260	0.073	−0.093	0.285	0.081	−0.101
0.4	0.4	0.2	0.02	2	0.2	0.245	0.032	−0.052	0.270	0.036	−0.056
0.4	0.4	0.2	0.04	2	0.2	0.214	0.022	−0.062	0.240	0.026	−0.066

表 5 – 12 　 联合政策对应的技术进步与产出增长率（$S_{R\&D} = 0.4$，$\tau_Y = 0.2$ 或 0.3）

α_1	α_2	α_3	ρ	θ	$\lambda\eta$	H_Q^*	g_Y^*	g_E^*	H_Q^*	g_Y^*	g_E^*
0.4	0.4	0.2	0.02	2	0.2	0.348	0.047	−0.067	0.381	0.052	−0.072
0.4	0.3	0.3	0.02	2	0.2	0.249	0.029	−0.049	0.278	0.033	−0.053
0.6	0.2	0.2	0.02	2	0.2	0.119	0.015	−0.035	0.138	0.018	−0.038
0.2	0.6	0.2	0.02	2	0.2	0.453	0.054	−0.074	0.487	0.058	−0.078
0.4	0.4	0.2	0.04	2	0.2	0.240	0.026	−0.066	0.271	0.031	−0.071
0.4	0.4	0.2	0.01	2	0.2	0.285	0.040	−0.050	0.314	0.045	−0.055
0.4	0.4	0.2	0.02	4	0.2	0.215	0.018	−0.075	0.240	0.021	−0.082
0.4	0.4	0.2	0.02	1	0.2	0.371	0.068	−0.020	0.408	0.075	−0.020
0.4	0.4	0.2	0.02	2	0.4	0.285	0.081	−0.101	0.314	0.089	−0.109
0.4	0.4	0.2	0.02	2	0.2	0.270	0.036	−0.056	0.300	0.040	−0.060
0.4	0.4	0.2	0.04	2	0.2	0.240	0.026	−0.066	0.271	0.031	−0.071

表 5 – 13　联合政策对应的技术进步与产出增长率（$S_{R\&D}=0.8$，$\tau_Y=0.3$ 或 0.4）

α_1	α_2	α_3	ρ	θ	$\lambda\eta$	H_Q^*	g_Y^*	g_E^*	H_Q^*	g_Y^*	g_E^*
0.4	0.4	0.2	0.02	2	0.2	0.446	0.062	− 0.082	0.486	0.068	− 0.088
0.4	0.3	0.3	0.02	2	0.2	0.278	0.033	− 0.053	0.313	0.038	− 0.058
0.6	0.4	0.2	0.02	2	0.2	0.138	0.018	− 0.038	0.162	0.022	− 0.042
0.2	0.6	0.2	0.02	2	0.2	0.487	0.058	− 0.078	0.527	0.064	− 0.084
0.4	0.4	0.2	0.04	2	0.2	0.271	0.031	− 0.071	0.309	0.036	− 0.076
0.4	0.4	0.2	0.01	2	0.2	0.314	0.045	− 0.055	0.350	0.050	− 0.060
0.4	0.4	0.2	0.02	4	0.2	0.240	0.021	− 0.082	0.271	0.024	− 0.091
0.4	0.4	0.2	0.02	1	0.2	0.408	0.075	− 0.020	0.450	0.083	− 0.020
0.4	0.4	0.2	0.02	2	0.2	0.314	0.089	− 0.109	0.350	0.100	− 0.120
0.4	0.4	0.2	0.02	2	0.2	0.300	0.040	− 0.060	0.336	0.045	− 0.065
0.4	0.4	0.2	0.04	2	0.2	0.271	0.031	− 0.071	0.309	0.036	− 0.076

　　总而言之，从数值模拟结果可以看出，社会偏好、研发效率、要素份额等因素对均衡增长率具有不同的作用方向，在此基础上，研发补贴和商品税的单独政策和联合政策均具有矫正扭曲和促进增长的政策效果。

5.3　中间产品补贴与技术创新补贴

5.3.1　中间产品供需双方联合补贴

　　5.3 节我们将从分析政策基本模型结论开始，对中间产品补贴做进一步讨论。我们注意到 5.2 节政策基本模型结论中的均衡研发部门人力资本数量式（5-73）中，并没有出现中间产品补贴率 S_x。同样的，S_x 也没有出现在均衡利率、产出增长率、技术进步增长率和能源消费增长率的公式中。我们在模型中把中间产品购买补贴率 S_x 写入最终产品部门的利润函数，试图以中间产品购买补贴作为政策工具来消除中间产品市场垄断带来的扭曲。但从模型求解的过程中可以发现，式（5-51）表明中间产品价格与市场利率成比例同方向变化，再结合式（5-52）中间产品数量可知，实际上中间产品购买补贴改变产品均衡价格的同时改变了市场利率，模型中这两种政策效应刚好相互抵消，所以，其隐含的政策含义是，在模型假设的条件下中间产品需求侧的从价补贴无效。

以上分析了从中间产品的需求侧进行中间产品购买补贴的情形，结论是政策工具无效。下面讨论如果补贴是在供给侧，即对中间产品生产部门直接进行补贴，结果会不会不同，然后讨论在供需双方同时进行补贴时的情形。

为了易于对比分析，假设经济系统运行机制和其他条件与中间产品需求方补贴情形时一致。对最终产品部门征收税率为 τ_Y 的商品税（产出税），但不提供中间产品购买补贴，则最终产品部门利润函数可写为：

$$\pi_Y = (1 - \tau_Y)H_Y^{\alpha_1}\int_0^1 Q(i)x(i)^{\alpha_2}\mathrm{d}iE^{\alpha_3} - W_YH_Y - P_EE - \int_0^1 P_{x_i}x(i)\mathrm{d}i \tag{5-89}$$

最终产品部门代表性厂商的利润最大化决策为：

$$\max_{H_Y,x(i),E} (1 - \tau_Y)H_Y^{\alpha_1}\int_0^1 Q(i)x(i)^{\alpha_2}\mathrm{d}iE^{\alpha_3} - W_YH_Y - P_EE - \int_0^1 P_{x_i}x(i)\mathrm{d}i \tag{5-90}$$

一阶条件分别解得：

$$W = W_Y = \frac{\alpha_1(1 - \tau_Y)Y}{H_Y} \tag{5-91}$$

$$P_E = \frac{\alpha_3(1 - \tau_Y)Y}{E} \tag{5-92}$$

$$P_{x_i} = \alpha_2(1 - \tau_Y)H_Y^{\alpha_1}Q(i)x(i)^{\alpha_2-1}E^{\alpha_3} \tag{5-93}$$

对于中间产品部门，如果对中间产品提供补贴率为 s_x' 的供给补贴，则中间产品部门利润函数可写为：

$$\pi_{x(i)} = (1 + s_x')P_{x_i}x(i) - Q(i)x(i)r \tag{5-94}$$

将式（5-93）代入上式，一阶条件可解得中间产品价格和数量：

$$P_{x_i} = \frac{Q(i)r}{\alpha_2(1 + s_x')} \tag{5-95}$$

$$x(i) = \left[\frac{(1 - \tau_Y)(1 + s_x')\alpha_2^2 H_Y^{\alpha_1}E^{\alpha_3}}{r}\right]^{\frac{1}{1-\alpha_2}} \tag{5-96}$$

我们来看中间产品供给补贴的经济机制。补贴使供给方单位成本降低，假设均衡价格从原来的 P_{x_i} 下降到 $P_{x_i}/(1 + s_x')$，则根据式（5-95）均衡利率将维持原利率，而根据中间产品数量式（5-96），此时的均衡数量是原先中间产品均衡数量 $x(i)$ 的 $(1 + s_x')^{\frac{1}{1-\alpha_2}}$ 倍。所以，供给方补贴和需求侧补贴的政策效果并不相同，s_x' 的从价补贴率能带来 $(1 + s_x')^{\frac{1}{1-\alpha_2}}$ 倍的中间产品数量，增加了最终产出并改善均衡增长路径，从而趋向政策工具消除垄断扭曲的政策目标。

在实际经济中，因为政策存在可操作性或利益分配格局等多种因素，可能会考虑对市场供需双方同时进行征税或补贴，下面进一步讨论对中间产品的供需两侧同时进行补贴的情形。如果对最终产品征收税率为 τ_Y 的商品税并提供补贴率为 S_x 的中间产品购买补贴，最终产品部门利润函数仍为：

$$\pi_Y = (1 - \tau_Y) H_Y^{\alpha_1} \int_0^1 Q(i) x(i)^{\alpha_2} \mathrm{d}i E^{\alpha_3} - W_Y H_Y - P_E E - (1 - S_X) \int_0^1 P_{x_i} x(i) \mathrm{d}i$$

$$(5-97)$$

对中间产品需求量一阶条件可得：

$$P_{x_i} = \frac{\alpha_2 (1 - \tau_Y) H_Y^{\alpha_1} Q(i) x(i)^{\alpha_2 - 1} E^{\alpha_3}}{1 - S_X} \qquad (5-98)$$

类似的，对中间产品提供补贴率为 s_x' 的供给补贴，中间产品部门的利润函数为：

$$\pi_{x(i)} = (1 + s_x') P_{x_i} x(i) - Q(i) x(i) r \qquad (5-99)$$

将式（5-98）代入式（5-99），一阶条件可解得中间产品的价格和数量：

$$P_{x_i} = \frac{Q(i) r}{(1 + s_x') \alpha_2} \qquad (5-100)$$

$$x(i) = \left[\frac{(1 - \tau_Y)(1 + s_x') \alpha_2^2 H_Y^{\alpha_1} E^{\alpha_3}}{(1 - S_X) r} \right]^{\frac{1}{1 - \alpha_2}} \qquad (5-101)$$

所以，如果中间产品均衡价格下降到 $P_{x_i}(1 - S_X)$，则市场利率等于原均衡利率的 $(1 + s_x')(1 - S_X)$ 倍，根据式（5-101）可得中间产品均衡数量上升到原均衡的 $(1 - S_X)^{\frac{2}{\alpha_2 - 1}}$ 倍。如果中间产品均衡价格下降到 $P_{x_i}/(1 + s_x')$，则市场利率等于原均衡利率，中间产品均衡数量上升到原均衡的 $\left[(1 + s_x')/(1 - S_X) \right]^{\frac{1}{1 - \alpha_2}}$ 倍。可见，联合补贴的政策效应是供需两侧效应的叠加，能够改变均衡增长路径。我们对以上在中间产品供需两侧采用类似补贴却得到不同政策结果的解释是，实际上在我们的模型中与中间产品部门相关的技术创新是内生增长的真正源泉，对中间产品部门的直接补贴有利于该部门的盈利，从而保障了更多数量的技术创新；而对中间产品需求侧补贴不改变资本的边际产出和产品均衡数量，其效应可能被完全竞争市场消化，而达不到预期的政策效果。我们将以上讨论总结为以下命题。

命题 5-6 在政策基本模型中，对中间产品市场需求侧（最终产部门）的从价补贴无效，对中间产品市场供给侧（最终产品部门）的从价补贴有效。可以用对中间产品供给侧的单独从价补贴或供需两侧的联合补贴来改善或消除市场扭曲。

5.3.2 中间产品高新技术的针对性补贴

在5.2节中，我们在政策基本模型中讨论了对于研发部门的研发产出补贴的机制，基本结论是对研发的产出侧补贴有利于改善均衡路径。下面，进一步讨论在技术创新的需求侧，对中间产品部门生产高新技术产品进行针对性补助的科技政策。科技政策模型的经济机制和其他条件沿用政策基本模型，但是，在科技政策模型中特别强调对补贴对象——中间产品技术水平的关注。

类似于政策基本模型，最终产品部门代表性厂商的利润最大化决策为：

$$\max_{H_Y, x(i), E} (1 - \tau_Y) H_Y^{\alpha_1} \int_0^1 Q(i) x(i)^{\alpha_2} \mathrm{d}i E^{\alpha_3} - W_Y H_Y - P_E E - (1 - S_x) \int_0^1 P_{x_i} x(i) \mathrm{d}i \tag{5-102}$$

一阶条件分别解得：

$$W = W_Y = \frac{\alpha_1 (1 - \tau_Y) Y}{H_Y} \tag{5-103}$$

$$P_E = \frac{\alpha_3 (1 - \tau_Y) Y}{E} \tag{5-104}$$

$$P_{x_i} = \frac{\alpha_2 (1 - \tau_Y) H_Y^{\alpha_1} Q(i) x(i)^{\alpha_2 - 1} E^{\alpha_3}}{(1 - S_X)} \tag{5-105}$$

在中间产品部门，根据能源再生基本模型，依然假设 r 为市场利率，资本使用量和中间产品生产一一对应，并且更高的中间产品质量需要更大数量的资本。现在我们来构建非常关键的补贴函数，假设政府区分中间产品的技术水平 $Q(i)$，并以此作为对中间产品部门补贴的依据，假设用以下方式进行参数为 $\beta_1 > 0$ 的中间产品部门成本补贴，则各中间产品部门代表性厂商的利润函数为：

$$\pi_{x(i)} = P_{x_i} x(i) - Q(i) x(i) r + Q(i) x(i) r (1 - e^{-\beta_1 (Q(i) - 1)})$$
$$= P_{x_i} x(i) - Q(i) x(i) r e^{-\beta_1 (Q(i) - 1)} \tag{5-106}$$

我们对以上中间产品部门利润函数做一些说明。因为 $Q(i) \geqslant 1$，所以 $1 - e^{-\beta_1 (Q(i) - 1)} \in [0, 1]$，并且是 $Q(i)$ 的单调递增函数。在中间产品质量等于1处于最低点时，补贴不改变中间产品的生产成本；在中间产品质量处于无限大时，补贴力度最大，其数量上正好为中间产品成本

$Q(i)x(i)r$，使得中间产品生产无成本。因为 $e^{-\beta_1(Q(i)-1)}$ 是单调函数，补贴使中间产品成本范围在 $Q(i)x(i)r \in [0, Q(i)x(i)r]$，其他任何情况在两者之间。

将式（5-105）代入式（5-106），一阶条件可解得中间产品价格和数量：

$$P_{x_i} = \frac{Q(i)re^{-\beta_1(Q(i)-1)}}{\alpha_2} \qquad (5-107)$$

$$x(i) = \left[\frac{(1-\tau_Y)\alpha_2^2 H_Y^{\alpha_1} E^{\alpha_3}}{(1-S_X)r} e^{\beta_1(Q(i)-1)} \right]^{\frac{1}{1-\alpha_2}} \qquad (5-108)$$

可见，技术创新补贴使中间产品的均衡数量上升到原均衡的 $e^{\frac{\beta_1(Q(i)-1)}{1-\alpha_2}}$ 倍，促进了最终部门的产出。这时的中间产品部门利润为：

$$\pi_{x(i)} = P_{x_i}x(i) - Q(i)x(i)re^{-\beta_1(Q(i)-1)} = (1-\alpha_2)\alpha_2 Y \qquad (5-109)$$

因为最终产品部门产出增加到原均衡的 $e^{\frac{\beta_1(Q(i)-1)}{1-\alpha_2}}$ 倍，所以中间产品部门利润也相应增加到 $e^{\frac{\beta_1(Q(i)-1)}{1-\alpha_2}}$ 倍。从另一个角度看，这将有利于中间产品部门技术创新的采用，故改善了经济的均衡增长路径。

我们继续讨论补贴参数 β_1 变化对经济的影响程度：

$$\frac{\partial x(i)}{\partial \beta_1} = \partial \left[\frac{(1-\tau_Y)\alpha_2^2 H_Y^{\alpha_1} E^{\alpha_3}}{(1-S_X)r} e^{\beta_1(Q(i)-1)} \right]^{\frac{1}{1-\alpha_2}} / \partial \beta_1 \qquad (5-110)$$

只要考察 $\partial e^{\beta_1(Q(i)-1)} / \partial \beta_1$ 的符号：

$$\frac{\partial e^{\beta_1(Q(i)-1)}}{\partial \beta_1} = (Q(i)-1)e^{\beta_1(Q(i)-1)} > 0 \qquad (5-111)$$

所以，$x(i)$ 是 β_1 的单调增函数。即 β_1 越大，$\partial e^{\beta_1(Q(i)-1)} / \partial \beta_1$ 就越大，中间产品部门的产出和利润越大，均衡路径上升，可见对中间产品部门成本侧的科技补贴是有效的政策工具。

再来比较技术补贴前后，中间产品质量对均衡的影响程度。

为了易于比较，设技术创新补贴前的中间产品均衡数量为 $x_f(i)$，则中间产品质量对 $x_f(i)$ 的影响程度为：

$$\frac{\partial x_f(i)}{\partial Q(i)} = \partial \left[\frac{(1-\tau_Y)\alpha_2^2 H_Y^{\alpha_1} E^{\alpha_3}}{(1-S_X)r} \right]^{\frac{1}{1-\alpha_2}} / \partial Q(i) \qquad (5-112)$$

对于技术补贴后有：

$$\frac{\partial x(i)}{\partial Q(i)} = \partial \left[\frac{(1-\tau_Y)\alpha_2^2 H_Y^{\alpha_1} E^{\alpha_3}}{(1-S_X)r} e^{\beta_1(Q(i)-1)} \right]^{\frac{1}{1-\alpha_2}} / \partial Q(i)$$

$$= \partial \left[\frac{(1-\tau_Y)\alpha_2^2 H_Y^{\alpha_1} E^{\alpha_3}}{(1-S_X)r} \right]^{\frac{1}{1-\alpha_2}} \left[e^{\beta_1(Q(i)-1)} \right]^{\frac{1}{1-\alpha_2}} / \partial Q(i)$$

$$= \frac{\partial x_f(i)}{\partial Q(i)} \left[e^{\beta_1(Q(i)-1)} \right]^{\frac{1}{1-\alpha_2}} + \frac{\partial \left[e^{\beta_1(Q(i)-1)} \right]^{\frac{1}{1-\alpha_2}}}{\partial Q(i)} x_f(i)$$

$$= \frac{\partial x_f(i)}{\partial Q(i)} \left[e^{\beta_1(Q(i)-1)} \right]^{\frac{1}{1-\alpha_2}} + \frac{\beta_1 \left[e^{\beta_1(Q(i)-1)} \right]^{\frac{1}{1-\alpha_2}}}{1-\alpha_2} x_f(i)$$

又因为 $x_f(i) > 0$，$e^{\beta_1(Q(i)-1)} > 1$ 均成立，所以：

$$\left[e^{\beta_1(Q(i)-1)} \right]^{\frac{1}{1-\alpha_2}} > 1 \text{ 以及} \frac{\beta_1 \left[e^{\beta_1(Q(i)-1)} \right]^{\frac{1}{1-\alpha_2}}}{1-\alpha_2} > 0 \text{ 成立。}$$

所以，

$$\frac{\partial x(i)}{\partial Q(i)} > \frac{\partial x_f(i)}{\partial Q(i)} \qquad (5-113)$$

这样，我们证明了技术创新补贴后中间产品质量变化对均衡路径的影响程度要大于补贴前，隐含的政策含义是最佳补贴必须是长期连续的，即保持政策连续性的重要性。

以上讨论归结为以下命题。

命题 5 - 7　在政策基本模型中，对中间产品部门进行针对产品科技含量的高新技术补贴，则该政策工具有利于均衡路径的改善。并且，随着技术创新补贴对中间产品质量的改善，经济路径对中间产品质量本身的敏感度也在增大，所以，最佳的技术创新补贴政策是长期连续和前后一贯的。

5.4　人力资本工资政策

本节我们在政策基本模型的基础上，讨论对人力资本劳动收入（工资）的经济政策将如何影响均衡增长路径。首先，我们考察对最终产品部门和研发部门进行工资补贴的情形；其次，讨论这样的工资政策与对研发部门产出的直接补贴在政策效率上有什么不同；最后，讨论模型的假设问题。即如果假设劳动力市场不再是同质和自由流动的，那么，结论有什么变化。

5.4.1　工资补贴

政策基本模型在人力资本上的假设比较特殊，即假设了最终产品部门和研发部门的人力资本是完全替代和自由流动的，因为研发部门的创新是经济内生增长的动力源泉，这样对这两个部门的工资政策将可能相互传导从而影响均衡增长路径，所以结论与拉姆齐框架的简单政策模型可能会有一些不同。

引入政策基本模型，最终产品部门征收税率为 τ_Y 的商品税并提供补贴率为 s_x 的中间产品购买补贴，同时对人力资本提供补贴率为 S_{w_Y} 的工资补贴，则最终产品部门利润函数：

$$\pi_Y = (1 - \tau_Y)H_Y^{\alpha_1} \int_0^1 Q(i)x(i)^{\alpha_2} \mathrm{d}i E^{\alpha_3} - (1 - S_{w_Y})W_Y H_Y - P_E E - (1 - S_X)\int_0^1 P_{x_i}x(i)\mathrm{d}i$$

$$(5 - 114)$$

利润最大化问题可以写为：

$$\max_{H_Y,x(i),E}(1 - \tau_Y)H_Y^{\alpha_1} \int_0^1 Q(i)x(i)^{\alpha_2}\mathrm{d}i E^{\alpha_3} - (1 - S_{w_Y})W_Y H_Y - P_E E - (1 - s_X)\int_0^1 P_{x_i}x(i)\mathrm{d}i$$

$$(5 - 115)$$

一阶条件分别解得：

$$W_Y = \frac{\alpha_1 Y}{H_Y(1 - S_{w_Y})} \qquad (5 - 116)$$

$$P_E = \frac{\alpha_3(1 - \tau_Y)Y}{E} \qquad (5 - 117)$$

$$P_{x_i} = \frac{\alpha_2(1 - \tau_Y)H_Y^{\alpha_1}Q(i)x(i)^{\alpha_2-1}E^{\alpha_3}}{(1 - S_X)} \qquad (5 - 118)$$

在研发部门，政府提供补贴率为 $S_{R\&D}$ 的技术产品价格补贴，同时对研发部门的成本支出提供补贴率为 S_{wR} 的人力资本工资补贴，则研发部门的利润函数最大化问题可以写为：

$$\pi_{R\&D} = (1 + S_{R\&D})P_Q \lambda \eta H_Q Q - (1 - S_{wR})W_Q H_Q \qquad (5 - 119)$$

研发部门利润最大化决策为：

$$\max_{H_Q}(1 + S_{R\&D})P_Q \lambda \eta H_Q Q - (1 - S_{wR})W_Q H_Q \qquad (5 - 120)$$

一阶条件解得：

$$W_Q = (1 + S_{R\&D})P_Q \lambda \eta Q/(1 - S_{wR}) \qquad (5 - 121)$$

其他部门经济机制和外部条件类似于政策基本模型，下面我们来解模型。

类似于基本模型的求解过程，我们得到市场利率，均衡产出增长率与均衡能源消费增长率：

$$r^* = \frac{(\alpha_1 + \alpha_3)\theta\lambda\eta H_Q^* + \alpha_1\rho}{\alpha_1 + \alpha_3\theta} \qquad (5 - 122)$$

$$g_Y^* = \frac{r^* - \rho}{\theta} = \frac{(\alpha_1 + \alpha_3)\lambda\eta H_Q^* - \alpha_3\rho}{\alpha_1 + \alpha_3\theta} \qquad (5 - 123)$$

$$g_E^* = \frac{(\alpha_1 + \alpha_3)(\lambda \eta H_Q^*(1-\theta) - \rho)}{\alpha_1 + \alpha_3 \theta} \qquad (5-124)$$

求解研发部门的人力资本数量 H_Q^*，类似于基本模型的解法可以求得：

$$\pi_x = (r^* - g_{P_Q})P_Q Q \qquad (5-125)$$

$$\pi_x = \int_0^1 (1-\alpha_2)P_{x_i}x(i)\mathrm{d}i = (1-\alpha_2)\alpha_2 Y \qquad (5-126)$$

由人力资本市场的假设，联立式（5-116）、式（5-121）：

$$\frac{\alpha_1(1-\tau_Y)Y}{H_Y(1-S_{wY})} = W_Y = W_Q = (1+S_{R\&D})P_Q \lambda \eta Q/(1-S_{wR}) \qquad (5-127)$$

可解得技术创新的成本为：

$$P_Q Q = \frac{\alpha_1(1-\tau_Y)(1-S_{wR})Y}{\lambda \eta(1+S_{R\&D})(1-S_{wY})H_Y} \qquad (5-128)$$

然后，根据已经解得的 g_Y^*、g_Q^* 和 r^* 与 $g_{P_Q} = g_Y^* - g_Q^*$，联立式（5-125）、式（5-126）、式（5-128）解出研发部门的均衡人力资本数量：

$$H_Q^* = \frac{(1+S_{R\&D})(1-S_{wY})(\alpha_1+\alpha_3)(\alpha_1+\alpha_3\theta)\alpha_2 \lambda \eta H - \alpha_1(\alpha_1+\alpha_3)(1-\tau_Y)(1-S_{wR})\rho}{\lambda \eta \{(1+S_{R\&D})(1-S_{wY})(\alpha_1+\alpha_3)(\alpha_1+\alpha_3\theta)\alpha_2 + \alpha_1(1-\tau_Y)(1-S_{wR})[(\alpha_1+\alpha_3)\theta + (\theta-1)\alpha_3]\}}$$

$$(5-129)$$

我们来考察两类工资补贴的增长效应。

先做研发部门均衡人力资本对税率和补贴率的比较静态分析，为了简化书写，做如下假设：

$$H_Q^* = \frac{(1+S_{R\&D})(1-S_{wY})(\alpha_1+\alpha_3)(\alpha_1+\alpha_3\theta)\alpha_2 \lambda \eta H - \alpha_1(\alpha_1+\alpha_3)(1-\tau_Y)(1-S_{wR})\rho}{\lambda \eta \{(1+S_{R\&D})(1-S_{wY})(\alpha_1+\alpha_3)(\alpha_1+\alpha_3\theta)\alpha_2 + \alpha_1(1-\tau_Y)(1-S_{wR})[(\alpha_1+\alpha_3)\theta + (\theta-1)\alpha_3]\}}$$

$$= \frac{CH + B}{C + A}$$

其中，

$$A = \alpha_1 \lambda \eta(1-\tau_Y)(1-S_{wR})[(\alpha_1+\alpha_3)\theta + (\theta-1)\alpha_3]$$

$$B = -\alpha_1(\alpha_1+\alpha_3)(1-\tau_Y)(1-S_{wR})\rho$$

$$C = (1+S_{R\&D})(1-S_{wR})(\alpha_1+\alpha_3)(\alpha_1+\alpha_3\theta)\alpha_2 \lambda \eta$$

对最终产品部门工资补贴率的一阶导数有：

$$\frac{\partial H_Q^*}{\partial S_{wY}} = \frac{C(CH+B) - CH(C+A)}{(C+A)^2(1-S_{wY})} = \frac{(B-AH)C}{(C+A)^2(1-S_{wY})} < 0 \qquad (5-130)$$

$B-AH<0$，用到了系统存在内点解的条件，即满足 $H_Q^* \in (0, H)$ 则下式成立：

$$-(\alpha_1+\alpha_3)\rho < \lambda \eta H[(\alpha_1+\alpha_3)\theta + (\theta-1)\alpha_3]$$

然后，来求解其他变量对最终产品部门工资补贴率的一阶导数：

$$\frac{\partial r^*}{\partial S_{wY}} = \frac{\partial r^*}{\partial H_Q^*}\frac{\partial H_Q^*}{\partial S_{wY}} = \frac{(\alpha_1 + \alpha_3)\theta\lambda\eta}{\alpha_1 + \alpha_3\theta}\frac{\partial H_Q^*}{\partial S_{wY}} < 0 \qquad (5-131)$$

$$\frac{\partial g_Y^*}{\partial S_{wY}} = \frac{\partial g_Y^*}{\partial H_Q^*}\frac{\partial H_Q^*}{\partial S_{wY}} = \frac{(\alpha_1 + \alpha_3)\lambda\eta}{\alpha_1 + \alpha_3\theta}\frac{\partial H_Q^*}{\partial S_{wY}} < 0 \qquad (5-132)$$

$$\frac{\partial g_Q^*}{\partial S_{wY}} = \frac{\partial g_Q^*}{\partial H_Q^*}\frac{\partial H_Q^*}{\partial S_{wY}} = \lambda\eta\frac{\partial H_Q^*}{\partial S_{wY}} < 0 \qquad (5-133)$$

$$\frac{\partial g_E^*}{\partial S_{wY}} = \frac{\partial g_E^*}{\partial H_Q^*}\frac{\partial H_Q^*}{\partial S_{wY}} = \frac{\lambda\eta(\alpha_1 + \alpha_3)(1-\theta)}{\alpha_1 + \alpha_3\theta}\frac{\partial H_Q^*}{\partial S_{wY}} > 0, \theta > 1 \text{ 时} \quad (5-134)$$

所以，理论上最终产品部门工资补贴率应该为负，即对最终产品部门征税才是有效的经济政策工具。其理由 5.3 节曾做了简单讨论，即类似于最终产品部门商品税的机制，最终产品部门的工资补贴提高了人力资本的边际产出，因为人力资本市场的同质性和流动性假设，使得研发部门的人力资本有向最终产品部门转移的趋势，这将不利于技术创新和经济增长。而对最终产品部门人力资本征税具有与以上相反的机制，能够改善均衡路径。

对研发部门工资补贴率的一阶导数有：

$$\frac{\partial H_Q^*}{\partial S_{wR}} = \frac{A(CH+B) - B(C+A)}{(C+A)^2(1-S_{wR})} = \frac{(AH-B)C}{(C+A)^2(1-S_{wR})} > 0 \quad (5-135)$$

$AH - B > 0$ 成立的证明，同样用到系统存在内点解的条件。

同样，我们继续求其他变量对研发部门工资补贴率的一阶导数：

$$\frac{\partial r^*}{\partial S_{wR}} = \frac{\partial r^*}{\partial H_Q^*}\frac{\partial H_Q^*}{\partial S_{wR}} = \frac{(\alpha_1 + \alpha_3)\theta\lambda\eta}{\alpha_1 + \alpha_3\theta}\frac{\partial H_Q^*}{\partial S_{wR}} > 0 \qquad (5-136)$$

$$\frac{\partial g_Y^*}{\partial S_{wR}} = \frac{\partial g_Y^*}{\partial H_Q^*}\frac{\partial H_Q^*}{\partial S_{wR}} = \frac{(\alpha_1 + \alpha_3)\lambda\eta}{\alpha_1 + \alpha_3\theta}\frac{\partial H_Q^*}{\partial S_{wR}} > 0 \qquad (5-137)$$

$$\frac{\partial g_Q^*}{\partial S_{wR}} = \frac{\partial g_Q^*}{\partial H_Q^*}\frac{\partial H_Q^*}{\partial S_{wR}} = \lambda\eta\frac{\partial H_Q^*}{\partial S_{wR}} > 0 \qquad (5-138)$$

$$\frac{\partial g_E^*}{\partial S_{wR}} = \frac{\partial g_E^*}{\partial H_Q^*}\frac{\partial H_Q^*}{\partial S_{wR}} = \frac{\lambda\eta(\alpha_1 + \alpha_3)(1-\theta)}{\alpha_1 + \alpha_3\theta}\frac{\partial H_Q^*}{\partial S_{wR}} < 0, \theta > 1 \text{ 时} \quad (5-139)$$

我们将以上讨论归结为以下命题：

命题 5-8 在政策基本模型中，如果对最终产品部门征收税率为 τ_{wY}（或 $-S_{wY}$）的工资税或对研发部门进行补贴率为 S_{wR} 的工资补贴，则政策基本模型均衡存在，均衡利率、均衡研发部门人力资本数量、均衡产出增长率和均衡能源消费增长率分别如式（5-122）、式（5-129）、式（5-123）、式（5-124）所示。并且，均衡利率、均衡研发部门人力资本数量与均衡产出增长率均是最终产品部门工资税率或研发部门工资补贴率的增函数；但 $\theta > 1$ 时，均衡能源消费增长率是最终产品部门工资税率或研发部门工资补贴率的减函数。

5.4.2 研发部门的工资补贴与产出补贴

从第 5.2 节对于政策基本模型的讨论可知，对研发部门的产出补贴可以优化均衡增长路径，而在 5.3 节，我们也证明了对研发部门的工资补贴可以达到类似的政策效果。接下来的重要问题对于政策基本模型，如果对研发部门进行以上两类补贴，哪种政策工具更有效率。即如果我们对相同的经济环境采用相同的补贴率，哪一种政策工具对经济的影响程度更大。

为了易于分析，我们在政策基本模型中不考虑除了研发补贴以外的其他政策工具，并做以下假设：

$$H_Q^* = \frac{(1 + S_{R\&D})(\alpha_1 + \alpha_3)(\alpha_1 + \alpha_3\theta)\alpha_2\lambda\eta H - \alpha_1(\alpha_1 + \alpha_3)\rho}{\lambda\eta\{(1 + S_{R\&D})(\alpha_1 + \alpha_3)(\alpha_1 + \alpha_3\theta)\alpha_2 + \alpha_1[(\alpha_1 + \alpha_3)\theta + (\theta - 1)\alpha_3]\}}$$

$$= \frac{CH(1 + S_{R\&D}) + B}{C(1 + S_{R\&D}) + A} \tag{5-140}$$

$$A = \alpha_1\lambda\eta[(\alpha_1 + \alpha_3)\theta + (\theta - 1)\alpha_3]$$

$$B = -\alpha_1(\alpha_1 + \alpha_3)\rho$$

$$C = (\alpha_1 + \alpha_3)(\alpha_1 + \alpha_3\theta)\alpha_2\lambda\eta$$

对研发部门产出补贴率 $S_{R\&D}$ 求一阶导数，可得：

$$\frac{\partial H_Q^*}{\partial S_{R\&D}} = \frac{CAH - CB}{[C(1 + S_{R\&D}) + A]^2} > 0 \tag{5-141}$$

式（5-141）成立用到均衡的内点解存在条件 $AH - B > 0$。

为了对比分析，研发部门人力资本补贴模型中也不考虑除了研发补贴以外的其他政策工具，研发部门人力资本数量为：

$$H_Q^* = \frac{(\alpha_1 + \alpha_3)(\alpha_1 + \alpha_3\theta)\alpha_2\lambda\eta H - \alpha_1(\alpha_1 + \alpha_3)(1 - S_{wR})\rho}{\lambda\eta\{(\alpha_1 + \alpha_3)(\alpha_1 + \alpha_3\theta)\alpha_2 + \alpha_1(1 - S_{wR})[(\alpha_1 + \alpha_3)\theta + (\theta - 1)\alpha_3]\}}$$

$$\tag{5-142}$$

如果 A、B、C 的假设与式（5-140）相同，则式（5-142）可写为：

$$H_Q^* = \frac{CH + B(1 - S_{wR})}{C + A(1 - S_{wR})} \tag{5-143}$$

对研发部门工资补贴率 S_{wR} 求一阶导数，可得：

$$\frac{\partial H_Q^*}{\partial S_{wR}} = \frac{CAH - CB}{[C(1 - S_{wR}) + A]^2} > 0 \tag{5-144}$$

比较分析式（5-141）、式（5-144）有：

$$\frac{\partial H_Q^*}{\partial S_{wR}} > \frac{\partial H_Q^*}{\partial S_{R\&D}} \qquad (5-145)$$

这样，证明了在相同经济条件和相同税率下，研发部门人力资本补贴的效率要大于对研发部门研发产出的价格补贴。我们归结为以下命题：

命题 5-9 在政策基本模型中，对研发部门进行补贴率为 S_{wR} 的成本侧工资补贴或进行补贴率为 $S_{R\&D}$ 的研发产出价格补贴，两者都可以改善均衡增长路径，但前者具有更好的政策效率。

实际上，对研发部门的产出侧和成本侧的单独补贴或联合补贴，都可以使研发部门扩大技术创新的规模，促进了技术创新和最终产出。在 5.2 节已经求解了政府单独运用 R&D 部门研发补贴时的社会最优研发补贴率，下面，我们求解政府单独运用 R&D 部门人力资本补贴时的社会最优工资补贴率。最优研发工资补贴率要求满足：

$$\frac{(\alpha_1 + \alpha_3\theta)\lambda\eta H - \alpha_1\rho}{(\alpha_1 + \alpha_3)\theta\lambda\eta}$$

$$= \frac{(\alpha_1 + \alpha_3)(\alpha_1 + \alpha_3\theta)\alpha_2\lambda\eta H - \alpha_1(\alpha_1 + \alpha_3)(1 - S_{wR})\rho}{\lambda\eta\{(\alpha_1 + \alpha_3)(\alpha_1 + \alpha_3\theta)\alpha_2 + \alpha_1(1 - S_{wR})[(\alpha_1 + \alpha_3)\theta + (\theta - 1)\alpha_3]\}}$$

$$(5-146)$$

求解上式，可得最优研发工资补贴率为：

$$S_{wR} = 1 - \frac{EH}{AD - BE}$$

式（5-146）中的 A、B、C、D、E 分别由下式表示：

$$A = \alpha_1\lambda\eta[(\alpha_1 + \alpha_3)\theta + (\theta - 1)\alpha_3]$$

$$B = -\alpha_1(\alpha_1 + \alpha_3)\rho$$

$$C = (\alpha_1 + \alpha_3)(\alpha_1 + \alpha_3\theta)\alpha_2\lambda\eta$$

$$D = (\alpha_1 + \alpha_3\theta)\lambda\eta H - \alpha_1\rho$$

$$E = (\alpha_1 + \alpha_3)\theta\lambda\eta$$

5.4.3 人力资本市场分割与社会公平

现在，我们继续讨论政策基本模型的人力资本市场假设的相关问题。因为我们的模型主要是针对能源约束和技术进步下的可持续增长及其最优政策问题，所以对人力资本及人力资本市场做了很强的假设，即假设最终产品部门和研发部门的人力资本是完全替代和无成本流动的。这与实际经济有较大差距，但是，可以用这样的视角看待经济模型中的变量和参数，比如，两要素科布-道格拉斯生产函数，所有的要素只分为资本和劳动，即物化的劳动和劳动本身，如果再包含能源资源，那么，本质上社会产出只与劳动、物化劳动和自然资源 3 种要素有关。虽然如此，在现代经济中，分工使得资本和人力资本的专用性增强，不同部门的人力资本的不同性质先是物理上的劳动技能不同，后是在经济分析中的工资或者劳动力价格不同，所以，我们还是试图对模型的劳动力市场同质性假设做一些针对性的讨论。

在上文的基础上，我们对最终产品部门和研发部门的两类工资政策的政策效率做一比较。如果假设政策基本模型除了工资政策以外没有别的政策工具，则研发部门人力资本数量为：

$$H_Q^* = \frac{(1 + \tau_{wY})(\alpha_1 + \alpha_3)(\alpha_1 + \alpha_3\theta)\alpha_2\lambda\eta H - \alpha_1(\alpha_1 + \alpha_3)(1 - S_{wR})\rho}{\lambda\eta\{(1 + \tau_{wY})(\alpha_1 + \alpha_3)(\alpha_1 + \alpha_3\theta)\alpha_2 + \alpha_1(1 - S_{wR})[(\alpha_1 + \alpha_3)\theta + (\theta - 1)\alpha_3]\}}$$

$$(5 - 147)$$

同样，为了便于计算做以下假设：

$$A = \alpha_1\lambda\eta[(\alpha_1 + \alpha_3)\theta + (\theta - 1)\alpha_3]$$

$$B = -\alpha_1(\alpha_1 + \alpha_3)\rho$$

$$C = (\alpha_1 + \alpha_3)(\alpha_1 + \alpha_3\theta)\alpha_2\lambda\eta$$

分别计算单独补贴政策对均衡增长路径的作用。5.2 节已经证明了单独运用研发部门成本侧的工资补贴时有：

$$\frac{\partial H_Q^*}{\partial S_{wR}} = \frac{CAH - CB}{[C(1 - S_{wR}) + A]^2} > 0$$

同样，对于单独运用最终产品部门工资税的情形，对最终产品部门工资补贴率作一阶导数，运用内点解存在条件可得：

$$\frac{\partial H_Q^*}{\partial \tau_{wY}} = \frac{CAH - CB}{[C(1 + \tau_{wY}) + A]^2} > 0 \qquad (5 - 148)$$

所以，可得：

$$\frac{\partial H_Q^*}{\partial S_{wR}} > \frac{\partial H_Q^*}{\partial \tau_{wY}} \qquad (5 - 149)$$

即在相同经济条件和相同税率（补贴率）下，研发部门人力资本补贴的效率要大于最终产品部门工资税的效率。我们对此结论的解释是，对研发部门人力资本补贴直接激励了技术创新并扩大了研发规模，但是对最终产品部门工资征税原本没有改善经济均衡路径的机制，就像本章 5.2.1 小节拉姆齐框架的政策模型结论所表明的；只是在我们的政策基本模型中假设了同质的劳动力市场，使得有以下机制，即最终产品部门工资税使更多同质的人力资本转移到研发部门,但这是一个间接的机制,所以如式(5－149)所示,研发部门工资补贴的政策效率要大于最终产品部门的工资税。

我们将以上讨论归结为以下命题:

命题 5－10　在政策基本模型中,对研发部门进行补贴率为 S_{wR} 的工资补贴或对最终产品部门征收税率为 τ_{wY} 的工资税,两者都可以改善均衡增长路径,但是前者具有更好的政策效率。

下面,我们假设最终产品部门和中间产品部门的人力资本市场是分割的,劳动力完全不可流动,然后,在政策基本模型中同时运用上述两类工资政策,考察均衡路径的变化。

在求解模型的过程中我们发现,由于两部门的人力资本市场是分割的,所以两部门的工资率不再相等,这样,类似于式(5－127)、式(5－128)的等式将不再成立,而技术创新的成本仅与研发部门的经济政策有关:

$$P_Q Q = \frac{\alpha_1 (1 - S_{wR}) Y}{\lambda \eta (1 + S_{R\&D}) H_Y} \tag{5-150}$$

可以解出此时的研发部门的均衡人力资本数量:

$$H_Q^* = \frac{(1 + S_{R\&D})(\alpha_1 + \alpha_3)(\alpha_1 + \alpha_3 \theta) \alpha_2 \lambda \eta H - \alpha_1 (\alpha_1 + \alpha_3)(1 - S_{wR}) \rho}{\lambda \eta \{ (1 + S_{R\&D})(\alpha_1 + \alpha_3)(\alpha_1 + \alpha_3 \theta) \alpha_2 + \alpha_1 (1 - S_{wR}) [(\alpha_1 + \alpha_3) \theta + (\theta - 1) \alpha_3] \}}$$
$$\tag{5-151}$$

我们看到,最终产品部门的工资税率也没有出现在式(5－151)中,可见如果劳动力市场是完全分割的,最终产品部门的很多经济政策将没有传导途径从而不能影响均衡增长路径。这个结论比上几节的一些结果可能更接近于实际经济。比如,根据原政策模型假设,最终产品部门的商品税和工资税都会改善经济均衡路径,这在直观上与实际经济并不十分符合。

我们这部分的讨论归结为以下命题:

命题 5－11　在政策基本模型中,如果最终产品部门和中间产品部门的人力资本市场是分割的,劳动力完全不可流动,那么,最终产品部门的一些经济政策,比如,最终产品部门的商品税和工资税都将不会改善经济均衡路径。

下面,我们考察在对研发部门人力资本进行工资补贴的同时,也对最终产品部门人力资本进行补贴的情形。从式(5－131)～式(5－134)可知,理论上最终产品部门工资补贴率应该为负,即工资税才是有效的财政政策工具。我们做以下讨论的目的是,针对实际经济中可能出现的一些现象，比如，虽然人力资本的边际产出相差很悬殊，但是工资率却不能相差太大，这貌似缓和了经济效率与社会公平问题；比如，有些部门的工资刚性，特别是在大型的国有企业，如果人力资本的边际产出下降了，但实际上工资并不会下降；还有一类现象，社会上某些部门由于更有效率而提高工资，其他部门却也有跟涨工资的趋势。为了便于比较分析，我们现在仍假设人力资本市场是自由流动的，政策基本模型除了对研发部门人力资本和最终产品部门人力资本进行补贴以外没有别的政策工具，最终产品部门与研发部门工资补贴率之比为 $\gamma \in (0, 1)$，即政府知道对最终产品部门工资补贴不利于经济效率，但仍然给予大于 0 小于研发部门补贴率的工资补贴。则此时，研发部门人力资本数量为：

$$H_Q^* = \frac{(1 - S_{wY})(\alpha_1 + \alpha_3)(\alpha_1 + \alpha_3\theta)\alpha_2\lambda\eta H - \alpha_1(\alpha_1 + \alpha_3)(1 - S_{wR})\rho}{\lambda\eta\{(1 - S_{wY})(\alpha_1 + \alpha_3)(\alpha_1 + \alpha_3\theta)\alpha_2 + \alpha_1(1 - S_{wR})[(\alpha_1 + \alpha_3)\theta + (\theta - 1)\alpha_3]\}}$$

$$= \frac{(1 - \gamma S_{wR})(\alpha_1 + \alpha_3)(\alpha_1 + \alpha_3\theta)\alpha_2\lambda\eta H - \alpha_1(\alpha_1 + \alpha_3)(1 - S_{wR})\rho}{\lambda\eta\{(1 - \gamma S_{wR})(\alpha_1 + \alpha_3)(\alpha_1 + \alpha_3\theta)\alpha_2 + \alpha_1(1 - S_{wR})[(\alpha_1 + \alpha_3)\theta + (\theta - 1)\alpha_3]\}}$$

$$(5 - 152)$$

$\gamma \in (0, 1)$ 可以间接地看作社会公平福利指标。我们看到，当 γ 等于 1 时，两个部门的人力资本得到相同的工资补贴，公平程度最大，但 H_Q^* 是市场均衡值，研发部门补贴政策改善经济增长路径的效果等于 0，即最大限度地损失了经济效率。当 γ 等于 0 时，最终产品部门人力资本工资补贴为 0，公平程度最小，但研发部门补贴改善经济增长路径的效果最大。我们先对 H_Q^* 做一些变换，再对 γ 作一阶导数进一步考察：

$$H_Q^* = \frac{(\alpha_1 + \alpha_3)(\alpha_1 + \alpha_3\theta)\alpha_2\lambda\eta H - \alpha_1\rho(\alpha_1 + \alpha_3)(1 - S_{wR})/(1 - \gamma S_{wR})}{\lambda\eta\{(\alpha_1 + \alpha_3)(\alpha_1 + \alpha_3\theta)\alpha_2 + \alpha_1[(\alpha_1 + \alpha_3)\theta + (\theta - 1)\alpha_3](1 - S_{wR})/(1 - \gamma S_{wR})\}}$$

$$\frac{\partial H_Q^*}{\partial \gamma} = -\frac{CAH - CB}{[C(1 - S_{wR})/(1 - \gamma S_{wR}) + A]^2}\frac{\gamma(1 - S_{wR})}{(1 - \gamma S_{wR})^2} < 0$$

即 $\gamma \in (0, 1)$ 是 H_Q^* 的减函数，如果我们将 γ 以一定形式写入消费者效用函数，则可以求解基于社会公平和经济效率的最优 γ 值，即政府可以选取恰当的 γ 值兼顾效率与公平，这里不展开讨论了，将这部分讨论归结为以下命题：

命题 5 - 12 在政策基本模型中，如果将研发部门与最终产品部门的工资补贴率之比 $\gamma \in (0, 1)$ 作为社会公平的指标，将研发部门的均衡人力资本数量 H_Q^* 作为经济效率的指标，那么，在 γ 不进入代表性家庭效用函数的情形下，社会公平和经济效率呈反向变化。

5.5 本章小结

本章基于对第 3 章、第 4 章社会最优与市场均衡模型的结果比较和机制考察，构建了动态一般均衡框架内的经济政策模型来考察各种财政政策工具对经济效率改善的效率和程度，以及对能源耗费、技术创新和经济可持续发展的影响，求解和讨论了各种最优经济政策。针对市场扭曲的根源，本章重点讨论了中间产品补贴与技术创新补贴两类政策工具；针对政策基本模型的人力资本市场同质性假设，在模型框架内讨论了人力资本工资政策以及相关的公平效率问题。本章的主要结论是：

第一，经济政策的必要性。无论是对于能源耗竭模型还是能源再生模型，在与实际经济相近的一些条件下，如果政府不通过适宜的经济政策介入经济，市场均衡均将偏离社会最优路径。具体来说，社会产出增长率和技术创新增长率低于最优均衡增长率，能源消费增长率高于最优均衡增长率。

第二，对于政策基本模型，最终产品部门商品税和技术研发部门的研发补贴具有类似的增长效应。理论上，可以通过最终产品部门商品税或技术研发部门研发补贴的单独政策或组合政策提高均衡产出增长率并降低均衡能源消费增长率，从而调整经济扭曲，改善经济效率，达到社会最优均衡路径。

第三，中间产品补贴政策。对中间产品市场需求侧（最终产品部门）的从价补贴无效，对中间产品市场供给侧（中间产品部门）的从价补贴有效。可以用对中间产品供给侧的单独从价补贴或供需两侧的联合补贴来改善或消除市场扭曲。

第四，技术补贴政策。对中间产品部门进行针对产品科技含量的高新技术补贴，有利于均衡路径的改善。并且，随着技术补贴对中间产品质量的改善，均衡增长路径对中间产品质量本身的敏感度也在增大。

第五，工资补贴政策。最终产品部门的工资税和研发部门的工资补贴具有类似的增长效应，但后者的政策效率更高，理论上可以通过最终产品部门的工资税和研发部门的工资补贴的单独政策或组合政策提高均衡产出增长率并降低均衡能源消费增长率，达到社会最优均衡路径。

第六，研发部门的补贴效率。对研发部门进行成本侧工资补贴或研发产出价格补贴都可以改善均衡增长路径，但是前者具有更好的政策效率。

第七，人力资本市场分割问题。如果取消政策基本模型中人力资本市场同质性和流动性假设，则某些最终产品部门的经济政策工具，比如，商品税和工资税将无效。

第八，工资政策的效率和公平问题。如果将最终产品部门与研发部门的工资补贴率之比作为社会公平的指标，将研发部门的均衡人力资本数量作为经济效率的指标，那么对于政策基本模型，社会公平和经济效率呈反向变动。

对本章结论再做几点说明。

首先，总体来说，经济政策工具能够调整经济扭曲，改善经济效率，使经济达到社会最优均衡路径。但对于具体的政策目标，有些政策工具是有效的，有些是无效的，并且同样有效的政策工具也具有不同的政策效率。

其次，对中间产品和对技术创新的补贴是最有效的政策工具。但要注意对中间产品的补贴关键在供给侧，即对中间产品部门的补贴，其原因是中间产品部门的利润与技术创新的规模直接相关。广义的技术创新补贴有对研发部门的产出补贴和成本侧工资补贴，以及对中间产品部门生产高新技术的针对性补贴等多种形式，都能促进社会知识资本积累，有利于长期增长。

再次，对于最终产品部门商品税和工资税改善市场均衡路径的结论，主要是因为政策基本模型对劳动力市场的同质性和流动性假设，如果取消这些强的假设，那么最终产品部门和研发部门之间的政策作用通道将被分割，最终产品部门的商品税和工资税都将是无效政策工具，这更符合实际经济中的情形。

最后，我们在政策基本模型框架内考察了工资政策的效率公平问题，基本结论是社会公平和经济效率呈反向变化，即公平和效率像硬币的两面，鱼和熊掌不可得兼。但是，如果将模型中的公平指标写入消费者的效应函数，即假设公平感促使效用上升的程度能够弥补经济产出降低的损失，则理论上可能具有社会公平和经济效率的最优平衡点。

第6章 可持续发展视角的最优财政政策：动态效率与代际公平

第5章讨论了在能源约束和技术创新的双重作用下，基于动态效率的经济可持续发展及相关最优财政政策问题，本章拓展第5章政策基本模型的分析框架，进一步考察经济的动态效率与代际公平问题。本章主要的工作包括两方面，其一，在能源耗竭约束条件下再加入环境污染约束，分析能源和环境双重约束下的社会最优路径与可持续发展，并求解和模拟该框架下的均衡增长路径与最优财政政策；其二，在增长理论框架下考察代际公平与可持续发展，先讨论经济学视阈下的可持续发展问题应该如何被清晰、合理地界定与表述，然后从罗尔斯最大最小化正义原则、哈特维克准则等出发拓展模型，求解社会最优路径与市场均衡路径，在内生增长框架内分析基于代际公平和可持续发展的最优财政政策问题。

本章内容安排如下，6.1 节，环境保护与内生增长：效用函数拓展模型；6.2 节，环境保护与内生增长：生产函数拓展模型；6.3 节，可持续发展、代际公平与哈特维克准则；6.4 节，可持续发展与代际公平：政策模型拓展；6.5 节，本章小结。

6.1 环境保护与内生增长：效用函数拓展模型

6.1.1 效用函数与生产函数

在动态一般均衡的框架内，环境对经济影响的刻画可以由以下两个方面实现。一方面，是从消费者角度，即环境水平的降低使消费者在同等消费时的效用水平下降，可以通过将衡量环境水平的变量写入效用函数来考察均衡增长路径；另一方面，是从生产者的角度，其一是可以假设保持一定的环境水平是有经济代价的，即经济发展带来的污染排放需要经济产出中的一部分作为环境治理的费用来维持环境的正常水平，其二是考虑环境污染在一定程度上是以降低产出效率或提高生产成本的形式直接影响厂商的生产行为。本节和6.2节旨在第5章的基本分析框架下，从上面阐述的消费者效用和生产者效率两个视角分别来拓展模型，求解讨论经济系统的均衡路径和最优政策。

作为第5章基本政策分析框架的一个自然拓展，本节仍在基于中间产品质量进步和能源资源约束的四部门内生经济增长模型内讨论最优税率问题。模型的不同之处主要包括拓展效用函数、对环境污染的刻画与对能源环境税的分析，即综合考虑能源约束和环境污染的作用时的经济长期均衡路径与最优财政政策。

6.1.1.1 消费者效用

代表性消费者的消费效用仍用 CRRA 表述，同时将污染量 P 写入效用函数，即代表性消费者的效用不仅与消费数量相关，与环境的清洁（污染）程度也直接相关，并且，消费数量和环境水平对效用的影响是可分的，则在无限时间上的效用函数可写为：

$$U = \int_0^\infty \left(\frac{C_t^{1-\theta} - 1}{1 - \theta} - \frac{P_t^{1-\psi} - 1}{1 - \psi} \right) e^{-\rho t} \mathrm{d}t \qquad (6-1)$$

代表性消费者的效用来自商品消费和清洁环境带来的舒适度，类似于消费带来的效用只与消费数量 C 和相对风险厌恶系数 θ 有关，我们定义消费者效用也与环境（污染）水平 P 和恒定参数 ψ 有关。ψ 可以看作是污染的边际效用弹性的绝对值，$\rho > 0$ 是代表性家庭的主观时间偏好率。

经济中的污染由消费可耗竭化石能源产生，假定环境水平（污染物存量）的变化量与能源消费量呈线性关系，则可写作 $\dot{P_t} = \phi E_t$，$\phi > 0$。

6.1.1.2 生产技术

一个具有最终产品生产部门、中间产品生产部门、技术研发部门和能源生产部门的四部门经济系统，假设整体经济按如下机制运行：研发部门（R&D）通过人力资本结合已有的技术知识存量进行研发，然后，将研发成果转让给中间产品生产部门；中间产品生产部门使用中间产品创新技术结合物质资本，生产出具有更高质量的新中间产品，然后将中间产品转给下游的最终产品生产部门；最终产品生产部门结合能源生产部门提供的能源产品、中间产品生产部门提供的中间产品与经济中的另一部分人力资本生产出的最终产品。

在最终产品部门，将可耗竭能源作为生产要素纳入最终产品部门生产

函数，连续形式的中间产品种类数标准化为 1，则最终产品部门产出的
D – S函数形式为：

$$Y_t = H_{Yt}^{\alpha_1} \int_0^1 Q_t(i) x_t(i)^{\alpha_2} \mathrm{d}i E_t^{\alpha_3}, \alpha_1 + \alpha_2 + \alpha_3 = 1$$

模型中，Y_t 为 t 时期的最终产品的总产出，H_{Yt} 为该部门投入的人力资本数
量，$Q_t(i)$ 为第 i 种中间产品的产出效率，也可以被认为是第 i 种中间产品
的质量，E_t 为投入的能源产品，α_1、α_2、α_3 均非负，分别为人力资本、
中间产品和能源产品的产出弹性，$\alpha_1 + \alpha_2 + \alpha_3 = 1$ 表示最终产品部门具有
不变的规模报酬。

在中间产品部门，假设各种中间产品的生产相互独立并且保持不变的
规模报酬。中间产品的产出 $x_t(i)$ 与 $K_t(i)$ 对应，并且假设在生产相同数
量的中间产品时，体现技术进步的高质量中间产品的生产需要更多的实物
资本积累。类似于罗默（1990）中一个单位中间产品生产恰好对应于一个
单位资本的假设，进一步假定在中间产品生产中，每个单位质量加权后的
中间产品数量恰好一一对应于所需的资本量，即 $x_t(i) = K_t(i)/Q_t(i)$，
所以，经济中实物资本可写为 $K_t = \int_0^1 Q_t(i) x_t(i) \mathrm{d}i$，中间产品的市场资
源最优配置约束将使得每种中间产品的数量相等，即 $x_t(i) = x = K_t/Q_t$，
与生产函数联立可得：

$$Y_t = H_{Yt}^{\alpha_1} Q_t^{1-\alpha_2} K_t^{\alpha_2} E_t^{\alpha_3} \qquad (6-2)$$

在式（6 – 2）中，Q_t 表示中间产品的平均质量 $Q_t = \int_0^1 Q_t(i) \mathrm{d}i$。

经济中实物资本积累方程为 $\dot{K}_t = Y_t - C_t$

在技术研发部门（R&D），假设研发部门的技术产出服从参数为 λ 的
泊松过程（poisson process），即投入 H_{Qt} 数量的人力资本到研发部门，在
Δt 时间内技术产出的发生概率为 $\lambda H_{Qt} \Delta t$。假设每次技术创新对原有技术
完全替代，即具有所谓的创造破坏性质，并且假设技术水平的增量为 η，
即满足 $Q_{t+1} = (1 + \eta) Q_t$。可以解得 $\lambda \eta H_{Qt} \Delta t Q_t$ 是 Δt 时间内的技术水平期
望增量，故技术水平方程为：

$$\dot{Q}_t = \lambda \eta H_{Qt} Q_t$$

在能源生产部门，不计能源资源的开采成本和储量效应（store
effects），能源资源的存量方程为：

$$\dot{S}_t = -E_t, E_t \geq 0$$

6.1.2 社会最优增长路径的求解

6.1.2.1 污染存量效应与社会最优路径

下面，求解社会最优均衡增长路径，根据上述代表性家庭效用函数和约束条件，社会最优化问题可写为：

$$\max_{C_t} \int_0^\infty \left(\frac{C_t^{1-\theta}-1}{1-\theta} - \frac{P_t^{1-\psi}-1}{1-\psi} \right) e^{-\rho t} \mathrm{d}t$$

$$\text{s. t. } \dot{K}_t = Y_t - C_t = H_{Yt}^{\alpha_1} Q_t^{1-\alpha_2} K_t^{\alpha_2} E_t^{\alpha_3} - C_t$$

$$\dot{Q}_t = \lambda \eta H_{Qt} Q_t$$

$$\dot{S}_t = -E_t$$

$$H_{Yt} + H_{Qt} = H$$

$$\dot{P}_t = \phi E_t$$

动态优化的现值汉密尔顿函数为：

$$H = \left(\frac{C_t^{1-\theta}-1}{1-\theta} - \frac{P_t^{1-\psi}-1}{1-\psi} \right) + \mu_1 \left(H_{Yt}^{\alpha_1} Q_t^{1-\alpha_2} K_t^{\alpha_2} E_t^{\alpha_3} - C_t \right)$$

$$+ \mu_2 \lambda \eta (H - H_{Yt}) Q_t + \mu_3(-E_t) + \mu_4(-\phi E_t)$$

其中，控制变量为 C_t、H_{Yt} 和 E_t，状态变量为 K_t、Q_t、S_t 和 P_t，μ_1、μ_2、μ_3、μ_4 为协状态变量，可以看作 K_t、Q_t、S_t 和 P_t 的影子价格，由一阶条件可得：

$$C_t^{-\theta} = \mu_1$$

$$\frac{\mu_1 \alpha_1 Y_t}{H_{Yt}} = \mu_2 \lambda \eta Q_t$$

$$\frac{\mu_1 \alpha_3 Y_t}{E_t} = \mu_3 + \phi \mu_4$$

$$\dot{\mu}_1 = \rho \mu_1 - \frac{\mu_1 \alpha_3 Y_t}{K_t}$$

$$\dot{\mu}_2 = \rho \mu_2 - \frac{\mu_1(1-\alpha_2)Y_t}{Q_t} - \mu_2 \lambda \eta (H - H_{Yt})$$

$$\dot{\mu}_3 = \rho \mu_3$$

$$\dot{\mu}_4 = \rho \mu_4 + P_t^{-\psi}$$

3 个横截面条件分别为：

$$\lim_{t \to \infty} \mu_1 K_t e^{-\rho t} = 0 \quad \lim_{t \to \infty} \mu_2 Q_t e^{-\rho t} = 0 \quad \lim_{t \to \infty} \mu_3 S_t e^{-\rho t} = 0$$

可以联立以上 7 个一阶条件，可解得社会最优均衡路径上的人力资本的最优配置，以及社会最优产出（或消费）增长率、能源消费（或储量）增长率以及技术进步率的解析解或数值解，并进行分析。

6.1.2.2 社会最优增长路径的求解

为了突出讨论的问题的主要方面，下面在以上模型的基础上进一步做假设，在一个稍微简单的分析框架中讨论社会最优和市场均衡路径以及相关的能源环境政策。首先，经济中的污染仍由消费可耗竭能源产生，并假定污染数量而不是污染存量与能源消费量呈线性关系，$P_t = \phi E_t$，$\phi > 0$；其次，假设经济中的所有产出即被当期消费，$Y_t = C_t$，这样经济中不存在物质资本 K_t 的积累，但生产中的知识资本仍会增长，同时能源资源在生产过程中被消耗，环境因可耗竭能源的消费恶化。

根据代表性家庭效用函数和约束条件，该情形下社会最优化问题为：

$$\max_{C_t} \int_0^\infty \left(\frac{C_t^{1-\theta} - 1}{1-\theta} - \frac{P_t^{1-\psi} - 1}{1-\psi} \right) e^{-\rho t} \mathrm{d}t$$

$$\text{s. t. } \dot{Q}_t = \lambda \eta H_{Qt} Q_t$$

$$\dot{S}_t = -E_t$$

$$Y_t = C_t = H_{Yt}^{\alpha_1} Q_t^{1-\alpha_2} K_t^{\alpha_2} E_t^{\alpha_3}$$

$$H_{Yt} + H_{Qt} = H$$

$$P_t = \phi E_t$$

命题 6-1 社会最优均衡路径上各经济变量及其长期增长率为：

$$g_Y^* = g_C^* = \frac{\left[\lambda \eta (\alpha_1 + \alpha_3) H - \alpha_1 \rho \right] (1 - \psi)}{(\alpha_1 + \alpha_3) \theta - (\alpha_1 \theta + \alpha_3) \psi} \qquad (6-3)$$

$$g_S^* = g_E^* = \frac{\left[\lambda \eta (\alpha_1 + \alpha_3) H - \alpha_1 \rho \right] (1 - \theta)}{(\alpha_1 + \alpha_3) \theta - (\alpha_1 \theta + \alpha_3) \psi} \qquad (6-4)$$

$$g_Q^* = \frac{\left[\lambda \eta (\alpha_1 + \alpha_3) H - \alpha_1 \rho \right] \left[\alpha_1 + \alpha_3 \theta - (\alpha_1 + \alpha_3) \psi \right]}{(\alpha_1 + \alpha_3) \left[(\alpha_1 + \alpha_3) \theta - (\alpha_1 \theta + \alpha_3) \psi \right]} \qquad (6-5)$$

$$H_Q^* = \frac{\left[\lambda \eta (\alpha_1 + \alpha_3) H - \alpha_1 \rho \right] \left[\alpha_1 + \alpha_3 \theta - (\alpha_1 + \alpha_3) \psi \right]}{\lambda \eta (\alpha_1 + \alpha_3) \left[(\alpha_1 + \alpha_3) \theta - (\alpha_1 \theta + \alpha_3) \psi \right]} \qquad (6-6)$$

$$H_Y^* = H - H_Q^* \qquad (6-7)$$

证明：上述模型的社会最优化问题的现值汉密尔顿函数为：

$$H = \left(\frac{(H_{Yt}^{\alpha_1} Q_t^{1-\alpha_2} K_t^{\alpha_2} E_t^{\alpha_3})^{1-\theta} - 1}{1-\theta} - \frac{(\phi E_t)^{1-\psi} - 1}{1-\psi} \right)$$

$$+ \mu_1' \lambda \eta (H - H_{Yt}) Q_t + \mu_2' (-E_t)$$

式中，控制变量为 H_{Yt} 和 E_t，状态变量为 Q_t 和 S_t，μ_1' 和 μ_2' 为协状态变量，可以看作 Q_t 和 S_t 的影子价格，由一阶条件可得：

$$\frac{\alpha_1 Y_t^{1-\theta}}{H_{Yt}} = \mu_1' \lambda \eta Q_t \qquad (6-8)$$

$$\frac{\alpha_3 Y_t^{1-\theta}}{E_t} - \phi^{1-\psi} E_t^{-\psi} = \mu_2' \qquad (6-9)$$

$$\dot{\mu}_1' = \rho \mu_1' - \frac{(1-\alpha_2) Y_t^{1-\theta}}{Q_t} - \mu_1' \lambda \eta (H - H_{Yt}) \qquad (6-10)$$

$$\dot{\mu}_2' = \rho \mu_2' \qquad (6-11)$$

两个横截面条件分别为:

$$\lim_{t \to \infty} \mu_1' Q_t e^{-\rho t} = 0 \qquad \lim_{t \to \infty} \mu_2' S_t e^{-\rho t} = 0$$

根据均衡增长路径条件, Y、C 和 K 具有同一不变的增长速率, S 和 E 具有相同的增长率, H_Y 和 H_Q 为常数, 对式 (6-8) 两侧分别取对数并对 t 求导有:

$$(1-\theta) g_Y^* = g_{\mu_1'}^* + g_Q^* \qquad (6-12)$$

式 (6-8) 与式 (6-10) 联立可得:

$$\frac{\dot{\mu}_1'}{\mu_1'} = \rho - \frac{(1-\alpha_2) \lambda \eta H_{Yt}}{\alpha_1} - \lambda \eta (H - H_{Yt})$$

将上式代入式 (6-12) 有:

$$(1-\theta) g_Y^* = \rho - \frac{(1-\alpha_2) \lambda \eta H_{Yt}}{\alpha_1} \qquad (6-13)$$

对式 (6-9) 两边分别取对数, 并对 t 求导有:

$$(1-\theta) g_Y^* - g_E^* = g_{\mu_2' + \phi^{1-\psi} E_t^{-\psi}}^* \qquad (6-14)$$

又因为:

$$g_{\mu_2' + \phi^{1-\psi} E_t^{-\psi}}^* = \frac{\dot{\mu}_2' + (\phi^{1-\psi} E_t^{-\psi})}{\mu_2' + \phi^{1-\psi} E_t^{-\psi}} = \frac{\rho \mu_2' - \psi g_E^* (\phi^{1-\psi} E_t^{-\psi})}{\mu_2' + \phi^{1-\psi} E_t^{-\psi}} \qquad (6-15)$$

将式 (6-9) 代入式 (6-14) 右侧可得:

$$
\begin{aligned}
g_{\mu_2' + \phi^{1-\psi} E_t^{-\psi}}^* &= \frac{\dot{\mu}_2' + (\phi^{1-\psi} E_t^{-\psi})}{\mu_2' + \phi^{1-\psi} E_t^{-\psi}} \\
&= \frac{\rho(\alpha_3 Y_t^{1-\theta}/E_t - \phi^{1-\psi} E_t^{-\psi}) - \psi g_E^* (\phi^{1-\psi} E_t^{-\psi})}{\alpha_3 Y_t^{1-\theta}/E_t} \\
&= \rho - \frac{(\phi E_t)^{1-\psi} (\rho + \psi g_E^*)}{\alpha_3 Y_t^{1-\theta}} \qquad (6-16)
\end{aligned}
$$

式 (6-16) 第 2 项的分子的 $(\phi E_t)^{1-\psi}$ 可以视为一单位能源消费导致环境变化而引起的效用减少量, 分母可视为一单位能源消费导致产出增加而引起的效用增加量，再结合最优均衡条件可得：

$$(1 - \theta)g_Y^* - (1 - \psi)g_E^* = 0 \qquad (6-17)$$

对式（6-2）两侧对数求导，考虑均衡条件可得：

$$(1 - \alpha_2)g_Y^* = (1 - \alpha_2)g_Q^* + \alpha_3 g_E^* \qquad (6-18)$$

联立式（6-13）、式（6-17）、式（6-18）及 $g_Q^* = \lambda\eta(H - H_{Yt})$，可得到社会最优均衡路径上各变量的增长率，即命题6-1中的式（6-3）、式（6-4）、式（6-5）三式，同时求出 H_Y 和 H_Q，证毕。

下面，讨论最优均衡路径的存在条件。

命题6-2 如果模型参数同时满足 $\lambda\eta(\alpha_1 + \alpha_3)H - \alpha_1\rho > 0$，$\theta > 1$，$\psi < 1$，则社会最优路径存在。

证明：先分析横截面条件，两个横截面条件分别为：

$$\lim_{t \to \infty} \mu_1' Q_t e^{-\rho t} = 0 \qquad \lim_{t \to \infty} \mu_2' S_t e^{-\rho t} = 0$$

由 $\lim_{t \to \infty} \mu_1' Q_t e^{-\rho t} = 0$ 可得 $g_{\mu_1'} + g_Q - \rho < 0$，再结合式（6-12）可得 $(1 - \theta)g_Y^* - \rho < 0$，代入式（6-13）可得 $-(1 - \alpha_2)\lambda\eta H_{Yt}/\alpha_1 < 0$，显然只要满足内点解条件 $H_{Yt} \in (0, 1)$，该不等式自然成立。同理，由 $\lim_{t \to \infty} \mu_2' S_t e^{-\rho t} = 0$ 可得 $g_{\mu_2'} + g_S - \rho < 0$，代入式（6-11）可得 $g_S < 0$，即满足能源消耗随时间递减即可。

再看命题6-1中各经济变量和人力资本数量表达式。先根据模型参数定义 $\psi < 1$，对于能源消费或能源储量变化率 g_S，$\theta > 1$ 保证了 g_S 表达式的分母大于0，再满足 $\lambda\eta(\alpha_1 + \alpha_3)H - \alpha_1\rho > 0$ 时分子小于0，即 $g_S < 0$ 成立。同理，满足 $\theta > 1$ 和 $\psi < 1$ 时，产出增长率、技术创新增长率、研发部门人力资本数量的分母都大于0，再满足 $\lambda\eta(\alpha_1 + \alpha_3)H - \alpha_1\rho > 0$，保证了各表达式的分子都大于0，则产出增长率、技术创新增长率、研发部门人力资本数量均大于0。而满足这些条件的同时，也将满足横截面条件。

综上所述，满足 $\lambda\eta(\alpha_1 + \alpha_3)H - \alpha_1\rho > 0$，$\theta > 1$，$\psi < 1$，社会最优路径存在，命题得证。

可以通过比较静态等方法，进一步深入分析各种影响因素（参数）对最优均衡路径的影响，此处不再就此展开讨论，接下来讨论市场均衡路径和环境政策。

6.1.3　市场均衡路径、最优财政政策与动态税率

在第5章的财政政策模型，我们假设政府对最终产品部门提供补贴率为 S_x 的中间产品购买补贴，对 R&D 部门提供补贴率为 $S_{R\&D}$ 的技术产品产

出补贴，主要是考察技术创新补贴对经济路径的影响。因为本节的效用函数拓展模型中的能源消费直接影响环境水平，所以在第5章基本分析框架下又考虑能源税等针对性的能源环境政策工具。与第5章的政策分析框架有所不同的是，不再分析中间产品的供给侧补贴与需求侧补贴，增加对最终产品部门能源税和能源生产部门能源税的考察，特别是对能源消费税动态税率的考察，将能源税所得直接用于技术研发补贴并保持政府预算平衡作为预算条件。下面主要讨论的问题包括：第一，最优财政政策工具，即最优税率或补贴率；第二，考虑环境水平对消费者效用影响情形与不考虑环境水平影响情形的主要结论的比较分析；第三，对能源消费税的变化率，即动态税率的分析。

模型中的经济变量仍做如下假设，经济中人力资本总量 H 固定，H_Y 和 H_Q 分别为在最终产品部门进行生产和在研发部门进行研发的人力资本数量；W_Y 和 W_Q 分别表示最终产品部门和研发部门需要支付的人力资本工资，假设人力资本市场为完全竞争市场，即 W_Y 和 W_Q 均等于 W。其他价格变量做如下假设：P_{x_i}、P_Q 和 P_E 分别表示中间产品价格、研发成果价格和能源产品价格，r 为市场利率，最终产品 Y 的价格标准化为1。

最终产品部门：如果对最终产品部门仅征收税率为 τ_{E1} 的能源消费税，则代表性厂商的利润最大化决策为：

$$\max_{H_Y, x(i), E} H_Y^{\alpha_1} \int_0^1 Q(i) x(i)^{\alpha_2} \mathrm{d}i E^{\alpha_3 - \alpha_4} - W_Y H_Y - (1 + \tau_{E1}) P_E E - \int_0^1 P_{x_i} x(i) \mathrm{d}i \tag{6-19}$$

一阶条件分别解得：

$$W = W_Y = \frac{\alpha_1 Y}{H_Y} \tag{6-20}$$

$$P_E = \frac{\alpha_3 Y}{(1 + \tau_{E1}) E} \tag{6-21}$$

$$P_{x_i} = \alpha_2 H_Y^{\alpha_1} Q(i) x(i)^{\alpha_2 - 1} E^{\alpha_3} \tag{6-22}$$

中间产品部门：中间产品部门厂商的利润函数为：

$$\pi_{x(i)} = P_{x_i} x(i) - Q(i) x(i) r \tag{6-23}$$

将式（6-22）代入式（6-23），一阶条件可解得中间产品的价格和数量：

$$P_{x_i} = \frac{Q(i) r}{\alpha_2} \tag{6-24}$$

$$x(i) = \left[\frac{\alpha_2^2 H_Y^{\alpha_1} E^{\alpha_3}}{r} \right]^{\frac{1}{1 - \alpha_2}} \tag{6-25}$$

技术研发部门：可以利用能源税对中间产品供给侧进行补贴，则技术研发部门的利润函数为：

$$\pi_{R\&D} = (1 + S_{R\&D})P_Q \dot{Q} - W_Q H_Q = (1 + S_{R\&D})P_Q \lambda \eta H_Q Q - W_Q H_Q$$

研发部门利润最大化决策为：

$$\max_{H_Q} \pi_{R\&D} = (1 + S_{R\&D})P_Q \lambda \eta H_Q Q - W_Q H_Q$$

一阶条件解得：

$$W = W_Q = (1 + S_{R\&D})P_Q \lambda \eta Q \qquad (6-26)$$

能源生产部门：不考虑开采成本和储量效应，考虑对能源产品征税，则完全竞争能源市场上能源部门的利润函数为：

$$\max_{C_t} \int_0^\infty \left[(1 - \tau_{E2})P_{E_t} E_t \right] e^{-rt} \mathrm{d}t$$

$$\text{s.t. } \dot{S} = -E, \; S、E \geqslant 0, \; 0 \leqslant \tau_E \leqslant 1$$

现值汉密尔顿函数为：

$$H = (1 - \tau_{E2})P_{E_t} E_t + \mu_1(-E_t)$$

联立两个一阶条件可解得：

$$g_{P_{E_t}} + g_{1-\tau_{E2}} = r \qquad (6-27)$$

式（6-27）可视为标准霍特林模型的某种变形，如果该税率不随时间变化，则式（6-27）的 $g_{1-\tau_{E2}}$ 项为 0。

政府：根据上述政策模型的假设，对政府的预算约束为：

$$\int_0^\infty \left[\tau_{E1}P_E E + \tau_{E2}P_E E - s_{R\&D}P_Q \lambda \eta H_Q Q - C_G \right] e^{-\int_0^\tau r_u du} \mathrm{d}\tau = 0 \quad (6-28)$$

式（6-28）表示，政府从最终产品部门和能源生产部门征收能源税，用于技术创新补贴和其他政府支出。假设政府在任何时点平衡预算，而且暂不考虑补贴以外的其他政府支出，则政府预算约束可简化为：

$$\tau_{E1}P_E E + \tau_{E2}P_E E = s_{R\&D}P_Q \lambda \eta H_Q Q$$

即瞬时预算平衡，两部门能源税之和在数量上等于技术创新补贴之和。

代表性家庭：根据模型假设，政策基本模型的代表性家庭动态最优化为：

$$\max_{C_t} \int_0^\infty \left(\frac{C_t^{1-\theta} - 1}{1 - \theta} - \frac{P_t^{1-\psi} - 1}{1 - \psi} \right) e^{-\rho t} dt$$

$$\text{s.t. } \dot{a} = W_Q H_Q + W_Y H_Y + \pi_Y + \pi_X + \pi_{R\&D} + ar + P_{E1}E + P_{E2}E - C - T$$

$$(6-29)$$

约束条件说明，代表性家庭财富的增量由工资、利润、资本租（利息）、能源租、消费和家庭税收（或转移支付）决定，根据假设 T、π_Y、$\pi_{R\&D}$ 均等于 0，可以写出以上代表性家庭最优化问题的现值汉密尔顿函数：

$$H = \frac{C_t^{1-\theta} - 1}{1-\theta} - \frac{P_t^{1-\psi} - 1}{1-\psi} + \mu(W_Q H_Q + W_Y H_Y + \pi_X + ar + P_{E1}E + P_{E2}E - C)$$

$$(6-30)$$

在式（6-30）中，控制变量为 C，状态变量为 a，联立汉密尔顿函数的两个一阶条件，可解得与拉姆齐模型解类似的长期增长率：

$$g_c = \frac{r-\rho}{\theta} \qquad (6-31)$$

下面，求解和讨论考虑政府干预经济时的市场均衡路径，以及能够使经济系统达到帕累托效率的最优税率或补贴率。

命题 6-3 市场均衡路径上各经济变量长期增长率与人力资本数量由下式所示，式中的 $g_{1+\tau_{E1}}^*$ 为能源消费税率增长率：

$$g_Y^* = g_C^* = \frac{(\alpha_1 + \alpha_3)\lambda\eta H_Q^* - \alpha_3\rho}{\alpha_1 + \alpha_3\theta} - \frac{\alpha_3 g_{1+\tau_{E1}}^*}{\alpha_1 + \alpha_3\theta} \qquad (6-32)$$

$$g_S^* = g_E^* = \frac{(\alpha_1 + \alpha_3)[(1-\theta)\lambda\eta H_Q^* - \rho]}{\alpha_1 + \alpha_3\theta} - \frac{(\alpha_1 + \alpha_3)g_{1+\tau_{E1}}^*}{\alpha_1 + \alpha_3\theta}$$

$$(6-33)$$

$$g_Q^* = \lambda\eta H_Q^* \qquad (6-34)$$

$$H_Q^* = \frac{(1 + S_{R\&D})(\alpha_1 + \alpha_3)(\alpha_1 + \alpha_3\theta)\alpha_2\lambda\eta H - \alpha_1(\alpha_1 + \alpha_3)\rho + \alpha_1\alpha_3(1-\theta)g_{1+\tau_{E1}}^*}{\lambda\eta\{(1 + S_{R\&D})(\alpha_1 + \alpha_3)(\alpha_1 + \alpha_3\theta)\alpha_2 + \alpha_1[(\alpha_1 + \alpha_3)\theta + (\theta-1)\alpha_3]\}}$$

$$(6-35)$$

$$H_Y^* = H - H_Q^* \qquad (6-36)$$

证明：先求解市场利率 r^*。对最终产品生产函数两侧对数求导，并考虑处于平衡增长路径可得：

$$(1 - \alpha_2)g_Y^* = (1 - \alpha_2)g_Q^* + \alpha_3 g_E^* \qquad (6-37)$$

对式（6-21）两侧对数求导有：

$$g_{P_E} = g_Y^* - g_E^* - g_{1+\tau_{E1}}^* \qquad (6-38)$$

联立式（6-38）、式（6-37）消去 g_E^*，再分别代入 $g_Y^* = (r-\rho)/\theta$、$g_Q^* = \lambda\eta H_Q$、$g_{P_E} = r$（能源生产部门税率不变），可解得平衡增长路径上的市场利率：

$$r^* = \frac{(\alpha_1 + \alpha_3)\theta\lambda\eta H_Q^* + \alpha_1\rho}{\alpha_1 + \alpha_3\theta} - \frac{\alpha_3\theta g_{1+\tau_{E1}}^*}{\alpha_1 + \alpha_3\theta}$$

然后，解出均衡路径上的产出增长率与能源消费增长率：

$$g_Y^* = \frac{r^* - \rho}{\theta} = \frac{(\alpha_1 + \alpha_3)\lambda\eta H_Q^* - \alpha_3\rho}{\alpha_1 + \alpha_3\theta} - \frac{\alpha_3 g_{1+\tau_{E1}}^*}{\alpha_1 + \alpha_3\theta}$$

$$g_E^* = g_Y^* - g_{P_E}^* - g_{1+\tau_{E1}}^* = \frac{(\alpha_1 + \alpha_3)\left[(1-\theta)\lambda\eta H_Q^* - \rho\right]}{\alpha_1 + \alpha_3\theta} - \frac{(\alpha_1 + \alpha_3)g_{1+\tau_{E1}}^*}{\alpha_1 + \alpha_3\theta}$$

下面，求解研发部门的人力资本数量 H_Q^*。在市场均衡下，中间产品部门获得研发成果的成本等于它的预期垄断利润的贴现值，即满足：

$$\pi_x = (r^* - g_{P_Q})P_Q Q \tag{6-39}$$

先求 π_x，中间产品部门利润函数和 $P_{x_i} = Q(i)r/\alpha_2$ 联立有：

$$\pi_{x(i)} = P_{x_i}x(i) - Q(i)x(i)r = (1-\alpha_2)P_{x_i}x(i)$$

故解得：

$$\pi_x = \int_0^1 (1-\alpha_2)P_{x_i}x(i)\mathrm{d}i = (1-\alpha_2)\alpha_2 Y \tag{6-40}$$

计算式（6-39）右侧各变量，最终产品部门和研发部门的工资率相等，联立式（6-20）和式（6-26）有：

$$\frac{\alpha_1 Y}{H_Y} = W_Y = W_Q = (1+S_{R\&D})P_Q\lambda\eta Q \tag{6-41}$$

可得技术创新的成本为：

$$P_Q Q = \frac{\alpha_1 Y}{\lambda\eta(1+S_{R\&D})H_Y} \tag{6-42}$$

由式（6-42）两侧对数求导可得：

$$g_{P_Q}^* = g_Y^* - g_Q^* \tag{6-43}$$

将式（6-40）代入式（6-39）左侧，将上面解得的 g_Y^*、g_Q^* 和 r^*，以及式（6-43）、式（6-42）代入式（6-39）右侧，可解出研发部门的均衡人力资本数量：

$$H_Q^* = \frac{(1+S_{R\&D})(\alpha_1+\alpha_3)(\alpha_1+\alpha_3\theta)\alpha_2\lambda\eta H - \alpha_1(\alpha_1+\alpha_3)\rho + \alpha_1\alpha_3(1-\theta)g_{1+\tau_{E1}}^*}{\lambda\eta\{(1+S_{R\&D})(\alpha_1+\alpha_3)(\alpha_1+\alpha_3\theta)\alpha_2 + \alpha_1[(\alpha_1+\alpha_3)\theta + (\theta-1)\alpha_3]\}}$$

$$\tag{6-44}$$

将式（6-44）分别代入均衡产出增长率、技术进步增长率和能源消费增长率的表达式，可以得到各经济变量增长率的解析解。

综上所述，如果政府对最终产品部门征收税率为 τ_{E1} 的能源消费税并用于对 R&D 部门补贴率为 $S_{R\&D}$ 的技术产品补贴，则该政策模型的市场均衡存在，均衡研发部门人力资本数量、均衡产出增长率和均衡能源消费增长率如式（6-35）、式（6-33）、式（6-34）所示，式中的 $g_{1+\tau_{E1}}^*$ 为能源消费税率增长率，命题得证。

对于政策基本模型，比较将环境水平写入代表性消费者效用函数的市场均衡路径与仅考虑消费不考虑环境影响的市场均衡路径，还可以得到以下命题：

命题 6 - 4 考虑环境水平和消费水平效用的模型，如果最终产品生产部门的能源消费税率增加，则市场均衡路径上的市场利率、产出和技术进步的长期增长率、研发部门人力资本数量均下降并低于仅考虑消费水平效用时的情形。但是，能源消费税率增加的速率越快，市场均衡路径上的市场利率、产出和技术进步的长期增长率、研发部门人力资本数量的下降较慢。

证明：命题 5 - 3 所示的表达式略去最终产品部门商品税的影响，与命题 6 - 3 的均衡研发部门人力资本数量、均衡产出增长率、均衡能源消费增长率及均衡市场利率等进行比较，可以发现，实际上命题 6 - 3 同时考虑环境水平和消费水平的效用函数对应的市场均衡路径形式上都可以表示为两部分，仅考虑消费效用情形的市场均衡路径的表达式（命题 5 - 3）和一个包括能源税率增长率和其他模型参数的表达式。比如，均衡研发部门人力资本 H_Q^*，后一部分为 $\alpha_1 \alpha_3 (1 - \theta) g_{1+\tau_{E1}}^* / \lambda \eta \{ (1 + S_{R\&D})(\alpha_1 + \alpha_3)(\alpha_1 + \alpha_3 \theta)\alpha_2 + \alpha_1 [(\alpha_1 + \alpha_3)\theta + (\theta - 1)\alpha_3] \}$，前一部分类似命题 5 - 3 中的表达式。对于均衡产出增长率 g_Y^*，后一部分为 $- \alpha_3 g_{1+\tau_{E1}}^* / (\alpha_1 + \alpha_3 \theta)$，前一部分类似命题 5 - 3 中的表达式。

我们先来看命题 6 - 3 中的 H_Q^*，假设存在最优均衡路径，$\theta > 1$，最终产品生产部门的能源消费税率增加意味着能源税率的增长率 $g_{1+\tau_{E1}}^*$ 为正，根据命题 6 - 3 中式（6 - 35）易知均衡研发部门人力资本 H_Q^* 比仅考虑消费水平效用时要小。同理，通过比较可知市场均衡路径上的市场利率、产出和技术创新的长期增长率比仅考虑消费水平效用时要低。

比较静态分析，命题 6 - 3 中的各表达式对 $g_{1+\tau_{E1}}^*$ 一阶导数有：

$$\partial H_Q^* / \partial g_{1+\tau_{E1}}^* = \alpha_1 \alpha_3 (1 - \theta) / \lambda \eta \{ (1 + S_{R\&D})(\alpha_1 + \alpha_3)(\alpha_1 + \alpha_3 \theta)\alpha_2 + \alpha_1 [(\alpha_1 + \alpha_3)\theta + (\theta - 1)\alpha_3] \} < 0$$

$$\frac{\partial r^*}{\partial g_{1+\tau_{E1}}^*} = \frac{(\alpha_1 + \alpha_3)\theta \lambda \eta}{\alpha_1 + \alpha_3 \theta} \frac{\partial H_Q^*}{\partial g_{1+\tau_{E1}}^*} - \frac{\alpha_3 \theta}{\alpha_1 + \alpha_3 \theta} < 0$$

$$\frac{\partial g_Y^*}{\partial g_{1+\tau_{E1}}^*} = \frac{(\alpha_1 + \alpha_3)\lambda \eta}{\alpha_1 + \alpha_3 \theta} \frac{\partial H_Q^*}{\partial g_{1+\tau_{E1}}^*} - \frac{\alpha_3 \theta}{\alpha_1 + \alpha_3 \theta} < 0$$

综上所述，命题得证。

由命题 6 - 4 可知，在同时考虑环境水平和消费水平效用时，能源消费税率增加，产出的长期增长率、研发部门人力资本数量均将低于仅考虑消费水平效用时的情形，可见在此更一般的情形下能源消费税也是"双刃剑"，在保护环境的同时在一定程度上影响经济增长与技术创新，虽然影响的程度会随着政策的变化速度增加而逐渐减缓。

命题 6 – 5 考虑环境水平和消费水平效用的模型，满足式(6 – 45)的 $g_{1+\tau_{E1}}^*$ 为最优能源消费税率增长率：

$$\frac{\left[\lambda\eta(\alpha_1+\alpha_3)H-\alpha_1\rho\right]\left[\alpha_1+\alpha_3\theta-(\alpha_1+\alpha_3)\psi\right]}{\lambda\eta(\alpha_1+\alpha_3)H\left[(\alpha_1+\alpha_3)\theta-(\alpha_1\theta+\alpha_3)\psi\right]}$$

$$=\frac{(1+S_{R\&D})(\alpha_1+\alpha_3)(\alpha_1+\alpha_3\theta)\alpha_2\lambda\eta H-\alpha_1(\alpha_1+\alpha_3)\rho+\alpha_1\alpha_3(1-\theta)g_{1+\tau_{E1}}^*}{\lambda\eta\{(1+S_{R\&D})(\alpha_1+\alpha_3)(\alpha_1+\alpha_3\theta)\alpha_2+\alpha_1[(\alpha_1+\alpha_3)\theta+(\theta-1)\alpha_3]\}}$$

$$(6-45)$$

可以通过比较考虑环境水平和消费水平时的社会最优路径与市场均衡路径求解最优能源消费税率。上文已经给出考虑环境水平和消费水平时的社会最优路径的解析解，通过对比分析，可以求解各种技术创新补贴率对应的最优能源税率增长率，实现经济系统的动态效率。

本节是在同一内生增长框架内通过拓展效用函数进行环境污染影响的分析，下面，以改变生产函数的方式来拓展政策基本模型，讨论经济系统的最优路径、均衡路径和最优财政政策。

6.2 环境保护与内生增长：生产函数拓展模型

6.2.1 基本模型与社会最优路径的求解

下面，假设效用函数为 CRRA 函数，代表性消费者效用只与消费量相关，与环境水平并不直接相关，环境对生产的影响通过总量生产函数体现。阿西莫格鲁（2012）在分析清洁能源和污染能源对环境的影响时曾论述，环境污染可以用不同的形式体现在效用函数或生产函数中，并在技术上两者可以是等价的。一些重要的环境经济学文献，比如，博温贝格和斯穆德斯（1995）以及莫塔蒂（Mohtadi, 1996），都曾将污染流量和环境质量提升作为生产要素投入写入生产函数。[①] 接下来，我们将污染排放 P_t 看作是生产过程中的某种要素投入，当然，对于生产的作用是负向的。环境质量下降通过类似于增加生产成本或降低其他生产要素边际产出等途径，进而对总量生产函数产生影响。假设污染排放或环境质量下降与可耗竭能源消费呈正向关系，为了便于均衡路径分析，这里作线性假定，其他条件

---

① 这类模型更多地出现在农业经济学的文献中，可能是因为环境污染对农牧渔业产量的影响更大和更为直接。

不变，则可将最终产品部门生产函数改写为：

$$Y_t = H_{Yt}^{\alpha_1} Q_t^{1-\alpha_2} K_t^{\alpha_2} E_t^{\alpha_3} / E_t^{\alpha_4} = H_{Yt}^{\alpha_1} Q_t^{1-\alpha_2} K_t^{\alpha_2} E_t^{\alpha_3-\alpha_4} \quad (\alpha_1 + \alpha_2 + \alpha_3 = 1, \quad 0 < \alpha_4 < 1)$$
$$(6-46)$$

我们先来求解这样的总量生产函数下的最优路径，假设经济运行的基本机制仍如第 3 章基本模型，社会最优化问题为：

$$\max_{C_t} \int_0^\infty \frac{C_t^{1-\theta} - 1}{1 - \theta} e^{-\rho t} \mathrm{d}t$$

$$\text{s. t. } \dot{K}_t = Y_t - C_t = H_{Yt}^{\alpha_1} Q_t^{1-\alpha_2} K_t^{\alpha_2} E_t^{\alpha_3-\alpha_4} - C_t \qquad (6-47)$$

$$\dot{Q}_t = \lambda \eta H_{Qt} Q_t \qquad (6-48)$$

$$\dot{S}_t = -E_t \qquad (6-49)$$

$$H_{Yt} + H_{Qt} = H \qquad (6-50)$$

命题 6-6 社会最优均衡路径上各经济变量的长期增长率为：

$$g_Y^* = g_C^* = \frac{\lambda \eta H(\alpha_1 + \alpha_3) - (\alpha_1 + \alpha_3 - \alpha_4)\rho}{(\alpha_1 + \alpha_3 - \alpha_4)\theta + \alpha_4} \qquad (6-51)$$

$$g_Q^* = \frac{\lambda \eta H(\alpha_1 + \alpha_3\theta + \alpha_4 - \alpha_4\theta) - \alpha_1\rho}{(\alpha_1 + \alpha_3 - \alpha_4)\theta + \alpha_4} \qquad (6-52)$$

$$g_S^* = g_E^* = \frac{(\alpha_1 + \alpha_3)[(1-\theta)\lambda \eta H - \rho]}{(\alpha_1 + \alpha_3 - \alpha_4)\theta + \alpha_4} \qquad (6-53)$$

$$H_Q^* = \frac{\lambda \eta H(\alpha_1 + \alpha_3\theta + \alpha_4 - \alpha_4\theta) - \alpha_1\rho}{\lambda \eta [(\alpha_1 + \alpha_3 - \alpha_4)\theta + \alpha_4]} \qquad (6-54)$$

$$H_Y^* = \frac{\lambda \eta H \alpha_1 (\theta - 1) + \alpha_1\rho}{\lambda \eta [(\alpha_1 + \alpha_3 - \alpha_4)\theta + \alpha_4]} \qquad (6-55)$$

唯一的横截面条件为：

$$\lambda \eta H(1 - \theta) - \rho < 0 \qquad (6-56)$$

证明：上述模型的社会最优化问题的现值汉密尔顿函数为：

$$H = \frac{C_t^{1-\theta} - 1}{1 - \theta} + \mu_1 (H_{Yt}^{\alpha_1} Q_t^{1-\alpha_2} K_t^{\alpha_2} E_t^{\alpha_3-\alpha_4} - C_t) + \mu_2 \lambda \eta (H - H_{Yt}) Q_t + \mu_3 (-E_t)$$

式中，控制变量为 C_t、H_{Yt} 和 E_t，状态变量为 K_t、Q_t 和 S_t，μ_1、μ_2、μ_3 为协状态变量，可以看作是 K_t、Q_t 和 S_t 的影子价格，由一阶条件可得：

$$C_t^{-\theta} = \mu_1 \qquad (6-57)$$

$$\frac{\mu_1 \alpha_1 Y_t}{H_{Yt}} = \mu_2 \lambda \eta Q_t \qquad (6-58)$$

$$\frac{\mu_1 (\alpha_3 - \alpha_4) Y_t}{E_t} = \mu_3 \qquad (6-59)$$

$$\dot{\mu}_1 = \rho\mu_1 - \frac{\mu_1\alpha_3 Y_t}{K_t} \tag{6-60}$$

$$\dot{\mu}_2 = \rho\mu_2 - \frac{\mu_1(1-\alpha_2)Y_t}{Q_t} - \mu_2\lambda\eta(H - H_{Yt}) \tag{6-61}$$

$$\dot{\mu}_3 = \rho\mu_3 \tag{6-62}$$

三个横截面条件分别为：

$$\lim_{t\to\infty}\mu_1 K_t e^{-\rho t} = 0 \quad \lim_{t\to\infty}\mu_2 Q_t e^{-\rho t} = 0 \quad \lim_{t\to\infty}\mu_3 S_t e^{-\rho t} = 0 \tag{6-63}$$

由于经济处于均衡增长路径，根据产出、消费和投资的关系，Y、C 和 K 具有同一不变的增长速率。同理，S 和 E 也有相同的增长率，H_Y 和 H_Q 均为常数。具体求解过程与第 3 章类似，汉密尔顿函数对应的一阶条件与欧拉方程在形式上相似，但最终生产部门的生产函数不同，求解过程如下：

对式（6-57）、式（6-58）、式（6-59）两边分别取对数并对 t 求导有：

$$-\theta g_C^* = g_{\mu_1}^* \tag{6-64}$$

$$g_{\mu_1}^* + g_Y^* = g_{\mu_2}^* + g_Q^* \tag{6-65}$$

$$g_{\mu_3}^* = g_Y^* + g_{\mu_1}^* - g_E^* \tag{6-66}$$

对式（6-46）两侧对数求导，结合均衡路径条件可得：

$$(1-\alpha_2)g_Y^* = (1-\alpha_2)g_Q^* + (\alpha_3 - \alpha_4)g_E^* \tag{6-67}$$

将式（6-62）、式（6-64）代入式（6-66），结合均衡条件可得：

$$\rho = (1-\theta)g_Y^* - g_E^* \tag{6-68}$$

将式（6-58）代入式（6-61），结合均衡条件可得：

$$g_{\mu_2}^* = \rho - \frac{(1-\alpha_2)\lambda\eta H_Y}{\alpha_1} - g_Q^* \tag{6-69}$$

将式（6-69）代入式（6-65）消去 $g_{\mu_2}^*$，并联立式（6-64）得到：

$$(1-\theta)g_Y^* = \rho - \frac{(1-\alpha_2)(\lambda\eta H - g_Q^*)}{\alpha_1} \tag{6-70}$$

联立式（6-67）、式（6-68）、式（6-70）可得到社会最优均衡路径上各变量的增长率，即式（6-51）、式（6-52）、式（6-53），下面，讨论最优均衡路径的横截面条件。

由横截面条件 $\lim\limits_{t\to\infty}\mu_1 K_t e^{-\rho t} = 0$ 可知，$g_{\mu_1} + g_{K_t} - \rho < 0$，结合式（6-64）和均衡条件可解得 $(1-\theta)g_C^* - \rho < 0$，将式（6-51）中的 g_C^* 表达式 $[\lambda\eta H(\alpha_1 + \alpha_3) - (\alpha_1 + \alpha_3 - \alpha_4)\rho]/[(\alpha_1 + \alpha_3 - \alpha_4)\theta + \alpha_4]$ 代入，可解得 $\lambda\eta H(1-\theta) - \rho < 0$。类似的，式（6-63）的其他两个横截面条件分别结合

式（6-64）、式（6-65）两式和式（6-64）、式（6-66）两式，得出类似结果。所以，$\lambda \eta H(1-\theta) - \rho < 0$ 是唯一的横截面条件。

由 g_Q^* 表达式可得社会最优均衡路径上研发部门人力资本的配置为：

$$H_Q^* = \frac{\lambda \eta H(\alpha_1 + \alpha_3 \theta + \alpha_4 - \alpha_4 \theta) - \alpha_1 \rho}{\lambda \eta [(\alpha_1 + \alpha_3 - \alpha_4)\theta + \alpha_4]}$$

又因为人力资本总量为 H，故解得最终产品部门人力资本数量：

$$H_Y^* = \frac{\lambda \eta H \alpha_1 (\theta - 1) + \alpha_1 \rho}{\lambda \eta [(\alpha_1 + \alpha_3 - \alpha_4)\theta + \alpha_4]}$$

综上所述，命题6-6得证。

下面，求解和讨论内点解和最优解的条件。

命题6-7 如果上述模型满足 $\lambda \eta H(1-\theta) < \rho < \lambda \eta H$ 以及 $\alpha_3 > \alpha_4$，则满足内点解和最优解条件。

证明：我们先讨论内点解条件。最优路径是内点解的假设，意味着在经济中人力资本必须在最终产品部门和研发部门分配，而不是全部投入某一部门，即满足 $0 < H_Q^* < H$ 和 $0 < H_Y^* < H$ 条件。

根据命题6-6的横截面条件 $\lambda \eta H(1-\theta) - \rho < 0$ 可知，H_Y^* 表达式的分子大于0，H_Y^* 以及 H_Y^* 的分母需要满足大于0，而此时如果满足 $\alpha_3 > \alpha_4$，不等式 $(\alpha_1 + \alpha_3 - \alpha_4)\theta + \alpha_4 > 0$ 显然成立，故 $H_Y^* > 0$。再看 $H_Q^* > 0$ 的条件：

$$\begin{aligned} H_Q^* &= \frac{\lambda \eta H(\alpha_1 + \alpha_3 \theta + \alpha_4 - \alpha_4 \theta) - \alpha_1 \rho}{\lambda \eta [(\alpha_1 + \alpha_3 - \alpha_4)\theta + \alpha_4]} \\ &= \frac{\alpha_1(\lambda \eta H - \rho) + \lambda \eta H(\alpha_3 - \alpha_4)\theta + \lambda \eta H \alpha_4}{\lambda \eta [(\alpha_1 + \alpha_3 - \alpha_4)\theta + \alpha_4]} \end{aligned}$$

如果满足 $\rho < \lambda \eta H$ 及 $\alpha_3 > \alpha_4$，则 $H_Q^* > 0$ 成立。由于 $H_Y^* + H_Q^* = H$，故内点解各条件满足。

下面，再看各变量增长率和人力资本数量的表达式。$H_Q^* > 0$ 时，$g_Q^* > 0$ 恒成立；横截面条件成立保证了 g_S^* 表达式分子为负，$\alpha_3 > \alpha_4$ 保证了 g_S^* 表达式分母为正，故 $g_S^* < 0$ 恒成立；

$$g_C^* = \frac{\lambda \eta H(\alpha_1 + \alpha_3) - (\alpha_1 + \alpha_3 - \alpha_4)\rho}{(\alpha_1 + \alpha_3 - \alpha_4)\theta + \alpha_4} = \frac{(\alpha_1 + \alpha_3)(\lambda \eta H - \rho) + \alpha_4 \rho}{(\alpha_1 + \alpha_3 - \alpha_4)\theta + \alpha_4}$$

故 $\lambda \eta H > \rho$ 及 $\alpha_3 > \alpha_4$ 时，$g_C^* > 0$ 恒成立。

综上所述，满足 $\lambda \eta H(1-\theta) < \rho < \lambda \eta H$ 以及 $\alpha_3 > \alpha_4$ 时，人力资本数量 H_Y^* 和 H_Q^* 均为正，且满足内点解条件。并且，最优路径上的消费或产出增长率、技术进步增长率为正，能源消费或储量增长率为负，命题得证。

下面，对命题 6-6 所示的最优路径再作几点说明。其一，$\rho < \lambda \eta H$ 意味着技术研发部门的产出效率要大到足以克服时间折现率的作用，$\lambda \eta H (1 - \theta) < \rho < \lambda \eta H$ 条件说明，技术研发效率与效用的时间折现及边际效用的变化特征对最优均衡是否存在都具有影响；其二，$\alpha_3 > \alpha_4$ 实际上意味着可耗竭能源的产出弹性要大于其相应污染的产出负弹性，即能源消费对产出的正向影响要大到足以克服其对环境从而对产出的负向影响，最优路径才有可能存在。

根据命题 6-6 和命题 6-7，以下几点显而易见，其一，能源消耗或储量增长率随时间递减。由对命题 6-6 中能源消费增长率式（6-53）的证明过程可知，满足最优路径条件即意味着能源消耗随时间负增长，实际经济中不可再生能源在任意时期的资源存量是有限的，所以，能源消耗随时间递减的性质保证了微分方程式（6-49）在任意期内收敛有解。其二，满足命题 6-7 中 $\alpha_3 > \alpha_4$ 条件，意味着技术进步增长率要始终大于社会最终产出增长率。由式（6-46）易知，$g_Y^* = g_Q^* + (\alpha_3 - \alpha_4) g_E^* / (\alpha_1 + \alpha_3)$，由 $\alpha_3 > \alpha_4$ 可知 $g_Y^* < g_Q^*$，因此，社会技术进步率要同时克服边际产出递减、能源耗竭和环境污染的约束。并且，能源对产出的边际正影响与环境污染对产出的边际负影响之差（$\alpha_3 - \alpha_4$）、技术进步存量的份额（$\alpha_1 + \alpha_3$）对（$g_Q^* - g_Y^*$）的值均起到重要影响；或者说，能源对环境污染的相对负影响较小或技术进步存量的相对份额较小，则在最优路径上保持一定的产出或消费正增长率所需的技术进步增长率会相对较小。

6.2.2 市场均衡路径的能源税、研发补贴与中间产品补贴

接下来，在以上生产函数拓展模型中引入税收或补贴构建财政政策模型，讨论在理论上政府应采用怎样的税率或补贴率，减少甚至消除市场经济系统中环境污染、中间产品部门垄断以及 R&D 创新技术溢出等因素可能导致的经济静态和动态无效率，从而达到经济效率的社会最优路径。我们先求解基于各类税收补贴等政策的市场均衡增长路径，进而求解和模拟相应的最优财政政策。

在第 5 章的财政政策模型，我们假设政府对最终产品部门提供补贴率为 S_x 的中间产品购买补贴，对 R&D 部门提供补贴率为 $S_{R&D}$ 的技术产品产出补贴，主要用于考察技术创新补贴对经济路径的影响。本节在此基本框架下，增加对能源消费税（τ_E）等针对性的能源环境政策工具的考察，与第 5 章的政策分析框架略有不同的是，不再分析中间产品需求侧补贴，因

为第 5 章已经证明中间产品需求侧补贴不具有政策效果。

下面，主要考虑三种情形，其一，将能源消费税所得直接用于技术研发补贴或中间产品供给侧补贴（第 5 章已证明两者均为有效政策工具），并保持政府预算平衡。这是理想情形，因为能源消费税有助于克服代表性消费者效用降低和资源耗竭等问题，同时，研发补贴或中间产品供给侧补贴又具有正外部性。其二，研发创新补贴和中间产品供给侧补贴的某些政策工具组合。其三，更普通的情形，在三种政策工具组合的同时，政府对最终产品部门征收税率为 τ_Y 的商品税（产出税）用于保持任意时刻的预算平衡。

模型中的经济变量做如下假设，经济中人力资本总量 H 固定，H_Y 和 H_Q 分别为在最终产品部门进行生产和在研发部门进行研发的人力资本数量；W_Y 和 W_Q 分别表示最终产品部门和研发部门需要支付的人力资本工资，假设人力资本市场为完全竞争市场，W_Y 和 W_Q 均等于 W。其他价格变量仍做如下假设：P_{x_i}、P_Q 和 P_E 分别表示中间产品价格、研发成果价格和能源资源价格，r 为市场利率，最终产品 Y 的价格标准化为 1。

最终产品部门的利润函数可写为：

$$\pi_Y = H_Y^{\alpha_1} \int_0^1 Q(i)x(i)^{\alpha_2} \mathrm{d}i E^{\alpha_3} - W_Y H_Y - P_E E - \int_0^1 P_{x_i} x(i) \mathrm{d}i$$

如果对最终产品部门征收税率为 τ_E 的能源消费税和 τ_Y 的商品税（产出税），则代表性厂商的利润最大化决策为：

$$\max_{H_Y, x(i), E} (1 - \tau_Y) H_Y^{\alpha_1} \int_0^1 Q(i)x(i)^{\alpha_2} \mathrm{d}i E^{\alpha_3 - \alpha_4} - W_Y H_Y - (1 + \tau_E) P_E E - \int_0^1 P_{x_i} x(i) \mathrm{d}i \tag{6-71}$$

一阶条件分别解得：

$$W = W_Y = \frac{\alpha_1(1 - \tau_Y)Y}{H_Y} \tag{6-72}$$

$$P_E = \frac{(\alpha_3 - \alpha_4)(1 - \tau_Y)Y}{(1 + \tau_E)E} \tag{6-73}$$

$$P_{x_i} = \alpha_2(1 - \tau_Y)H_Y^{\alpha_1}Q(i)x(i)^{\alpha_2 - 1}E^{\alpha_3 - \alpha_4} \tag{6-74}$$

对中间产品供给侧进行补贴，根据对中间产品生产和资本一一对应的假设，如果 r 为市场利率，则中间产品部门代表性厂商的利润函数为：

$$\pi_{x(i)} = (1 + S_X)P_{x_i}x(i) - Q(i)x(i)r \tag{6-75}$$

将式（6-74）代入式（6-75），一阶条件可解得中间产品的价格和数量：

$$P_{x_i} = \frac{Q(i)r}{\alpha_2(1 + S_X)} \qquad (6-76)$$

$$x(i) = \left[\frac{(1 + S_X)(1 - \tau_Y)\alpha_2^2 H_Y^{\alpha_1} E^{\alpha_3 - \alpha_4}}{r} \right]^{\frac{1}{1-\alpha_2}} \qquad (6-77)$$

技术研发部门的利润函数为：

$$\pi_{R\&D} = (1 + S_{R\&D})P_Q \dot{Q} - W_Q H_Q = (1 + S_{R\&D})P_Q \lambda \eta H_Q Q - W_Q H_Q$$

研发部门利润最大化决策为：

$$\max_{H_Q} \pi_{R\&D} = (1 + S_{R\&D})P_Q \lambda \eta H_Q Q - W_Q H_Q$$

一阶条件解得：

$$W = W_Q = (1 + S_{R\&D})P_Q \lambda \eta Q \qquad (6-78)$$

在能源生产部门，既不考虑对能源产品征税或补贴，也不考虑开采成本和储量效应，则完全竞争能源市场上能源部门的利润函数为：

$$\pi_E = \int_t^\infty P_E E_\tau e^{-\int_t^\tau r_u du} d\tau$$

$$\text{s. t.} \quad \dot{S} = -E, \ S \text{、} E \geqslant 0, \ \tau \geqslant t$$

上式为标准的霍特林模型，可以写出上式的最优控制现值汉密尔顿函数，其中，E 为控制变量，S 为状态变量，联立其一阶条件可解得 $g_{P_E} = r$，均衡路径上能源价格的增长率与市场利率相等。如果对能源厂商以税率为 τ_E 征收能源从价税，则能源部门的利润最优化问题为：

$$\max_{C_t} \int_0^\infty \left[(1 - \tau_E)P_{E_t} E_t \right] e^{-rt} dt$$

$$\text{s. t.} \quad \dot{S} = -E, S \text{、} E \geqslant 0, \ 0 \leqslant \tau_E \leqslant 1$$

现值汉密尔顿函数为：

$$H = (1 - \tau_E)P_{E_t} E_t + \mu_1(-E_t)$$

联立两个一阶条件，假设税率不随时间变动，同样可解得：

$$g_{P_{E_t}} = \dot{P}_{E_t}/P_{E_t} = r$$

即在完全竞争市场，如果税率不变化，能源部门侧的能源从价税或从价补贴并无政策效果，故这里不再继续讨论。从理论上说，上述框架内的能源从量税是有效政策工具，这里不再展开，相关的能源财税政策效应在第7章专题讨论。

根据上述政策模型的假设，对政府的预算约束为：

$$\int_0^\infty \left[\tau_Y H_Y^{\alpha_1} \int_0^1 Q(i)x(i)^{\alpha_2} di E^{\alpha_3} + \tau_E P_E E - S_X \int_0^1 P_{x_i} x(i) di - S_{R\&D} P_Q \lambda \eta H_Q Q - C_G \right] e^{-\int_0^\tau r_u du} d\tau = 0$$

上式表示，政府从最终产品部门征收商品税与能源消费税，用于中间产品补贴、技术创新补贴和其他政府支出，无论存在跨期借贷与否，任意时刻都需满足的预算约束条件。如果假设政府在任何时点平衡预算，而且暂不考虑补贴以外的政府支出，则政府预算约束可简化为：

$$\tau_Y H_Y^{\alpha_1} \int_0^1 Q(i) x(i)^{\alpha_2} \mathrm{d}i E^{\alpha_3} + \tau_E P_E E = S_X \int_0^1 P_{x_i} x(i) \mathrm{d}i + S_{R\&D} P_Q \lambda \eta H_Q Q$$

即瞬时预算平衡，能源消费税和商品税之和在数量上等于中间产品补贴和技术创新补贴之和。

再看代表性家庭，根据假设，与标准拉姆齐模型的情形类似，生产函数拓展政策模型的代表性家庭动态最优化问题为：

$$\max_{C_t} \int_0^\infty \frac{C_t^{1-\theta} - 1}{1 - \theta} e^{-\rho t} \mathrm{d}t$$

$$\text{s.t. } \dot{a} = W_Q H_Q + W_Y H_Y + \pi_Y + \pi_X + \pi_{R\&D} + ar + P_E E - C - T$$

约束条件说明，代表性家庭财富的增量由工资、利润、资本租（利息）、能源租、消费和家庭税收（或转移支付）决定，家庭财富的增量为以上收支总和。由于社会财富最终可视为所有代表性家庭的财富总和，并且数量上与实物资本相等，所以 $\dot{a}$ 也可以表示为社会资本增量。根据模型假设，没有直接针对家庭进行税收和补贴，T 为 0，又因为假设了最终产品和研发部门的完全竞争市场，所以 π_Y、$\pi_{R\&D}$ 均等于 0，可以写出以上代表性家庭最优化问题的现值汉密尔顿函数：

$$H = \frac{C_t^{1-\theta} - 1}{1 - \theta} + \mu(W_Q H_Q + W_Y H_Y + \pi_X + ar + P_E E - C)$$

其中，控制变量为 C，状态变量为 a，汉密尔顿函数的两个一阶条件联立可解得：

$$g_C = \frac{r - \rho}{\theta}$$

6.2.3 最优财政政策的求解与数值模拟

6.2.3.1 最优财政政策的求解

下面，来求解和讨论考虑政府干预经济时的市场均衡路径，以及能够使经济系统达到帕累托效率的最优税率或补贴率。

模型中平衡增长路径的产出 Y、消费 C、投资 K 具有同一不变的增长速率，H_Y、H_Q 与中间产品质量 Q 的增长率均为常数，能源储量 S 和消费量 E 有相同的增长率。下面先求解市场利率 r，对最终产品生产函数两侧对数求导，并考虑处于平衡增长路径可得：

$$(1 - \alpha_2)g_Y^* = (1 - \alpha_2)g_Q^* + (\alpha_3 - \alpha_4)g_E^* \qquad (6-79)$$

对式（6-73）两侧对数求导有：

$$g_{P_E}^* = g_Y^* - g_E^* \qquad (6-80)$$

联立式（6-80）与式（6-79），消去 g_E^*，分别代入 $g_Y^* = (r - \rho)/\theta$、$g_Q^* = \lambda\eta H_Q$、$g_{P_E} = r$ 可解得平衡增长路径上的市场利率：

$$r^* = \frac{(\alpha_1 + \alpha_3)\theta\lambda\eta H_Q^* + (\alpha_1 + \alpha_4)\rho}{\alpha_1 + \alpha_4 + (\alpha_3 - \alpha_4)\theta} \qquad (6-81)$$

然后，解出均衡增长率：

$$g_Y^* = \frac{r^* - \rho}{\theta} = \frac{(\alpha_1 + \alpha_3)\theta\lambda\eta H_Q^* - (\alpha_3 - \alpha_4)\rho}{\alpha_1 + \alpha_4 + (\alpha_3 - \alpha_4)\theta}$$

$$g_E^* = g_Y^* - g_{P_E}^* = \frac{(\alpha_1 + \alpha_3)\big[(1 - \theta)\lambda\eta H_Q^* - \rho\big]}{\alpha_1 + \alpha_4 + (\alpha_3 - \alpha_4)\theta} \qquad (6-82)$$

下面，求解研发部门的人力资本数量 H_Q^*。在市场均衡下，中间产品部门获得研发成果的成本应该等于它的预期垄断利润的贴现值，即满足：

$$\pi_x = (r^* - g_{P_Q})P_Q Q \qquad (6-83)$$

先求 π_x，中间产品部门利润函数和 $P_{x_i} = Q(i)r/\alpha_2(1 + S_X)$ 联立有：

$$\pi_{x(i)} = P_{x_i}x(i) - Q(i)x(i)r = \big[1 - \alpha_2(1 + S_X)\big]P_{x_i}x(i)$$

故解得：

$$\pi_x = \int_0^1 \big[1 - \alpha_2(1 + S_X)\big]P_{x_i}x(i)\mathrm{d}i = \big[1 - \alpha_2(1 + S_X)\big]\alpha_2 Y$$

$$(6-84)$$

现计算式（6-83）右侧各变量，因为最终产品部门和研发部门的工资率相等，联立式（6-72）和式（6-78）有：

$$\frac{\alpha_1(1 - \tau_Y)Y}{H_Y} = W_Y = W_Q = (1 + S_{R\&D})P_Q\lambda\eta Q \qquad (6-85)$$

可得技术创新的成本为：

$$P_Q Q = \frac{\alpha_1(1 - \tau_Y)Y}{\lambda\eta(1 + S_{R\&D})H_Y} \qquad (6-86)$$

由式（6-86）两侧对数求导可得：

$$g_{P_Q}^* = g_Y^* - g_Q^* \qquad (6-87)$$

将式（6-84）代入式（6-83）左侧，将本节解得的 g_Y^*、g_Q^* 和 r^* 以及式（6-86）、式（6-87）代入式（6-83）右侧，可解出研发部门的均衡人力资本数量：

$$H_Q^* = \frac{\begin{array}{c}(1 + S_{R\&D})(1 + S_X)(\alpha_1 + \alpha_3)[\alpha_1 + \alpha_4 + (\alpha_3 - \alpha_4\theta)]\alpha_2\lambda\eta H - \\ \alpha_1(\alpha_1 + \alpha_3)(1 - \tau_Y)\rho\end{array}}{\begin{array}{c}\lambda\eta\{(1 + S_{R\&D})(1 + S_X)(\alpha_1 + \alpha_3)[\alpha_1 + \alpha_4 + (\alpha_3 - \alpha_4\theta)]\alpha_2 + \\ \alpha_1(1 - \tau_Y)[(\alpha_1 + \alpha_3)\theta + (\theta - 1)(\alpha_3 - \alpha_4)]\}\end{array}}$$

$$(6-88)$$

将式 (6-88) 代入式 (6-82) 两式，可以分别解出政策基本模型的均衡产出、技术进步和能源消费增长率。所以，如果政府对最终产品部门征收税率为 τ_Y 的商品税和能源消费税，并提供补贴率为 S_X 的中间产品购买补贴和对 R&D 部门提供补贴率为 $S_{R\&D}$ 的技术产品补贴，则生产函数拓展模型的市场均衡存在，市场利率、均衡研发部门人力资本数量、均衡产出增长率和均衡能源消费增长率如式 (6-81)、式 (6-82)、式 (6-88)所示。

我们注意到，计算结果中的均衡研发部门人力资本数量表达式，式 (6-88) 中并没有出现能源消费税率 τ_E，τ_E 也没有出现在均衡利率、均衡产出增长率、技术进步率和能源消费增长率的公式中。类似于我们在第 5 章的结论，政策模型中试图以最终产品部门能源消费税作为财政政策工具来消除中间产品市场垄断带来的扭曲，但从模型求解的过程中可以发现，实际上能源消费税率改变能源产品均衡价格的同时改变了市场利率，模型中这两种政策效应恰好相互抵消。

商品税对市场利率和各类均衡增长率的作用与研发补贴率和中间产品补贴类似，这主要是因为模型假设了部门之间的人力资本无差异且可以无条件自由转移，最终产品部门商品税使得该部门人力资本的边际产出下降，该部门的工资有降低趋势，这就意味着经济中研发部门有更多的人力资本供给，使得研发部门的成本降低，有利于技术研发产出和经济增长，所以在这个分析框架中商品税也是有效的政策工具。

上面已经得到考虑生产函数拓展模型的社会最优路径，现在又计算出各种税收补贴政策对应的市场均衡路径，下面将做对比分析，求解或模拟实现经济系统动态效率的各种最优税率与补贴率组合。

6.2.3.2 最优税率和补贴率的数值模拟

现在，我们讨论对应于资源配置动态效率的社会最优商品税率和最优研发补贴率。命题 6-6 的式 (6-54) 已给出经济系统社会最优均衡的人力资本配置，所以如果中间产品补贴 S_X、研发补贴率 $S_{R\&D}$ 和商品税率 τ_Y 满足以下等式：

$$\frac{\lambda\eta H(\alpha_1 + \alpha_3\theta + \alpha_4 - \alpha_4\theta) - \alpha_1\rho}{\lambda\eta[(\alpha_1 + \alpha_3 - \alpha_4)\theta + \alpha_4]} =$$

$$\frac{
\begin{aligned}
&(1 + S_{R\&D})(1 + S_X)(\alpha_1 + \alpha_3)[\alpha_1 + \alpha_4 + (\alpha_3 - \alpha_4\theta)]\alpha_2\lambda\eta H \\
&\qquad - \alpha_1(\alpha_1 + \alpha_3)(1 - \tau_Y)\rho
\end{aligned}
}{
\begin{aligned}
&\lambda\eta\{(1 + S_{R\&D})(1 + S_X)(\alpha_1 + \alpha_3)[\alpha_1 + \alpha_4 + (\alpha_3 - \alpha_4\theta)]\alpha_2 \\
&\qquad + \alpha_1(1 - \tau_Y)[(\alpha_1 + \alpha_3)\theta + (\theta - 1)(\alpha_3 - \alpha_4)]\}
\end{aligned}
} \quad (6-89)$$

那么，经济系统将处于社会最优均衡，而此时的中间产品补贴 S_X、研发补贴率 $S_{R\&D}$ 和商品税率 τ_Y 组合是最优政策工具组合。根据上式可知，理论上存在无数个税率和研发补贴率的组合能够使经济调整扭曲，达到社会最优路径；但是在实际经济中，政府制定的税率或补贴率在短期内是相对固定的，下面先求解如果政府单独运用研发补贴或最终产品商品税政策工具，选取什么样的税率或补贴率能使经济达到社会最优。

如果政府单独运用 R&D 部门的研发补贴政策工具，则能达到社会最优均衡的研发补贴率要求满足：

$$\frac{\lambda\eta H(\alpha_1 + \alpha_3\theta + \alpha_4 - \alpha_4\theta) - \alpha_1\rho}{\lambda\eta[(\alpha_1 + \alpha_3 - \alpha_4)\theta + \alpha_4]} =$$

$$\frac{(1 + S_{R\&D})(\alpha_1 + \alpha_3)[\alpha_1 + \alpha_4 + (\alpha_3 - \alpha_4\theta)]\alpha_2\lambda\eta H - \alpha_1(\alpha_1 + \alpha_3)\rho}{\lambda\eta\{(1 + S_{R\&D})(\alpha_1 + \alpha_3)[\alpha_1 + \alpha_4 + (\alpha_3 - \alpha_4\theta)]\alpha_2 + \alpha_1[(\alpha_1 + \alpha_3)\theta + (\theta - 1)(\alpha_3 - \alpha_4)]\}}$$

$$(6-90)$$

下面，来求解最优研发补贴率的解析解，为了易于表述，假设：

$$B_1 = \lambda\eta\alpha_1[(\alpha_1 + \alpha_3)\theta + (\theta - 1)(\alpha_3 - \alpha_4)]$$
$$B_2 = -\alpha_1(\alpha_1 + \alpha_3)\rho$$
$$B_3 = \lambda\eta(\alpha_1 + \alpha_3)(\alpha_1 + \alpha_3\theta + \alpha_3 - \alpha_4\theta)\alpha_2$$
$$B_4 = (\alpha_1 + \alpha_3\theta + \alpha_3 - \alpha_4\theta)\lambda\eta H - \alpha_1\rho$$
$$B_5 = [(\alpha_1 + \alpha_3 - \alpha_4)\theta + \alpha_4]\lambda\eta$$

则式（6-90）可表示为：$\dfrac{B_4}{B_5} = \dfrac{B_3 H(1 + S_{R\&D}) + B_2}{B_3(1 + S_{R\&D}) + B_1}$

并可解得最优技术研发补贴的解析解：$S_{R\&D} = \dfrac{B_2 B_5 - B_1 B_4}{B_3(B_4 - B_5 H)} - 1$ （6-91）

政府如果单独运用最终产品商品税或中间产品补贴政策工具，则能达到社会最优均衡的最终产品商品税要求满足：

$$\frac{\lambda\eta H(\alpha_1 + \alpha_3\theta + \alpha_4 - \alpha_4\theta) - \alpha_1\rho}{\lambda\eta[(\alpha_1 + \alpha_3 - \alpha_4)\theta + \alpha_4]} =$$

$$\frac{(\alpha_1 + \alpha_3)[\alpha_1 + \alpha_4 + (\alpha_3 - \alpha_4\theta)]\alpha_2\lambda\eta H - \alpha_1(\alpha_1 + \alpha_3)(1 - \tau_Y)\rho}{\lambda\eta\{(\alpha_1 + \alpha_3)[\alpha_1 + \alpha_4 + (\alpha_3 - \alpha_4\theta)]\alpha_2 + \alpha_1(1 - \tau_Y)[(\alpha_1 + \alpha_3)\theta + (\theta - 1)(\alpha_3 - \alpha_4)]\}}$$

$$(6-92)$$

以及

$$\frac{\lambda\eta H(\alpha_1 + \alpha_3\theta + \alpha_4 - \alpha_4\theta) - \alpha_1\rho}{\lambda\eta[(\alpha_1 + \alpha_3 - \alpha_4)\theta + \alpha_4]} =$$

$$\frac{(1 + S_X)(\alpha_1 + \alpha_3)[\alpha_1 + \alpha_4 + (\alpha_3 - \alpha_4\theta)]\alpha_2\lambda\eta H - \alpha_1(\alpha_1 + \alpha_3)\rho}{\lambda\eta\{(1 + S_X)(\alpha_1 + \alpha_3)[\alpha_1 + \alpha_4 + (\alpha_3 - \alpha_4\theta)]\alpha_2 + \alpha_1[(\alpha_1 + \alpha_3)\theta + (\theta - 1)(\alpha_3 - \alpha_4)]\}}$$

$$(6 - 93)$$

用同样的假设和方法求解上式，可得最优最终产品商品税和最优中间产品补贴的解析解：

$$\tau_Y = 1 - \frac{B_3(B_4 - B_5 H)}{B_2 B_5 - B_1 B_4}$$

$$S_X = \frac{B_2 B_5 - B_1 B_4}{B_3(B_4 - B_5 H)} - 1$$

所以，技术研发部门补贴、中间产品商品补贴与最终产品部门商品税满足式（6-89）的任一财政政策工具组合能够使经济达到社会最优路径。如果单独运用最终产品部门商品税或技术研发部门研发补贴作为政策工具，最终产品商品税率 τ_Y 满足式（6-92）或研发补贴率 $S_{R\&D}$ 满足式（6-90）或中间产品补贴 S_X 满足式（6-93），经济能达到社会最优路径。

为了使结果更为直观，下面选取参数的经验值作为最优中间产品和最优研发补贴联合政策的数值模拟。

从上面分析可知，如果最优中间产品补贴和最优研发补贴率满足下式：

$$\frac{\lambda\eta H(\alpha_1 + \alpha_3\theta + \alpha_4 - \alpha_4\theta) - \alpha_1\rho}{\lambda\eta[(\alpha_1 + \alpha_3 - \alpha_4)\theta + \alpha_4]} =$$

$$\frac{(1 + S_{R\&D})(1 + S_X)(\alpha_1 + \alpha_3)[\alpha_1 + \alpha_4 + (\alpha_3 - \alpha_4\theta)]\alpha_2\lambda\eta H - \alpha_1(\alpha_1 + \alpha_3)\rho}{\lambda\eta\{(1 + S_{R\&D})(1 + S_X)(\alpha_1 + \alpha_3)[\alpha_1 + \alpha_4 + (\alpha_3 - \alpha_4\theta)]\alpha_2 + \alpha_1[(\alpha_1 + \alpha_3)\theta + (\theta - 1)(\alpha_3 - \alpha_4)]\}}$$

则最优中间产品和最优研发补贴的联合政策，可以使经济系统处于最优路径。

假定初始的最终部门生产中人力资本、中间产品、能源资源投入的份额分别为40%、40%、20%，环境污染排放的产出弹性 α_4 为0.05，主观时间偏好率 ρ 为0.02，相对风险厌恶系数 θ 为2，社会人力资本数量 H 标准化为1，研发部门效率参数 $\lambda\eta$ 为0.2，在此基准上做数值模拟，结果如表6-1～表6-11所示。

表6-1模拟了社会最优路径上的技术增长率、能源消费增长率、产出增长率的潜在最优增长率，表6-2～表6-11模拟同时运用技术创新补贴和中间产品补贴不同政策组合时的情形。模拟结果可见：其一，在相对较低的边际效用替代弹性 θ、污染边际产出弹性 α_4 和主观时间偏好率 ρ 的

经济中，经济均能保持正增长，且经济增长率一般都能高于能源消费的增长率，经济呈现可持续发展的态势；其二，各种生产要素的产出份额配置对长期增长有影响，比如，中间产品部门份额的提高同时大幅度提高了经济和能源消费的增长率；其三，污染边际产出弹性 α_4 对经济增长率和技术增长率大致呈负相关，对能源消费增长率呈正相关关系；其四，研发补贴和中间产品补贴政策之间能够起到一定的替代作用，联合政策的作用具有效果；其五，政策强度大小影响整体经济的均衡增长路径，比如，即使考虑了环境因素，联合政策促使技术进步增长率或产出增长率上升的幅度一般仍要大于能源消费增长率的上升幅度。

表 6-1   潜在的技术、能源、产出最优增长率

α_1	α_2	α_3	α_4	ρ	θ	$\lambda\eta$	H	$H_{Q\max}^*$	$g_{Y\max}^*$	$g_{Q\max}^*$	$g_{E\max}^*$
0.4	0.4	0.2	0.05	0.02	2	0.2	1	0.617	0.130	0.123	-0.115
0.4	0.3	0.3	0.05	0.02	2	0.2	1	0.674	0.094	0.135	-0.114
0.6	0.2	0.2	0.05	0.02	2	0.2	1	0.574	0.094	0.115	-0.114
0.2	0.6	0.2	0.05	0.02	2	0.2	1	0.707	0.204	0.141	-0.117
0.4	0.4	0.2	0.05	0.04	2	0.2	1	0.583	0.120	0.117	-0.125
0.4	0.4	0.2	0.05	0.01	2	0.2	1	0.635	0.134	0.127	-0.110
0.4	0.4	0.2	0.05	0.02	4	0.2	1	0.506	0.088	0.101	-0.148
0.4	0.4	0.2	0.05	0.02	1.5	0.2	1	0.726	0.170	0.145	-0.082
0.4	0.4	0.2	0.05	0.02	2	0.4	1	0.635	0.269	0.254	-0.219
0.4	0.4	0.2	0.05	0.02	2	0.2	1	0.617	0.130	0.123	-0.115
0.4	0.4	0.2	0.05	0.04	2	0.2	1	0.583	0.120	0.117	-0.125
0.4	0.4	0.2	0.1	0.02	2	0.2	1	0.600	0.136	0.120	-0.120
0.4	0.4	0.2	0.2	0.02	2	0.2	1	0.560	0.152	0.112	-0.132
0.4	0.4	0.2	0.2	0.04	2	0.2	1	0.520	0.144	0.104	-0.144

表 6-2   中间产品供给补贴和研发补贴对应的技术、能源与产出增长率
（$S_{R\&D}=0.1$，$S_X=0.1$）

α_1	α_2	α_3	α_4	ρ	θ	$\lambda\eta$	H	H_Q^*	g_Y^*	g_Q^*	g_E^*
0.4	0.4	0.2	0.05	0.02	2	0.2	1	0.256	0.062	0.051	-0.057
0.4	0.3	0.3	0.05	0.02	2	0.2	1	0.237	0.063	0.047	-0.050
0.6	0.2	0.2	0.05	0.02	2	0.2	1	0.110	0.022	0.022	-0.035
0.2	0.6	0.2	0.05	0.02	2	0.2	1	0.434	0.127	0.087	-0.078
0.4	0.4	0.2	0.05	0.04	2	0.2	1	0.224	0.046	0.045	-0.068
0.4	0.4	0.2	0.05	0.01	2	0.2	1	0.272	0.069	0.054	-0.051
0.4	0.4	0.2	0.05	0.02	4	0.2	1	0.216	0.051	0.043	-0.071

α_1	α_2	α_3	α_4	ρ	θ	$\lambda\eta$	H	H_Q^*	g_Y^*	g_Q^*	g_E^*
0.4	0.4	0.2	0.05	0.02	1.5	0.2	1	0.294	0.072	0.059	−0.044
0.4	0.4	0.2	0.05	0.02	2	0.4	1	0.272	0.138	0.109	−0.103
0.4	0.4	0.2	0.05	0.02	2	0.2	1	0.256	0.062	0.051	−0.057
0.4	0.4	0.2	0.05	0.04	2	0.2	1	0.224	0.046	0.045	−0.068
0.4	0.4	0.2	0.1	0.02	2	0.2	1	0.248	0.055	0.050	−0.060
0.4	0.4	0.2	0.2	0.02	2	0.2	1	0.230	0.046	0.046	−0.066
0.4	0.4	0.2	0.2	0.04	2	0.2	1	0.193	0.039	0.039	−0.079

表6-3 中间产品供给补贴和研发补贴对应的技术、能源与产出增长率
（$S_{R\&D}=0.2$, $S_X=0.1$）

α_1	α_2	α_3	α_4	ρ	θ	$\lambda\eta$	H	H_Q^*	g_Y^*	g_Q^*	g_E^*
0.4	0.4	0.2	0.05	0.02	2	0.2	1	0.275	0.067	0.055	−0.060
0.4	0.3	0.3	0.05	0.02	2	0.2	1	0.255	0.068	0.051	−0.052
0.6	0.2	0.2	0.05	0.02	2	0.2	1	0.122	0.025	0.024	−0.037
0.2	0.6	0.2	0.05	0.02	2	0.2	1	0.456	0.134	0.091	−0.081
0.4	0.4	0.2	0.05	0.04	2	0.2	1	0.244	0.052	0.049	−0.071
0.4	0.4	0.2	0.05	0.01	2	0.2	1	0.290	0.074	0.058	−0.054
0.4	0.4	0.2	0.05	0.02	4	0.2	1	0.232	0.055	0.046	−0.075
0.4	0.4	0.2	0.05	0.02	1.5	0.2	1	0.314	0.077	0.063	−0.046
0.4	0.4	0.2	0.05	0.02	2	0.4	1	0.290	0.148	0.116	−0.109
0.4	0.4	0.2	0.05	0.02	2	0.2	1	0.275	0.067	0.055	−0.060
0.4	0.4	0.2	0.05	0.04	2	0.2	1	0.244	0.052	0.049	−0.071
0.4	0.4	0.2	0.1	0.02	2	0.2	1	0.267	0.060	0.053	−0.063
0.4	0.4	0.2	0.2	0.02	2	0.2	1	0.248	0.050	0.050	−0.070
0.4	0.4	0.2	0.2	0.04	2	0.2	1	0.212	0.042	0.042	−0.082

表6-4 中间产品供给补贴和研发补贴对应的技术、能源与产出增长率
（$S_{R\&D}=0.2$, $S_X=0.2$）

α_1	α_2	α_3	α_4	ρ	θ	$\lambda\eta$	H	H_Q^*	g_Y^*	g_Q^*	g_E^*
0.4	0.4	0.2	0.05	0.02	2	0.2	1	0.294	0.072	0.059	−0.063
0.4	0.3	0.3	0.05	0.02	2	0.2	1	0.274	0.074	0.055	−0.055
0.6	0.2	0.2	0.05	0.02	2	0.2	1	0.135	0.029	0.027	−0.040

α_1	α_2	α_3	α_4	ρ	θ	$\lambda\eta$	H	H_Q^*	g_Y^*	g_Q^*	g_E^*
0.2	0.6	0.2	0.05	0.02	2	0.2	1	0.479	0.141	0.096	−0.084
0.4	0.4	0.2	0.05	0.04	2	0.2	1	0.264	0.057	0.053	−0.074
0.4	0.4	0.2	0.05	0.01	2	0.2	1	0.309	0.079	0.062	−0.057
0.4	0.4	0.2	0.05	0.02	4	0.2	1	0.249	0.060	0.050	−0.080
0.4	0.4	0.2	0.05	0.02	1.5	0.2	1	0.336	0.083	0.067	−0.048
0.4	0.4	0.2	0.05	0.02	2	0.4	1	0.309	0.158	0.124	−0.115
0.4	0.4	0.2	0.05	0.02	2	0.2	1	0.294	0.072	0.059	−0.063
0.4	0.4	0.2	0.05	0.04	2	0.2	1	0.264	0.057	0.053	−0.074
0.4	0.4	0.2	0.1	0.02	2	0.2	1	0.286	0.065	0.057	−0.066
0.4	0.4	0.2	0.2	0.02	2	0.2	1	0.267	0.053	0.053	−0.073
0.4	0.4	0.2	0.2	0.04	2	0.2	1	0.232	0.046	0.046	−0.086

表 6 − 5　　中间产品供给补贴和研发补贴对应的技术、能源与产出增长率
($S_{R\&D} = 0.3$，$S_X = 0.2$)

α_1	α_2	α_3	α_4	ρ	θ	$\lambda\eta$	H	H_Q^*	g_Y^*	g_Q^*	g_E^*
0.4	0.4	0.2	0.05	0.02	2	0.2	1	0.313	0.077	0.063	−0.066
0.4	0.3	0.3	0.05	0.02	2	0.2	1	0.292	0.080	0.058	−0.058
0.6	0.2	0.2	0.05	0.02	2	0.2	1	0.147	0.032	0.029	−0.042
0.2	0.6	0.2	0.05	0.02	2	0.2	1	0.500	0.148	0.100	−0.087
0.4	0.4	0.2	0.05	0.04	2	0.2	1	0.284	0.062	0.057	−0.077
0.4	0.4	0.2	0.05	0.01	2	0.2	1	0.327	0.084	0.065	−0.060
0.4	0.4	0.2	0.05	0.02	4	0.2	1	0.266	0.064	0.053	−0.084
0.4	0.4	0.2	0.05	0.02	1.5	0.2	1	0.356	0.088	0.071	−0.049
0.4	0.4	0.2	0.05	0.02	2	0.4	1	0.327	0.168	0.131	−0.121
0.4	0.4	0.2	0.05	0.02	2	0.2	1	0.313	0.077	0.063	−0.066
0.4	0.4	0.2	0.05	0.04	2	0.2	1	0.284	0.062	0.057	−0.077
0.4	0.4	0.2	0.1	0.02	2	0.2	1	0.304	0.069	0.061	−0.069
0.4	0.4	0.2	0.2	0.02	2	0.2	1	0.285	0.057	0.057	−0.077
0.4	0.4	0.2	0.2	0.04	2	0.2	1	0.251	0.050	0.050	−0.090

表6-6　　　　中间产品供给补贴和研发补贴对应的技术、能源与产出增长率

$(S_{R\&D}=0.3, \ S_X=0.3)$

α_1	α_2	α_3	α_4	ρ	θ	$\lambda\eta$	H	H_Q^*	g_Y^*	g_Q^*	g_E^*
0.4	0.4	0.2	0.05	0.02	2	0.2	1	0.332	0.082	0.066	-0.069
0.4	0.3	0.3	0.05	0.02	2	0.2	1	0.310	0.085	0.062	-0.060
0.6	0.2	0.2	0.05	0.02	2	0.2	1	0.160	0.035	0.032	-0.044
0.2	0.6	0.2	0.05	0.02	2	0.2	1	0.521	0.155	0.104	-0.090
0.4	0.4	0.2	0.05	0.04	2	0.2	1	0.303	0.068	0.061	-0.081
0.4	0.4	0.2	0.05	0.01	2	0.2	1	0.346	0.089	0.069	-0.063
0.4	0.4	0.2	0.05	0.02	4	0.2	1	0.283	0.069	0.057	-0.089
0.4	0.4	0.2	0.05	0.02	1.5	0.2	1	0.376	0.094	0.075	-0.051
0.4	0.4	0.2	0.05	0.02	2	0.4	1	0.346	0.178	0.138	-0.127
0.4	0.4	0.2	0.05	0.02	2	0.2	1	0.332	0.082	0.066	-0.069
0.4	0.4	0.2	0.05	0.04	2	0.2	1	0.303	0.068	0.061	-0.081
0.4	0.4	0.2	0.1	0.02	2	0.2	1	0.323	0.074	0.065	-0.073
0.4	0.4	0.2	0.2	0.02	2	0.2	1	0.303	0.061	0.061	-0.081
0.4	0.4	0.2	0.2	0.04	2	0.2	1	0.270	0.054	0.054	-0.094

表6-7　　　　中间产品供给补贴和研发补贴对应的技术、能源与产出增长率

$(S_{R\&D}=0.3, \ S_X=0.4)$

α_1	α_2	α_3	α_4	ρ	θ	$\lambda\eta$	H	H_Q^*	g_Y^*	g_Q^*	g_E^*
0.4	0.4	0.2	0.05	0.02	2	0.2	1	0.350	0.087	0.070	-0.072
0.4	0.3	0.3	0.05	0.02	2	0.2	1	0.328	0.091	0.066	-0.063
0.6	0.2	0.2	0.05	0.02	2	0.2	1	0.172	0.038	0.034	-0.046
0.2	0.6	0.2	0.05	0.02	2	0.2	1	0.540	0.161	0.108	-0.093
0.4	0.4	0.2	0.05	0.04	2	0.2	1	0.322	0.073	0.064	-0.084
0.4	0.4	0.2	0.05	0.01	2	0.2	1	0.364	0.094	0.073	-0.066
0.4	0.4	0.2	0.05	0.02	4	0.2	1	0.299	0.073	0.060	-0.093
0.4	0.4	0.2	0.05	0.02	1.5	0.2	1	0.395	0.099	0.079	-0.053
0.4	0.4	0.2	0.05	0.02	2	0.4	1	0.364	0.187	0.146	-0.132
0.4	0.4	0.2	0.05	0.02	2	0.2	1	0.350	0.087	0.070	-0.072
0.4	0.4	0.2	0.05	0.04	2	0.2	1	0.322	0.073	0.064	-0.084
0.4	0.4	0.2	0.1	0.02	2	0.2	1	0.341	0.078	0.068	-0.076
0.4	0.4	0.2	0.2	0.02	2	0.2	1	0.321	0.064	0.064	-0.084
0.4	0.4	0.2	0.2	0.04	2	0.2	1	0.288	0.058	0.058	-0.098

表 6 - 8　　中间产品供给补贴和研发补贴对应的技术、能源与产出增长率
（$S_{R\&D} = 0.4$，$S_X = 0.4$）

α_1	α_2	α_3	α_4	ρ	θ	$\lambda\eta$	H	H_Q^*	g_Y^*	g_Q^*	g_E^*
0.4	0.4	0.2	0.05	0.02	2	0.2	1	0.368	0.092	0.074	-0.075
0.4	0.3	0.3	0.05	0.02	2	0.2	1	0.345	0.096	0.069	-0.066
0.6	0.2	0.2	0.05	0.02	2	0.2	1	0.185	0.041	0.037	-0.048
0.2	0.6	0.2	0.05	0.02	2	0.2	1	0.559	0.167	0.112	-0.096
0.4	0.4	0.2	0.05	0.04	2	0.2	1	0.341	0.078	0.068	-0.087
0.4	0.4	0.2	0.05	0.01	2	0.2	1	0.382	0.098	0.076	-0.069
0.4	0.4	0.2	0.05	0.02	4	0.2	1	0.316	0.078	0.063	-0.098
0.4	0.4	0.2	0.05	0.02	1.5	0.2	1	0.415	0.104	0.083	-0.055
0.4	0.4	0.2	0.05	0.02	2	0.4	1	0.382	0.197	0.153	-0.138
0.4	0.4	0.2	0.05	0.02	2	0.2	1	0.368	0.092	0.074	-0.075
0.4	0.4	0.2	0.05	0.04	2	0.2	1	0.341	0.078	0.068	-0.087
0.4	0.4	0.2	0.1	0.02	2	0.2	1	0.359	0.082	0.072	-0.079
0.4	0.4	0.2	0.2	0.02	2	0.2	1	0.339	0.068	0.068	-0.088
0.4	0.4	0.2	0.2	0.04	2	0.2	1	0.307	0.061	0.061	-0.101

表 6 - 9　　中间产品供给补贴和研发补贴对应的技术、能源与产出增长率
（$S_{R\&D} = 0.5$，$S_X = 0.4$）

α_1	α_2	α_3	α_4	ρ	θ	$\lambda\eta$	H	H_Q^*	g_Y^*	g_Q^*	g_E^*
0.4	0.4	0.2	0.05	0.02	2	0.2	1	0.386	0.096	0.077	-0.078
0.4	0.3	0.3	0.05	0.02	2	0.2	1	0.362	0.102	0.072	-0.068
0.6	0.2	0.2	0.05	0.02	2	0.2	1	0.198	0.044	0.040	-0.050
0.2	0.6	0.2	0.05	0.02	2	0.2	1	0.576	0.172	0.115	-0.098
0.4	0.4	0.2	0.05	0.04	2	0.2	1	0.359	0.083	0.072	-0.090
0.4	0.4	0.2	0.05	0.01	2	0.2	1	0.399	0.103	0.080	-0.072
0.4	0.4	0.2	0.05	0.02	4	0.2	1	0.332	0.082	0.066	-0.102
0.4	0.4	0.2	0.05	0.02	1.5	0.2	1	0.433	0.109	0.087	-0.056
0.4	0.4	0.2	0.05	0.02	2	0.4	1	0.399	0.206	0.159	-0.144
0.4	0.4	0.2	0.05	0.02	2	0.2	1	0.386	0.096	0.077	-0.078
0.4	0.4	0.2	0.05	0.04	2	0.2	1	0.359	0.083	0.072	-0.090
0.4	0.4	0.2	0.1	0.02	2	0.2	1	0.377	0.086	0.075	-0.082
0.4	0.4	0.2	0.2	0.02	2	0.2	1	0.356	0.071	0.071	-0.091
0.4	0.4	0.2	0.2	0.04	2	0.2	1	0.325	0.065	0.065	-0.105

表 6 – 10　　　中间产品供给补贴和研发补贴对应的技术、能源与产出增长率
（$S_{R\&D} = 0.5$，$S_X = 0.5$）

α_1	α_2	α_3	α_4	ρ	θ	$\lambda\eta$	H	H_Q^*	g_Y^*	g_Q^*	g_E^*
0.4	0.4	0.2	0.05	0.02	2	0.2	1	0.403	0.101	0.081	−0.081
0.4	0.3	0.3	0.05	0.02	2	0.2	1	0.380	0.107	0.076	−0.071
0.6	0.2	0.2	0.05	0.02	2	0.2	1	0.211	0.047	0.042	−0.052
0.2	0.6	0.2	0.05	0.02	2	0.2	1	0.593	0.178	0.119	−0.101
0.4	0.4	0.2	0.05	0.04	2	0.2	1	0.378	0.087	0.076	−0.092
0.4	0.4	0.2	0.05	0.01	2	0.2	1	0.416	0.108	0.083	−0.075
0.4	0.4	0.2	0.05	0.02	4	0.2	1	0.348	0.086	0.070	−0.106
0.4	0.4	0.2	0.05	0.02	1.5	0.2	1	0.451	0.114	0.090	−0.058
0.4	0.4	0.2	0.05	0.02	2	0.4	1	0.416	0.215	0.166	−0.149
0.4	0.4	0.2	0.05	0.02	2	0.2	1	0.403	0.101	0.081	−0.081
0.4	0.4	0.2	0.05	0.04	2	0.2	1	0.378	0.087	0.076	−0.092
0.4	0.4	0.2	0.1	0.02	2	0.2	1	0.394	0.091	0.079	−0.085
0.4	0.4	0.2	0.2	0.02	2	0.2	1	0.373	0.075	0.075	−0.095
0.4	0.4	0.2	0.2	0.04	2	0.2	1	0.343	0.069	0.069	−0.109

表 6 – 11　　　中间产品供给补贴和研发补贴对应的技术、能源与产出增长率
（$S_{R\&D} = 0.6$，$S_X = 0.6$）

α_1	α_2	α_3	α_4	ρ	θ	$\lambda\eta$	H	H_Q^*	g_Y^*	g_Q^*	g_E^*
0.4	0.4	0.2	0.05	0.02	2	0.2	1	0.436	0.110	0.087	−0.086
0.4	0.3	0.3	0.05	0.02	2	0.2	1	0.412	0.117	0.082	−0.076
0.6	0.2	0.2	0.05	0.02	2	0.2	1	0.237	0.054	0.047	−0.057
0.2	0.6	0.2	0.05	0.02	2	0.2	1	0.625	0.188	0.125	−0.105
0.4	0.4	0.2	0.05	0.04	2	0.2	1	0.412	0.097	0.082	−0.098
0.4	0.4	0.2	0.05	0.01	2	0.2	1	0.448	0.116	0.090	−0.080
0.4	0.4	0.2	0.05	0.02	4	0.2	1	0.380	0.095	0.076	−0.115
0.4	0.4	0.2	0.05	0.02	1.5	0.2	1	0.486	0.123	0.097	−0.061
0.4	0.4	0.2	0.05	0.02	2	0.4	1	0.448	0.233	0.179	−0.160
0.4	0.4	0.2	0.05	0.02	2	0.2	1	0.436	0.110	0.087	−0.086
0.4	0.4	0.2	0.05	0.04	2	0.2	1	0.412	0.097	0.082	−0.098
0.4	0.4	0.2	0.1	0.02	2	0.2	1	0.427	0.099	0.085	−0.090
0.4	0.4	0.2	0.2	0.02	2	0.2	1	0.406	0.081	0.081	−0.101
0.4	0.4	0.2	0.2	0.04	2	0.2	1	0.378	0.076	0.076	−0.116

总之，从数值模拟结果可以看出，时间偏好、研发效率、环境影响、要素份额等因素对均衡增长率具有不同的作用方向，在此基础上研发补贴和中间产品补贴的联合政策均具有矫正扭曲和促进增长的政策效果。

6.3 可持续发展、代际公平与哈特维克准则

6.3.1 经济学视阈内的可持续发展及问题的提出

6.3.1.1 可持续发展的一般性观点

第 5 章与本章的前两节以基于能源约束和内生增长的框架考察最优财政政策，实际上是基于动态效率的标准，虽然实际经济中某些促进效率的经济政策与降低资源消耗的政策的效果并不相悖，但第 5 章与本章前两节的政策模型本身并没有对经济持续发展问题进行直接深入的考察。并且，可持续发展问题直接关系人类后代的福利，所以本质上与社会公平特别是代际公平等问题密切相连，本章的后半部分主要是尝试从资源替代与代际公平的视角出发，基于罗尔斯正义及哈特维克准则等可持续发展评价新标准，以经济增长理论框架分析可能的最优财政政策。

可持续发展，就其一般意义来说，可以指人类的整体福利在无限时间内一直保持一定的良好水准。这是一个涉及我们和后代长期福利的问题，曾经受到哲学、经济学、社会学、生物学、环境科学等领域学者以及政策制定者的长期关注，但对于可持续发展前景的讨论和关键问题的具体指向，各个领域的学者可以说是众说纷纭，莫衷一是。

对于物质财富和社会福利能否持续增长的一般性论述中，持有悲观论调的较有代表性的包括《增长的极限》及罗马俱乐部的一些著述，《增长的极限》（Medows et al.，1972）的基本结论是资源耗竭和环境恶化将导致增长的极限和世界经济体系的崩溃，可持续发展将不可能。梅多斯等构建世界模型 3，运用当时的数据模拟资源、人口、环境、人均产出和人均食物五种代表性指标的变化趋势，得出未来 100 年内发展将停滞的结论。一些学者还从热力学和生态学的视角研究可持续发展问题，他们把经济系统看成是自然系统的一个子系统，在经济系统和物质环境相互依存和影响的背景下讨论可持续性问题。从物质上讲，经济活动本质上是从环境取得物质并完成转换的过程，根据物质平衡原理，所有的物质将取自于自然并回归自然；但从能量的角度，根据热力学第二定律，封闭系统的熵会单向

逐步增大，最后直到所有的能量交换都不再可能。在鲍尔丁的"宇宙飞船"模型中，地球是一个类似于宇宙飞船的孤立封闭系统，故所有的人类活动都是有环境代价的，可持续性将永远是一个问题。与这些视角不完全相同，达利（Daly）提出过超越增长（beyond growth）的概念，达利（Daly，1987）认为相对于热力学定律与生态系统的生物物质极限，人类社会本身还存在增长的社会性局限，这种极限与人们的认知与愿望相联系。与限制以资源消耗、环境恶化和物种下降为支撑的物质性增长愿望不同，对于人类社会而言，经济增长带来的福利积累效应和变化的道德标准本身会限制积累和增长的愿望。

在更早些时候，赫希（Hirsch）在《增长的社会极限》中论述一些类似观点，物质增长的最终结果会是对象征性物品或者所谓"位势物品"消费的追逐，类似于在《有闲阶级论》中凡勃仑所描绘的人们对并非必需的奢华品和烦琐礼仪教育的追捧，都因社会需求和产出能力的严重脱节而不可持续。20世纪70年代以来，主流经济学界对一些环境学家和生态学家们的悲观论调几乎完全持不以为然的态度。比如，《增长的极限》发表不久，诺德豪斯（Nordhaus，1972）、佩奇（Page，1973）、科勒（Cole，1973）、索洛（1974）、勒卡门伯（Lecomber，1975）都作出了强烈回应。一些经济学家认为，《增长的极限》的结论是在耕地数量极限、不可再生资源极限、环境吸纳污染物极限等刚性假设下的推论，如果考虑到自然资源内部的替代、人造资本和自然之间的替代效应、技术进步与人力资本的增长等，模拟结果和基本结论都将有所变化，长期的消费和福利的持平或增长是可能的。近年来，可持续发展问题在学界和社会上也越来越受到关注，经济学研究一般都致力于针对理论上或实践中的不同具体问题，但总体上对可持续性的结论一直比较乐观。

我们知道可持续发展问题本身可能具有多种视角，所以问题的要点不在于基于各种学科的没有争论基础的一般性论述，而是对于可持续性问题，你要通过什么样的方法去解决什么样的具体问题，而这些问题是可持续发展问题的某一部分或一个侧面。早在20世纪末，佩泽（Pezzey，1997）曾经写道，"在十年前我归纳了大约五六十个可持续发展的概念和定义，而现在随手可得千个以上，我甚至看不出它们有什么实际意义"。就方法论而言，经济分析方法应该是分析可持续发展问题最为可行的方法之一，因为经济学作为一门具有自身研究范式的标准的社会学科，其一个突出优点是能够针对问题、表述清晰、结论客观。

但是应当注意的是，即使在经济学视阈内，可持续问题本身也带有浓厚的伦理色彩，比如，可持续性问题与代际公平问题本身是高度相关的，涉及考察经济产出和社会资源如何在人们之间和各代之间合理分配的问题。我们需要通过构建不同的社会福利函数作为目标函数来分析作为当代、未来或整体的人类的福利水平变化，而另一些主观的价值判断可能作为约束出现在分析框架中。总之，这些目标函数和约束条件都隐含了某种主观的价值向度，这一点与经济效率的讨论并不相同。公平问题本身的构建，并不完全"客观"。对于持续发展与公平问题，在经济学中一般会基于不同的社会福利函数和最优化方法讨论经济长期发展和社会整体福利增进的可能性和条件，涉及效率和公平这些最为关键的问题。

6.3.1.2 定义经济可持续发展

下面，我们来讨论可持续性在经济学中应该被如何定义比较合适，这些可持续性相关的概念或定义应该具有明确指向或实际中的可观测性。先是效用或消费的概念，我们先来讨论效用，消费与之有很多类似的性质，不同之处在后面会讨论。

我们分别定义 4 个效用概念，人们在 t 时期的效用水平 U_t，t 时期效用随时间的变化率 U'_t，t 时期的资源和技术条件对应的最大可能效用 U_t^M，以及 t 时期的按人类道义和生存条件所对应的最小可能效用 U_t^m。U'_t 是效用对时间的一阶导数，U_t^M 是供给层面给出的经济最大产出对应的效用边界，是来自生产可能性边界的限制。U_t^m 如果指对应于人类生存最低要求的物质条件，那么是弱势群体需求的下限值，如果指对应于人类道义上的慷慨程度，一般部分体现为社会上适当的无偿供给；比如，在某国，如果人均收入 5000 元以下实际上就难以生存，或者一般人普遍认为只有在人均收入 20000 元以上才可以勉强在社会中生活（比如，对应于家庭贫困线或最低工资线），那么，一般来说这两种收入对应的效用可分别对应于 U_t^m 定义的两种情形。

根据以上效用定义，可以认为如果在所有时间上满足 $U'_t \geqslant 0$、$U_t \leqslant U_t^M$ 或 $U_t \geqslant U_t^m$，就在某种意义上实现了可持续发展。

$U'_t \geqslant 0$ 的含义是效用随着时间推移一直保持不降（增长或至少维持不变），这个定义体现了效用增长的现实状态，在经济学中被广泛运用，几乎所有的经济增长模型都定义了产出或消费在所有时间上的不降即为现实的经济增长或发展。

$U_t \leqslant U_t^M$ 的含义是效用在当下是可行的，即在每个时期满足效用的物质财富能在当下的经济条件下被生产出来，是指从供给层面看可持续发展的可能性和可行性。在几乎所有的经济增长模型中这一点却是被隐含的，因为这些增长模型中的经济的需求侧被假定由总量生产函数代表的供给侧自动满足。但理论和实践中在所有时间上经济能否保持这样的生产能力是需要被考察的，索洛（1974）对可持续性的一个简单建议是至少保持广义资本不变，即后来的哈特维克准则的另一种表述。

$U_t \geq U_t^m$ 的含义是效用应当不小于人们生存的最低物质条件或者社会上普遍公认的最低生活需求，才能算是实现可持续发展。这种定义，首先，是具有伦理含义的，特别是后者的标准更具有非客观性，比如，在不同的地区什么是体面的生活或基本的生活需求并不一定相同且不具可比性。其次，为不同社会福利函数的构建提供思路，因为社会目标函数可以不再是类似于产出或物质财富这样完全物化的概念，可持续性可以看成所有世代的人们享有平等的获得幸福的权利，我们可以在罗尔斯（1971）中关于实现公平正义的最大最小化（maxmin）原则中看到这一点，而齐齐尔尼斯基（Chichilnisky, 1996）认为，当代人群和未来人群的非独断准则本质上也要体现这一点。

现在，讨论以消费的概念定义可持续发展，类似上文讨论效用的情形，可以分别定义在 t 时期的消费水平 C_t，t 时期消费随时间的变化率 C_t'，t 时期的资源和技术条件对应的最大可能消费 C_t^M，以及 t 时期的按人类道义和生存条件所对应的最小可能消费 C_t^m。然后，以是否在所有时间上满足 $U_t' \geq 0$、$U_t \leq U_t^M$ 或 $U_t \geq U_t^m$ 中的某一项作为是否实现可持续发展的标准。在无限时间内保持效用或消费不降在某种程度上都可以作为可持续发展的标准，因为一般来说在经济学中假设效用是消费商品或服务带来的直接效应，并且在大多数经济增长的基本模型中效用函数只包含消费，而且有时候使用消费概念会更为方便。使用消费概念还有一个可能的好处为消费是可以观测的，这就为实证分析提供了可行途径。拉姆齐模型中的 CRRA 函数使用只包含消费的效用函数，但索洛（1974）、哈特维克（1977）等经典模型的很多拓展都以消费替代效用。

6.3.2　代际公平与哈特维克投资准则

6.3.2.1　可持续发展中广义资本的角色

按照可持续发展的一般性定义，体现任何一代人和他们的任何一代的后代享有同样的社会福利和生活水平，即在时间序列的任意一点享有相同的效用，或者在所有时间上保持效用（或消费）的不降。

希克斯（Hicks）在《价值与资本》中对收入概念的阐述是具有启发

性的，希克斯认为，收入必须被定义为这样一些能够被自由支配的当前财富，它们能够被期望在以后的某个时点买到同样数量的物品。所以，在希克斯看来，收入本质上应该是某种可以使未来持续获得实物的能力，是一种财富再生的能力，即本质上具有类似于资本的特性。我们再考虑上文对可持续发展的第二种定义，$U_t \leqslant U_t^M$ 的定义实际上是指向在未来持续获得效用或某种实物（消费）的能力可能性的判断，类似于对生产函数和生产可能性集的基本定义。所以，无论是希克斯的收入概念还是上文可持续发展的定义，都是说在未来每个时期满足效用的同等实物能否在当时的技术和资源条件下被生产出来。正如索洛曾强调的，对于持续发展，我们应该理解为不一定需要为未来的后代们留下同样多的自然资源和现成的消费品，但要为他们提供获得同等资源和财富的可能性。总之，广义资本总量和资本积累应该对可持续性具有决定性作用。

基于同样的视角，哈特维克（1977，1978）提到了被后来的研究者称之为哈特维克准则的与可持续发展对应的投资方法。哈特维克（1977）在一个生产要素投入为资本、自然资源和不变人口的新古典增长框架中证明，如果将经济中所有可耗竭自然资源的租金只用于资本积累而不用于消费，消费将刚好可以在无限时间内保持不降低。哈特维克（1978）则在此基础上进一步证明，如果经济中自然资源的种类是无限多种且相互之间可以替代，哈特维克（1977）提及的可持续性准则同样成立。哈特维克的观点与早些时候发表于《经济研究评论》的索洛（1974）和斯蒂格利兹（1974）有类似之处。索洛（1974）考虑在一个包含资源耗竭、资本积累和柯布-道格拉斯生产技术的框架中，如果资本的产出弹性大于自然资源的产出弹性，最优消费路径为常数则可以实现，而此时经济中的净投资为0，如果把自然资源看作是广义资本总量的一部分的话。以上分析暗含罗尔斯（1971）的公平法则，即这种投资法则可实现状况最差的那一时期人均福利的最大化。迪克西特等（Dixit et al. ，1980）严格证明了在异质性资本的假设下，只要保持投资恒定而不一定需要为0，在无限时间上的效用不降可以实现，这是哈特维克（1977）很重要的拓展，可视为广义哈特维克准则，此后，又出现了达斯古普塔和米特拉（Dasgupta，Mitra，1983）、米塔根和阿什海姆（Mithagen，Asheim，1998）、米特拉（2000）等一些代表性文献。下面，我们以一个简单框架对哈特维克准则及代际公平性做一个概括性的说明。

6.3.2.2　代际公平与哈特维克投资准则

基本框架：一个包含可耗竭自然资源、资本与劳动三种生产要素投入的竞争性经济，劳动或人口的增长率、资本折旧均为 0，K 为资本存量，X 为投资或资本流量，S 为自然资源存量，E 为自然资源要素投入流量或自然资源消费量。假设总量生产函数为连续、单调非递减、二阶可导的凹函数，X 和 E 对生产过程均为"不可或缺"①，则生产函数 $F(K(t),E(t))$ 在定义域内具有如下性质：

$$F(K,0) = F(0,E) = 0$$

$$F_K(K,E) > 0, \ F_E(K,E) > 0, \ F_{EE}(K,E) < 0$$

第一，哈特维克准则意味着无限时间内消费不降（代际公平）。

按照哈特维克准则，来自自然资源的收益或租金全部用于投资，即：

$$\dot{K} = EF_E(K,E), t \geq 0 \qquad (6-94)$$

哈特维克（1977）首次证明了如果竞争性经济中满足以上投资法则，无限时间内的消费将不变，即实现了罗尔斯意义上的代际公平。我们以更简洁的形式阐释：

$$C = F\ (K,\ R) - \dot{K}_t$$

两侧对时间求导有：

$$\dot{C} = F_K(K,E)\ \dot{K} + F_E(K,E)\ \dot{E} - \ddot{K} \qquad (6-95)$$

竞争性假设暗示自然资源市场价格变化按照霍特林准则，自然资源边际产出的变化率等于资本的边际产出，即：

$$\dot{F}_E(K,E)/F_E(K,E) = F_K(K,E)$$

将哈特维克准则式（6-94）代入式（6-95），可得：

$$
\begin{aligned}
\dot{C} &= F_K(K,E)\ \dot{K} + F_E(K,E)\ \dot{E} - \ddot{K} \\
&= F_K(K,E)EF_E(K,E) + F_E(K,E)\ \dot{E} - \partial\ (EF_E(K,E))/\partial t \\
&= E\big[F_K(K,E)F_E(K,E) - \dot{F}_E(K,E)\big]
\end{aligned}
$$

对于上式，如果资源储量初值不为 0，则 $E_t \neq 0$（在 $t = \infty$ 时为 0），等式右侧第一项为正；由霍特林准则可知，等式右侧第二项为 0，故在所有时间上消费的增长量 $\dot{C}_t = 0$。

这样，就说明了如果投资满足哈特维克准则，则在所有时间上消费可以为常数，体现了罗尔斯意义上的代际公平。下面，我们进一步说明，如果满足代际公平，则投资将自行满足哈特维克准则。

---

① 类似于索洛（Solow, 1974）、哈特维克（Hartwick, 1978）等的设定，C－D 技术为生产中各要素均"不可或缺"的一种特例。

第二，代际公平意味着无限时间内投资满足哈特维克准则。

沿用上文的基本假设，又设广义资本的价格为 P，有：

$$PF(K,E) = PC + P\dot{K} \qquad (6-96)$$

对式（6-96）两侧分别对时间求导，经整理可得：

等式左边为：$P\left[F_K(K,E)\dot{K} + F_E(K,E)\dot{E}\right] + F(K,E)\dot{P}$

等式右边为：$\dot{P}C + \dot{P}\dot{K} + P\ddot{K}$

故可得 $PF_K(K,R)\dot{K} + \dot{E} = P\ddot{K}$，代入霍特林准则等式，即：

$$P(-\dot{P}/P)\dot{K} + \dot{E} = P\ddot{K}$$

因为价格向量不等于0，故 $\dot{P}\dot{K} + P\ddot{K} = \dot{E}$ 成立，等式左侧刚好是 $P\dot{K}$ 的全微分，故有微分方程：

$$\partial\,(P\dot{K} - E)/\partial t = 0 \qquad (6-97)$$

式（6-97）的解集为 $P\dot{K} - E =$ 常数，故在无限时间内净广义投资值为常数，即迪克西特等（1980）提出的更一般性的可持续发展投资规律——广义哈特维克准则。

6.3.3 基于新古典增长理论的代际公平

下面，在一般性的新古典增长框架内考察基于代际公平的均衡增长路径，类似于索洛（1974）和斯蒂格利兹（1974）的方法构建模型。综合考虑以下三方面因素构建模型进行分析：（1）代表性消费者效用在无限时间上加总最优，即效率原则；（2）消费在时间序列上保持不降或保持恒定，即代际公平原则；（3）可耗竭资源租金全部用作投资，即哈特维克准则。

假设总量生产函数为：

$$Y_t = Q_t H_t^{\alpha_1} K_t^{\alpha_2} E_t^{\alpha_3}, \alpha_1 + \alpha_2 + \alpha_3 = 1 \qquad (6-98)$$

在式（6-98）中，H_t 为 t 时期的人力资本数量或人口数量，K_t 为资本存量，E_t 为可耗竭能源消费量，Q_t 为经济中的技术存量。为了表述简洁，下面省略变量的时间下标。

假设人口数量和技术存量分别具有外生增长率 n 和 m，即：

$$g_H = \dot{H}/H = n, Q = e^{mt}$$

假设能源消费量为可耗竭能源开采量，则能源存量方程为：

$$\dot{S} = -E, E > 0$$

对式（6-98）两侧对数对时间 t 求导，可得：

$$g_Y = \alpha_1 n + \alpha_2 g_K + \alpha_3 g_E + m \qquad (6-99)$$

假设经济中社会储蓄率 $\dot{K}/Y$ 为 α，产出资本比 Y/K 为 β，能源消费率 E/S 为 γ，现在，我们用以上三个新变量表示系统中各变量的增长率。

首先，显然有：

$$g_K = \alpha\beta \qquad (6-100)$$

以及 $C = Y - \dot{K} = (1-\alpha)Y$，两侧对数求导可得：

$$\dot{\alpha} = (1-\alpha)(g_Y - g_C)$$

根据最优路径效率条件的霍特林法则，可得：

$$\dot{Y}_E/Y_E = Y_K,$$

故有：

$$\alpha_2\beta = Y_K = \dot{Y}_E/Y_E = \partial \ln Y_E/\partial t = g_Y - g_E \qquad (6-101)$$

联立式（6-99）、式（6-100）、式（6-101），并根据均衡条件，可得：

$$g_Y = \frac{\alpha_1 n + \alpha_2\alpha\beta - \alpha_2\alpha_3\beta + m}{\alpha_1 + \alpha_2} \qquad (6-102)$$

$$g_E = \frac{\alpha_1 n + \alpha_2\alpha\beta - \alpha_2\beta + m}{\alpha_1 + \alpha_2} \qquad (6-103)$$

下面，求解变量 α、β、γ 的增长率，得到：

$$g_\alpha = \frac{1-\alpha}{\alpha}(g_Y - g_C) = \frac{1-\alpha}{\alpha}\left(\frac{\alpha_1 n + \alpha_2\alpha\beta - \alpha_2\alpha_3\beta + m}{\alpha_1 + \alpha_2} - g_C\right) \qquad (6-104)$$

$$g_\beta = g_Y - g_K = \frac{\alpha_1 n - \alpha_1\alpha\beta - \alpha_2\alpha_3\beta + m}{\alpha_1 + \alpha_2} \qquad (6-105)$$

$$g_\gamma = g_E - g_S = \frac{\alpha_1 n + \alpha_2\alpha\beta - \alpha_2\beta + m}{\alpha_1 + \alpha_2} + \gamma \qquad (6-106)$$

下面，构建三维动力系统，先求解社会最优均衡路径，然后，比较分析代际公平路径与哈特维克准则路径的特性及存在条件。

假设社会代表性消费者效用函数为 CRRA 函数，θ 为长期不变的相对风险厌恶系数，则在无限时间上代表性消费者的最优化问题为：

$$\max_C \int_0^\infty \frac{C^{1-\theta} - 1}{1-\theta} e^{-\rho t} \mathrm{d}t$$

$$\text{s.t.} \quad \dot{K} = Y - C$$

社会最优化问题的现值汉密尔顿函数为：

$$H = \frac{C^{1-\theta} - 1}{1 - \theta} + \mu_1 (Y - C)$$

其中，控制变量为 C，状态变量为 K，μ_1 为协状态变量，由一阶条件可得：

$$C_t^{-\theta} = \mu_1$$

$$\dot{\mu}_1 = \rho \mu_1 - \mu_1 Y_K$$

联立以上两式可得：

$$g_C = (\alpha_2 \beta - \rho) / \theta$$

代入式（6 – 104）有：

$$g_\alpha = \frac{1 - \alpha}{\alpha}(g_Y - g_C) = \frac{1 - \alpha}{\alpha}\left(\frac{\alpha_1 n + \alpha_2 \alpha \beta - \alpha_2 \alpha_3 \beta + m}{\alpha_1 + \alpha_2} - \frac{\alpha_2 \beta - \rho}{\theta}\right)$$

$$(6 - 107)$$

现在，先求解最优均衡路径，联立式（6 – 105）、式（6 – 106）、式（6 – 107）可构成（α，β，γ）三维动力系统，在平衡增长路径附近线性展开，根据雅各布矩阵的特性可以判断系统存在鞍点均衡路径。令式（6 – 105）、式（6 – 106）、式（6 – 107）等于 0，可解得均衡路径上的 α、β、γ。

$$\alpha^* = \frac{\alpha_2 \alpha_3 n \theta + \alpha_1 n - m - \alpha_3 \rho}{m \theta + \alpha_1 \rho} \qquad (6 - 108)$$

$$\beta^* = \frac{m \theta + \alpha_1 \rho}{\alpha_1 \alpha_2 + \alpha_2 \alpha_3 \theta} \qquad (6 - 109)$$

$$\gamma^* = \alpha_2 \beta^* - \alpha^* \beta^* \qquad (6 - 110)$$

以上是社会最优路径分析，下面，来分析基于代际公平的均衡路径。

根据 6.3.2.2 小节的分析，代际公平的一种表述为无限时间上的消费不降，可表述为 $g_C = 0$，此时的式（6 – 104）可改写为：

$$g_\alpha = \frac{1 - \alpha}{\alpha}(g_Y - g_C) = \frac{1 - \alpha}{\alpha}\left(\frac{\alpha_1 n + \alpha_2 \alpha \beta - \alpha_2 \alpha_3 \beta + m}{\alpha_1 + \alpha_2}\right) \quad (6 - 111)$$

借鉴莱昂纳德和朗（Leonard，Long，1992）及迪奥特姆和舒伯特（d'Autume，Schubert，2008）的方法，假设代际公平的实现等价于 CRRA 效用函数中长期不变的相对风险厌恶系数 θ 趋向于无穷大。代际公平的具体处理的可行方法可以是，主观时间折现率 ρ 趋于 0 或相对风险厌恶系数 θ 趋于无穷大，相关的内容将在 6.4 节讨论。在 CRRA 效用函数中，θ 实际上是不变跨期替代弹性的倒数，所以，θ 在数值上表示代表性消费者在不同时期之间转移消费的意愿，更大的 θ 值意味着平滑消费路径能够给消费者带来更大效用。如果 θ 趋于无穷大，代表性消费者将没有激励去改变消费流，从而达到在当代和未来之间的消费数量不变或 $g_C = 0$ 的代际公平。

联立式（6 - 104）、式（6 - 105）、式（6 - 106），令之等于 0，并满足 θ 趋于无穷大的代际公平条件，可解得：

$$\tilde{\alpha} = \frac{\alpha_2 \alpha_3 n}{m} \qquad\qquad (6-112)$$

$$\tilde{\beta} = \frac{m}{\alpha_2 \alpha_3} \qquad\qquad (6-113)$$

$$\tilde{\gamma} = \frac{m}{\alpha_3} - n \qquad\qquad (6-114)$$

下面，比较分析社会最优路径结果和代际公平路径结果。

首先，因为能源消费量 γ^* 和 $\tilde{\gamma}$ 要满足大于等于 0，故社会最优路径需要 $\alpha_2 \geqslant \alpha^* \geqslant 0$ 成立，即社会最优路径的资本份额或产出弹性要不小于社会储蓄率。代际公平路径要满足 $m - n\alpha_3 \geqslant 0$，即代际公平均衡路径的技术进步增长率要适应人口增长的影响。人口影响，一方面，来自人口增长率；另一方面，来自人力资本的产出弹性。

其次，社会最优路径的式（6 - 109）可写作 $\beta^* = (m + \alpha_1\rho/\theta) / (\alpha_2\alpha_3 m + \alpha_1\alpha_2/\theta)$，与代际公平路径相比较，可以证明如果满足 $\rho > \alpha_2$，即主观折现率大于生产中的资本份额，则代际公平路径的均衡产出资本比要低于最优路径的产出资本比，如果满足 $\rho < \alpha_2$，则代际公平路径的均衡产出资本比要高于最优路径的产出资本比。

最后，最优路径的式（6 - 108）可写作 $\alpha^* = [\alpha_2\alpha_3 n + (\alpha_1 n - m - \alpha_3\rho)/\theta] / (m + \alpha_1\rho/\theta)$，与代际公平路径相比较，可以证明如果满足 $\alpha_1 n - m - \alpha_1\rho - \alpha_3\rho > 0$，则代际公平路径的均衡社会储蓄率要低于最优路径的社会储蓄率，且反之亦然；如果满足 $\alpha_1 n - m - \alpha_1\rho - \alpha_3\rho = 0$，则代际公平路径的均衡社会储蓄率要等于最优路径的社会储蓄率。

下面，讨论基于哈特维克投资准则的均衡路径。

根据哈特维克（1977）及迪克西特等（1980）的表述，对于本节上述模型，将所有可耗竭能源的租金用于对物质资本的投资，即：

$$\dot{K} = EY_R \qquad\qquad (6-115)$$

朔（1974）在一个能源耗竭的 C - D 函数框架中已经证明，社会储蓄率要不小于生产中的能源份额，人均消费长期增长的均衡路径才可能存在，如果两者相等，消费增长率为 0。所以，在类似于本节生产函数的模型中，哈特维克投资准则意味着：

$$\alpha = \alpha_3 \qquad (6-116)$$

我们先考察均衡消费增长率，根据式（6-107）及式（6-116），可得无限时间上的均衡消费增长率为：

$$g_C = \frac{\alpha_1 n + m}{\alpha_1 + \alpha_2}$$

如果考虑人均消费增长，则：

$$g_c = g_C - n = \frac{m - \alpha_1 n}{\alpha_1 + \alpha_2} \qquad (6-117)$$

哈特维克（1977）实际上只是假设了一个不考虑技术进步和人口增长的更为简洁的模型，如果外生的技术进步增长率 m 和人口增长率 n 为 0，则式（6-117）所示的长期人均消费增长率及总消费增长率均为 0，即在代际公平路径上。而且，满足 $m - \alpha_1 n > 0$ 时，人均消费增长率为正，$m - \alpha_1 n < 0$ 时，人均消费增长率为负。

下面，求解此时的经济系统，联立式（6-105）、式（6-106）令之等于 0，并满足哈特维克准则的式（6-116），可得：

$$\hat{\beta} = \frac{\alpha_1 n + m}{\alpha_1 \alpha_3 + \alpha_2 \alpha_3} \qquad (6-118)$$

$$\hat{\gamma} = (\alpha_2 - \alpha_3)\hat{\beta} \qquad (6-119)$$

所以，对于哈特维克准则均衡路径，总量生产函数要求满足 $\alpha_3 \leqslant \alpha_2$，即生产中可耗竭能源份额不大于资本份额，或者说，资本对产出的贡献度大于可耗竭能源的贡献度，均衡路径才可能存在。

以上是在一个简洁的新古典增长模型的框架内比较讨论社会最优路径、代际公平路径（长期消费不降）、哈特维克投资准则路径的基本特征和条件。在 6.4 节，我们将在类似于第 5 章的能源耗竭和内生增长框架内讨论代际公平和可持续发展。

6.4 可持续发展与代际公平：政策模型拓展

6.4.1 功利主义原则与罗尔斯正义原则

本节沿用第 5 章构建的基于能源耗竭和内生增长的政策基本模型框架，从代际公平和罗尔斯正义准则出发，考察经济能否实现某种可持续发展路径，同时，讨论这种均衡路径的特征并进行比较分析。

在构建基本分析框架之前，我们先对模型中涉及的功利主义原则与罗尔斯正义原则做一些讨论。功利主义原则是当代经济理论的主流价值观与方法论，经济学被看作研究个体在一定的约束条件下实现自身利益最大化的学科，所以，在经济增长理论和动态福利经济学中，对未来效用的主观贴现率或折现率的使用非常普遍，几乎所有的增长模型都假设未来的消费或财富要通过一定折现后才能与今天的消费或财富进行比较，因为假设了人们就近消费的欲望——这也被认为是利率形成的重要原因。但是，这些推理都是基于当代人以自身利益为中心的，未来似乎与他们没有直接关联。

早在 20 世纪初，就有少数经济学家对折现问题提出质疑，拉姆齐（1928）曾对折现率评论道，"对未来效用的折现在伦理上不值一驳，它纯粹来源于想象力的缺乏"。哈罗德（1948）也提出过类似的观点，"折现实际上是对掠夺以及冲动对理性的征服的文雅表述"。拉姆齐（1928）的模型中没有出现效用折现，只是假设代表性消费者每一期有一项基本的财富，这使得无限期的效用加总成为可能，而积分不收敛一直是这一类动态模型的一个技术问题。但是，自从库普曼斯（1960）发表以来，几乎所有的动态经济模型都采用折现的方法，魏扎克（Weizacker, 1967）曾经提出所谓"超越"（overtaking）的标准,[①] 但消费或效用折现仍是主流。

20 世纪 70 年代以来，《正义论》中的罗尔斯正义原则，所谓的最大最小化（maxminize）原则受到社会的广泛重视。罗尔斯假设了所谓"无知之幕"下个人选择的情境，即如果决策者个人并不知道"自己是谁"，并且具有风险规避偏好，那么，他的最优选择应该是对社会中境况最差的人最有利的政策。罗尔斯在《正义论》中只是论及最大最小化原则在同代人之间的运用，甚至刻意回避在不同时代的人使用这样的原则,[②] 但是从动态经济学的角度，最大最小化原则恰好能被用于代际公平和环境保护等可持续发展问题的研究。代际公平的标准可以基于使各代中境况最差的那一代人福利最大化。90 年代，索洛（1992）和阿什海姆（Asheim, 1996）曾借此讨论过可持续发展问题，但此类相关的经济学文献并不多。本节基

---

① 魏扎克（Weizacker, 1967）超越标准可以简单表述如下，如果存在时刻 t_0，使得当 $t > t_0$ 的所有时间内一个消费序列的效用加总要好于另外一个消费序列，则前者超越（overtake）后者。这里将无限时间序列上的效用加总转化为有限时间内的，没有使用效用折现。

② 《正义论》中，对代际之间的最大最小化正义原则的讨论只有寥寥几段。

本模型的效用函数是基于代际公平和罗尔斯正义准则的，但我们会沿用前面的基本框架并作部分拓展，因为无论是 CRRA 效用函数还是基于最大最小化原则的目标函数在无限时间上的积分是等价的，如果 CRRA 中的边际效用弹性 θ 趋向于无限大，下面我们就要说明这一点。

命题 6 - 8 基于罗尔斯正义和最大最小化原则的目标函数，在 CRRA 中的边际效用弹性 θ 趋向于无限大时，无限时间上的效用加总等于 CRRA 以主观贴现率 ρ 贴现加总时的情形。

证明：假设社会代表性家庭效用函数为 CRRA 形式，θ 为长期中不变的相对风险厌恶系数，$\rho > 0$ 为主观时间折现率：

$$U(C_t) = \frac{C_t^{1-\theta} - 1}{1 - \theta}$$

则在无限时间上的 CRRA 函数为：

$$U = \int_0^\infty \frac{C_t^{1-\theta} - 1}{1 - \theta} e^{-\rho t} \mathrm{d}t \tag{6-120}$$

假设 $\tilde{t}$ 时刻对应的消费数量 $\tilde{c}$ 和效用 $\tilde{u}$ 分别为整个时间序列中的最小消费和最小效用，且满足 $\tilde{c} > 0$ 和 $\tilde{u} > 0$，则有：

$$U = \int_0^\infty \tilde{u} \frac{C_t^{1-\theta} - 1}{\tilde{C}^{1-\theta} - 1} e^{-\rho t} \mathrm{d}t$$

假设 $\bar{\omega} = (C_t^{1-\theta} - 1)/(\tilde{C}^{1-\theta} - 1)$

$\partial \bar{\omega} / \partial C_t = (1 - \theta) C_t^{-\theta} / (\tilde{C}^{1-\theta} - 1)$，当 θ 趋于正无穷大时，可得 $\partial \bar{\omega} / \partial C_t > 0$。

故 $\bar{\omega}$ 是 C_t 的增函数，又已假设 $\tilde{c}$ 是时间序列上消费的最小值，故 $C_t = \tilde{c}$ 时，$\bar{\omega}$ 有最小值 $\bar{\omega}(\tilde{C}) = 1$，故有：

$$U = \int_0^\infty \tilde{u} \bar{\omega} e^{-\rho t} \mathrm{d}t \geq \int_0^\infty \tilde{u} e^{-\rho t} \mathrm{d}t = \tilde{u} \int_0^\infty e^{-\rho t} \mathrm{d}t = \tilde{u}$$

所以，对于任意时间，θ 趋于正无穷时，$U \geq \tilde{u}$ 成立，$\tilde{u}$ 是 U 的下确界。

下面，证明 $\tilde{u}$ 同时又是 U 的上确界。

对于时间序列上的消费 C_t，$\tilde{c}$ 为消费的最小值，则总存在正数 $x > 0$，使得 $C_t \leq \tilde{c} + x$ 成立。已知，$\bar{\omega}(C_t) = (C_t^{1-\theta} - 1)/(\tilde{C}^{1-\theta} - 1)$ 在 θ 趋于无穷大时是增函数，故有：

$$U = \int_0^\infty \tilde{u} \bar{\omega} e^{-\rho t} \mathrm{d}t \leq \int_0^\infty \tilde{u}((\tilde{c} + x)^{1-\theta} - 1)/(\tilde{C}^{1-\theta} - 1) e^{-\rho t} \mathrm{d}t$$

$$= \tilde{u}((\tilde{c} + x)^{1-\theta} - 1)/(\tilde{C}^{1-\theta} - 1) \int_0^\infty e^{-\rho t} \mathrm{d}t$$

因为 $\lim_{\theta \to \infty}((\tilde{c} + x)^{1-\theta} - 1)/(\tilde{C}^{1-\theta} - 1) = 1$ ，故有：

$U = \int_0^\infty \tilde{u}\bar{\omega}e^{-\rho t}\mathrm{d}t \leq \tilde{u}$ 成立，$\tilde{u}$ 是 U 的下确界。

综上所述，最优化目标函数 $U = \int_0^\infty \tilde{u}\dfrac{C_t^{1-\theta} - 1}{\tilde{C}^{1-\theta} - 1}e^{-\rho t}\mathrm{d}t = \tilde{u}$ ，命题 6 - 8 得

证。即已证明在 θ 趋向于无穷大时，运用代际公平的最大最小化原则与运用功利主义原则所得的结果相同。

6.4.2 基本模型

下面，在沿用第 5 章基于能源耗竭和内生增长的政策基本模型框架，从代际公平和罗尔斯正义准则出发，考察经济能否实现某种可持续发展路径，同时，讨论这种均衡路径的特征并进行比较分析。

类似于第 3 章构建的包含中间产品和可耗竭能源的动态一般均衡模型，本节把能源生产部门只纳入最终产品部门的总量生产函数，来考察一个具有最终产品部门、中间产品部门、技术研发部门和能源生产部门的四部门经济系统。假设经济系统按如下机制运行：研发部门通过人力资本结合已有的技术知识存量进行研发（R&D），然后，将研发成果转让给中间产品生产部门；中间产品生产部门通过中间产品技术结合物质资本生产出具有更高质量的新中间产品，最终产品部门使用购买的中间产品，结合能源生产部门提供的能源产品与经济中另一部分人力资本生产出最终产品。

经济中的人力资本可以用在最终产品部门来生产最终产品，也可以用在研发部门生产技术，即通过提高中间产品生产效率的途径增加产出。经济中的资源配置面临权衡，在最终产品部门和研发部门之间合理分配经济中的人力资本总量，使得社会总产出最大化。对于技术进步，沿用阿吉翁和霍伊特（1992）中的熊彼特的"创造性破坏"的思想，将中间产品质量内生化。

6.4.2.1 生产技术

最终产品生产部门：将不可再生能源作为生产要素纳入最终产品部门生产函数，将中间产品的种类数标准化为 1，则扩展模型的最终产品部门技术的 D - S 形式为：

$$Y_t = H_{Yt}^{\alpha_1}\int_0^1 Q_t(i)X_t(i)^{\alpha_2}\mathrm{d}iE_t^{\alpha_3} \qquad \alpha_1 + \alpha_2 + \alpha_3 = 1 \qquad (6 - 121)$$

在模型（6 - 121）中，Y_t 为 t 时期的最终产品的总产出，H_{Yt} 为该部门投

入的人力资本数量，$Q_t(i)$ 为第 i 种中间产品的产出效率，也可以被认为是第 i 种中间产品的质量，即技术进步的体现，E_t 为投入的能源产品，α_1、α_2、α_3 均非负，分别为人力资本、中间产品和能源产品的产出弹性，$\alpha_1 + \alpha_2 + \alpha_3 = 1$ 表示最终产品部门具有不变的规模报酬。

中间产品生产部门：假设各种中间产品的生产相互独立，并且保持不变的规模报酬。中间产品的产出 $x_t(i)$ 与 $K_t(i)$ 对应，并且假设在生产相同数量的中间产品时，体现技术进步的高质量中间产品的生产需要更多的实物资本积累，即 $x_t(i) = K_t(i)/Q_t(i)$。资源的市场最优配置约束使得每种中间产品的数量相等，即：

$$x_t(i) = x = K/Q \qquad (6-122)$$

在式（6-122）中，Q 表示中间产品的平均质量 $Q = \int_0^1 Q_t(i)\,\mathrm{d}i$。

技术研发部门：技术产出服从参数为 λ 的泊松过程，即投入 H_{Qt} 数量的人力资本到研发部门，在 Δt 时间内技术产出的发生概率为 $\lambda H_{Qt}\Delta t$。现在，假设每次技术创新对原技术完全替代，即具有熊彼特所谓的创造破坏的性质，并且假设技术水平的增量为 η，即满足 $Q_{t+1} = (1 + \eta)Q_t$。则技术水平的动态方程为：

$$\dot{Q}_t = \lambda \eta H_{Qt} Q_t$$

能源生产部门：如果能源初始存量为有限值，不计资源开采成本和能源再生，则不可再生能源的存量方程为：

$$\dot{S}_t = -E_t, \ E_t \geqslant 0$$

6.4.2.2 代表性消费者

基于罗尔斯正义或最大最小化原则，目标函数可写为：

$$\max \min U_t \qquad (6-123)$$

根据命题 6-8 的分析，如果 CRRA 中的边际效用弹性 θ 趋向于无限大，对于无限时间上的效用积分加总，CRRA 效用函数与最大最小化原则效用函数是等价的，故仍然先假设社会代表性家庭的 CRRA 效用函数：

$$U(C_t) = \frac{C_t^{1-\theta} - 1}{1 - \theta}$$

则在无限时间上的 CRRA 函数为：

$$U = \int_0^\infty \frac{C_t^{1-\theta} - 1}{1 - \theta} e^{-\rho t}\,\mathrm{d}t$$

式中，θ 为边际效用弹性的绝对值，直观上 θ 表示代表性家庭对消费在不同时期之间转移的意愿，即平滑消费的偏好程度。θ 越大，则随着跨期消费上升，消费的边际效用下降越快，代表性家庭越倾向于消费流平稳。如果 θ 趋于无穷大，代表性消费者将没有激励去改变任意期的消费流，从而达到在当代和未来之间的消费数量相等且趋势不变，这是以上框架中最大最小化原则福利函数所对应的结论，故实际上罗尔斯正义原则也隐含着代际公平。

$\rho > 0$ 为代表性家庭的主观时间偏好率。虽然未来效用或消费的折现是当代动态宏观经济学的标准范式，但从来就受到来自各方的质疑。最初的拉姆齐模型中是通过假设代表性消费者的先天禀赋而不是以时间偏好率折现使得无限期效用加总积分收敛，同时避免了所谓"当代人独断"。ρ 越小意味着对于消费者来说当代和未来之间的效用权重差异越小，我们在下面也会通过令贴现率 ρ 趋近于 0 的方式对代际公平做一些讨论。

6.4.3　最优路径、市场均衡与最优政策

6.4.3.1　最优均衡路径的求解与讨论

接下来，讨论基于罗尔斯正义和最大最小化原则的均衡增长路径，在此之前，先简要论述社会最优均衡，即讨论如何通过调节资源配置，使得社会的代表性家庭在无限时间上效用最大化。然后，通过对跨期效用弹性和时间折现率等的变化来分析罗尔斯正义或代际公平的政策效果，分析均衡存在的可能性和稳定性。

我们在基本模型中关于最终产品部门和中间产品部门的分析阐明了最终产出、人力资本的配置、实物资本和中间产品质量之间的内在关系。现在，结合式（6-121）、式（6-122），最终产品部门的总量生产函数可写为：

$$Y_t = H_{Yt}^{\alpha_1} Q_t^{1-\alpha_2} K_t^{\alpha_2} E_t^{\alpha_3} \quad \alpha_1 + \alpha_2 + \alpha_3 = 1 \qquad (6-124)$$

代表性消费者社会最优化问题可写为：

$\max \min U_t$　或者，

$$\max_{C_t} \lim_{\theta \to \infty} \int_0^\infty \frac{C_t^{1-\theta} - 1}{1-\theta} e^{-\rho t} \mathrm{d}t$$

s. t.　$$\dot{K}_t = Y_t - C_t = H_{Yt}^{\alpha_1} Q_t^{1-\alpha_2} K_t^{\alpha_2} E_t^{\alpha_3} - C_t \qquad (6-125)$$

$$\dot{Q}_t = \lambda \eta H_{Qt} Q_t \qquad (6-126)$$

$$\dot{S}_t = -E_t \qquad (6-127)$$

$$H_{Yt} + H_{Qt} = H \qquad (6-128)$$

命题 6-9 基于罗尔斯正义和最大最小化原则，社会最优路径上各经济变量的长期增长率和人力资本配置为：

$$g_Y^* = g_C^* = 0 \qquad (6-129)$$

$$g_Q^* = \frac{\alpha_3 \lambda \eta H}{\alpha_1 + \alpha_3} = \frac{\alpha_3 \rho}{\alpha_1 + \alpha_3} \qquad (6-130)$$

$$g_S^* = g_E^* = -\lambda \eta H = -\rho \qquad (6-131)$$

$$H_Q^* = \frac{\alpha_3 H}{\alpha_1 + \alpha_3} \qquad (6-132)$$

$$H_Y^* = \frac{\alpha_1 H}{\alpha_1 + \alpha_3} \qquad (6-133)$$

证明：社会最优化问题的现值汉密尔顿函数为：

$$H = \lim_{\theta \to \infty} \frac{C_t^{1-\theta} - 1}{1 - \theta} + \mu_1 (H_{Yt}^{\alpha_1} Q_t^{1-\alpha_2} K_t^{\alpha_2} E_t^{\alpha_3} - C_t) + \mu_2 \lambda \eta (H - H_{Yt}) Q_t + \mu_3 (-E_t)$$

其中，控制变量为 C_t、H_{Yt} 和 E_t，状态变量为 K_t、Q_t 和 S_t，μ_1、μ_2、μ_3 为协状态变量，θ 趋于无穷大，由一阶条件可得：

$$C_t^{-\theta} = \mu_1 = 0 \qquad (6-134)$$

$$\frac{\alpha_1 Y_t}{H_{Yt}} = \mu_2 \lambda \eta Q_t \qquad (6-135)$$

$$\frac{\alpha_3 Y_t}{E_t} = \mu_3 \qquad (6-136)$$

$$\dot{\mu}_1 = \rho - \frac{\mu_1 \alpha_2 Y_t}{K_t} \qquad (6-137)$$

$$\dot{\mu}_2 = \rho \mu_2 - \frac{(1 - \alpha_2) Y_t}{Q_t} - \mu_2 \lambda \eta (H - H_{Yt}) \qquad (6-138)$$

$$\dot{\mu}_3 = \rho \mu_3 \qquad (6-139)$$

三个横截面条件分别为：

$$\lim_{t \to \infty} \mu_1 K_t e^{-\rho t} = 0 \qquad \lim_{t \to \infty} \mu_2 Q_t e^{-\rho t} = 0 \qquad \lim_{t \to \infty} \mu_3 S_t e^{-\rho t} = 0 \qquad (6-140)$$

下文中，为了书写简洁，省去变量的时间下标。根据经济均衡增长路径上产出、消费和投资的关系，Y、C 和 K 具有同一不变的增长速率，S 和 E 也有相同的增长率。因为均衡增长路径上中间产品质量的增长率为常数，所以，H_Y 和 H_Q 均为常数。

对式 (6-134) 两边分别取对数并对 t 求导，并运用 θ 趋于无穷大的条件有：

$$-\theta g_C^* = g_{\mu_1}^* = 0 \qquad (6-141)$$

对式 (6-135)、式 (6-136) 两边分别取对数并对 t 求导，并运用式

（6 - 141）和均衡路径条件有：

$$g_{\mu_2}^* + g_Q^* = 0 \qquad (6-142)$$

$$g_{\mu_3}^* = -g_E^* = \rho \qquad (6-143)$$

联立式（6 - 135）、式（6 - 138）可得：

$$g_{\mu_2}^* = \rho - \frac{(1-\alpha_2)\lambda\eta H_Y}{\alpha_1} - g_Q^* \qquad (6-144)$$

对式（6 - 124）两侧对数求导，考虑均衡条件可得：

$$(1-\alpha_2)g_Q^* + \alpha_3 g_E^* = 0 \qquad (6-145)$$

联立式（6 - 142）～式（6 - 145）以及式（6 - 126）、式（6 - 128），可解得 $\rho = \lambda\eta H$ 以及社会最优均衡路径上各变量的增长率与人力资本配置，即式（6 - 129）～式（6 - 133），命题6 - 9得证。

下面，讨论最优均衡路径的横截面条件和内点解条件。

由 $\lim\limits_{t\to\infty}\mu_1 K_t e^{-\rho t} = 0$ 结合式（6 - 141）并代入式（6 - 129）和均衡条件可得：$0 < \rho = \lambda\eta H$，该条件显然成立；同理，式（6 - 140）的其他两个横截面条件分别结合式（6 - 142）和式（6 - 143），得出完全相同的结果，所以，最大最小化原则下最优均衡路径的横截面条件自然成立。根据命题6 - 9中的最优路径人力资本配置表达式（6 - 132）、式（6 - 133）可知，$0 < H_Q^* < H$ 和 $0 < H_Y^* < H$ 条件均自然满足，故内点解条件成立。

下面，对命题6 - 9再作一些讨论。（1）考虑最大最小化原则作为社会目标函数，最优路径的长期消费和产出增长率为0，即基于罗尔斯正义福利函数能够得到代际公平路径，这与基于哈特维克投资准则的结果类似；（2）$\lambda\eta H = \rho$ 的结论实际上意味着，最大最小化原则最优路径上人力资本总量和技术研发效率的正向效应刚好与主观折现率的负向效应相一致；（3）由式（6 - 143）可知，最优路径上能源消费增长率数值上恰好等于主观折现率，故经济中人们的主观消费偏好在一定程度上决定了能源消耗速率；（4）由式（6 - 145）可知，$g_Q^* = -\alpha_3 g_E^*/(\alpha_1 + \alpha_3)$，最优路径的技术进步增长率与能源消费增长率方向相反、数值上正相关，这是因为技术进步是克服能源耗竭负向影响的关键因素，并且与生产中技术进步和能源消费的相对份额 $[\alpha_3/(\alpha_1 + \alpha_3)]$ 直接相关。

下面，对最优路径上的经济变量做比较静态分析，各变量对相关参数作一阶偏导数，结果如表6 - 12所示，并归结为命题6 - 10。

	$\zeta = \alpha_1$	$\zeta = \alpha_3$	$\zeta = H$	$\zeta = \eta$	$\zeta = \lambda$
$\dfrac{\partial H_Q}{\partial \zeta}$	<0	>0	>0	0	0
$\dfrac{\partial H_Y}{\partial \zeta}$	>0	<0	>0	0	0
$\dfrac{\partial g_Y^*}{\partial \zeta}$	0	0	0	0	0
$\dfrac{\partial g_Q^*}{\partial \zeta}$	<0	>0	>0	>0	>0
$\dfrac{\partial g_E^*}{\partial \zeta}$	0	0	<0	<0	<0

命题 6 - 10 最大最小化原则最优路径上,经济产出增长率为 0;能源消费增长率与要素份额无关,与人力资本总量和研发效率负相关;技术进步增长率与最终产品部门人力资本份额负相关,与能源消费份额、人力资本总量、研发效率正相关;最终产品部门人力资本数量和研发部门人力资本数量分别与生产中的该要素份额(产出弹性)和人力资本总量正相关。

6.4.3.2 主观时间偏好率问题

主观时间偏好率问题是代际公平和可持续发展研究最为重要的议题之一。贴现意味着,在福利分配上当代的权重要大于未来各代的权重,如果不考虑未来存在的不确定性,贴现本身可能在伦理维度上存在缺陷,即当代人的消费或效用增加要靠牺牲子孙后代的资源和福利来换取。大多数环境经济学者和生态经济学者都强调,不考虑使用贴现或至少在长期要使用很低的折现率来实现代际公平和经济的可持续性。在上文我们已经求解了基于最大最小化原则的最优路径,可以看到其结论与代际公平的定义和哈特维克准则的结论都基本吻合,我们的方法是考虑 θ 趋于无穷大时的情形,现在我们考虑在类似的分析框架中令主观贴现率 ρ 趋向于 0,看看结论有什么不同。实际上,在上述模型中,主观贴现率 ρ 和边际效用弹性 θ 对最优增长率的作用类似但方向相反,下面我们做比较分析。

代表性消费者社会最优化问题可以写为:

$$\max_{C_t} \lim_{\rho \to 0} \int_0^\infty \frac{C_t^{1-\theta} - 1}{1 - \theta} e^{-\rho t} \mathrm{d}t$$

$$\text{s. t.} \quad \dot{K}_t = Y_t - C_t = H_{Yt}^{\alpha_1} Q_t^{1-\alpha_2} K_t^{\alpha_2} E_t^{\alpha_3} - C_t \quad (6-146)$$

$$\dot{Q}_t = \lambda \eta H_{Qt} Q_t \quad (6-147)$$

$$\dot{S}_t = -E_t \quad (6-148)$$

$$H_{Yt} + H_{Qt} = H \quad (6-149)$$

命题 6-11 基于代际公平原则,考虑主观时间折现率 ρ 趋向于 0,社会最优路径上各经济变量的长期增长率和人力资本配置为:

$$g_Y^* = g_C^* = \frac{\lambda \eta H}{\theta} \quad (6-150)$$

$$g_Q^* = \frac{\alpha_1/\theta + \alpha_3}{\alpha_1 + \alpha_3} \lambda \eta H \quad (6-151)$$

$$g_S^* = g_E^* = \lambda \eta H/\theta - \lambda \eta H \quad (6-152)$$

$$H_Q^* = \frac{\alpha_1/\theta + \alpha_3}{\alpha_1 + \alpha_3} H \quad (6-153)$$

$$H_Y^* = \frac{\alpha_1 - \alpha_1/\theta}{\alpha_1 + \alpha_3} H \quad (6-154)$$

证明:社会最优化问题的现值汉密尔顿函数为:

$$H = \lim_{\rho \to 0} \frac{C_t^{1-\theta} - 1}{1 - \theta} + \mu_1 (H_{Yt}^{\alpha_1} Q_t^{1-\alpha_2} K_t^{\alpha_2} E_t^{\alpha_3} - C_t) + \mu_2 \lambda \eta (H - H_{Yt}) Q_t + \mu_3 (-E_t)$$

其中,控制变量为 C_t、H_{Yt} 和 E_t,状态变量为 K_t、Q_t 和 S_t,μ_1、μ_2、μ_3 为协状态变量,考虑折现率 ρ 趋向于 0 假设,一阶条件有:

$$C_t^{-\theta} = \mu_1 \quad (6-155)$$

$$\frac{\mu_1 \alpha_1 Y_t}{H_{Yt}} = \mu_2 \lambda \eta Q_t \quad (6-156)$$

$$\frac{\mu_1 \alpha_3 Y_t}{E_t} = \mu_3 \quad (6-157)$$

$$\dot{\mu}_1 = -\frac{\mu_1 \alpha_2 Y_t}{K_t} \quad (6-158)$$

$$\dot{\mu}_2 = -\frac{\mu_1 (1 - \alpha_2) Y_t}{Q_t} - \mu_2 \lambda \eta (H - H_{Yt}) \quad (6-159)$$

$$\dot{\mu}_3 = 0 \quad (6-160)$$

三个横截面条件分别为:

$$\lim_{t \to \infty} \mu_1 K_t e^{-\rho t} = 0 \quad \lim_{t \to \infty} \mu_2 Q_t e^{-\rho t} = 0 \quad \lim_{t \to \infty} \mu_3 S_t e^{-\rho t} = 0 \quad (6-161)$$

对式(6-155)、式(6-156)、式(6-157)两边分别取对数求导有:

$$- \theta g_C^* = g_{\mu_1}^*$$

$$g_{\mu_1}^* + g_Y^* = g_{\mu_2}^* + g_Q^*$$

$$g_{\mu_3}^* = g_Y^* + g_{\mu_1}^* - g_E^* = 0$$

类似于命题 6-9 的证明方法，结合均衡条件和折现率 ρ 趋向于 0 条件有：

$$(1 - \theta) g_Y^* = g_E^*$$

$$(1 - \theta) g_Y^* = - \frac{(1 - \alpha_2)(\lambda \eta H - g_Q^*)}{\alpha_1}$$

$$(1 - \alpha_2) g_Y^* = (1 - \alpha_2) g_Q^* + \alpha_3 g_E^*$$

联立以上三式可得命题 6-11 的社会最优路径各经济变量的长期增长率和人力资本配置表达式，证毕。

下面，对横截面条件做一些说明。由 $\lim_{t \to \infty} \mu_1 K_t e^{-\rho t} = 0$ 可得 $g_{\mu_1} + g_K - \rho < 0$，结合 $- \theta g_C^* = g_{\mu_1}^*$ 以及式（6-150）可得 $\lambda \eta H / \theta - \lambda \eta H < \rho$，与式（6-152）比较可知，只要满足 $g_S < 0$ 横截面条件即成立，又根据式（6-152）可知，满足 $\theta > 1$ 时，$g_S < 0$ 成立。同理，由 $\lim_{t \to \infty} \mu_2 Q_t e^{-\rho t} = 0$ 可得 $g_{\mu_2} + g_Q - \rho < 0$，$\lim_{t \to \infty} \mu_3 S_t e^{-\rho t} = 0$ 可得 $g_{\mu_2} + g_Q - \rho < 0$，运用类似方法，均得到满足能源消费增长率随时间递减或 $g_S < 0$ 时即可满足上述条件。综上，$\theta > 1$ 即为该情形下的横截面条件。

下面，对最优路径上的经济变量做比较静态分析，各变量对相关参数作一阶偏导数，结果如表 6-13 所示，并归结为如下命题：

表 6-13　　　　　无效用折现代际公平最优路径的比较静态分析结果

	$\zeta = \alpha_1$	$\zeta = \alpha_3$	$\zeta = H$	$\zeta = \eta$	$\zeta = \theta$
$\frac{\partial H_{Qt}}{\partial \zeta}$	<0, if$\theta > 1$	>0, if$\theta > 1$	>0	0	<0
$\frac{\partial H_{Yt}}{\partial \zeta}$	>0, if$\theta > 1$	<0, if$\theta > 1$	>0, if$\theta > 1$	0	>0
$\frac{\partial g_Y^*}{\partial \zeta}$	0	0	>0	>0	<0
$\frac{\partial g_Q^*}{\partial \zeta}$	<0, if$\theta > 1$	>0, if$\theta > 1$	>0	>0	<0
$\frac{\partial g_E^*}{\partial \zeta}$	0	0	<0, if$\theta > 1$	<0, if$\theta > 1$	>0

命题 6-12　无效用折现代际公平最优路径上，一定条件下（部分情

况需满足 $\theta > 1$），（1）消费或产出增长率与要素份额无关，与人力资本总量和研发效率正相关，与边际效用弹性负相关；（2）能源消费增长率与要素份额无关，与人力资本总量和研发效率负相关，与边际效用弹性正相关；（3）技术进步增长率与最终产品部门人力资本份额、边际效用弹性负相关，与能源消费份额、人力资本总量、研发效率正相关；（4）最终产品部门人力资本数量和研发部门人力资本数量，分别与生产中的该要素份额（产出弹性）、人力资本总额正相关。

可见，与最大最小化原则最优路径的比较静态分析结果相比较，无效用折现代际公平最优路径的结果与之大体相同，只是部分结论需要在满足 $\theta > 1$ 时才成立。下面，对命题 6-9 和命题 6-11 的结论再作数值上的对比，见表 6-14，归结为以下命题：

命题 6-13 与最大最小化原则代际公平情形相比较，无效用折现代际公平最优路径上的产出增长率、技术进步增长率、能源消费增长率、研发部门人力资本数量更大，最终产品部门人力资本数量更小。

表 6-14　　　　　　　　　　基于代际公平的最优均衡路径比较

	最大最小化原则模型	无效用折现模型
H_Y^*	$\dfrac{\alpha_1 H}{\alpha_1 + \alpha_3}$	$\dfrac{\alpha_1 - \alpha_1/\theta}{\alpha_1 + \alpha_3}H$
H_Q^*	$\dfrac{\alpha_3 H}{\alpha_1 + \alpha_3}$	$\dfrac{\alpha_1/\theta + \alpha_3}{\alpha_1 + \alpha_3}H$
g_Y^* (g_C^*)	0	$\dfrac{\lambda\eta H}{\theta}$
g_Q^*	$\dfrac{\alpha_3\lambda\eta H}{\alpha_1 + \alpha_3}$（或$\dfrac{\alpha_3\rho}{\alpha_1 + \alpha_3}$）	$\dfrac{\alpha_1/\theta + \alpha_3}{\alpha_1 + \alpha_3}\lambda\eta H$
g_S^* (g_E^*)	$-\lambda\eta H = -\rho$	$\lambda\eta H/\theta - \lambda\eta H$

6.4.3.3　市场均衡与最优财政政策

上面讨论了基于代际公平的最优增长路径，接下来，沿用第 5 章的财政政策基本框架构建一般均衡模型。经济中的价格变量假设如下，最终产品部门工资和研发部门工资均等于 W，P_{x_i}、P_Q 和 P_E 分别表示中间产品价格、研发成果价格和能源产品价格，r 为市场利率，最终产品 Y 的价格标准化为 1。政府对最终产品部门征收税率为 τ_Y 的商品税，并对 R&D 部门提供补贴率为 $S_{R\&D}$ 的技术产品补贴。

最终产品部门：如果对最终产品部门征收税率为 τ_Y 的商品税，则最终产品部门代表性厂商的利润最大化决策为：

$$\max_{H_Y,x(i),E} (1-\tau_Y)H_Y^{\alpha_1}\int_0^1 Q(i)x(i)^{\alpha_2}\mathrm{d}iE^{\alpha_3} - W_YH_Y - P_EE - \int_0^1 P_{x_i}x(i)\mathrm{d}i$$

(6 - 162)

一阶条件分别解得：

$$W = \frac{\alpha_1(1-\tau_Y)Y}{H_Y}$$

(6 - 163)

$$P_E = \frac{\alpha_3(1-\tau_Y)Y}{E}$$

(6 - 164)

$$P_{x_i} = \alpha_2(1-\tau_Y)H_Y^{\alpha_1}Q(i)x(i)^{\alpha_2-1}E^{\alpha_3}$$

(6 - 165)

中间产品部门：假设市场利率为 r，则各中间产品部门代表性厂商的利润函数为：

$$\pi_{x(i)} = P_{x_i}x(i) - Q(i)x(i)r$$

(6 - 166)

将式（6 - 165）代入式（6 - 166），一阶条件可解得中间产品价格和数量：

$$P_{x_i} = \frac{Q(i)r}{\alpha_2}$$

(6 - 167)

$$x(i) = \left[\frac{(1-\tau_Y)\alpha_2^2 H_Y^{\alpha_1}E^{\alpha_3}}{r}\right]^{\frac{1}{1-\alpha_2}}$$

(6 - 168)

研发部门：如果对研发部门提供补贴率为 $S_{R\&D}$ 的技术产品价格补贴，则利润最大化决策为：

$$\max_{H_Q}\pi_{R\&D} = (1+S_{R\&D})P_Q\lambda\eta H_Q Q - W_Q H_Q$$

(6 - 169)

一阶条件解得：

$$W = W_Q = (1+S_{R\&D})P_Q\lambda\eta Q$$

(6 - 170)

能源生产部门：如果不考虑开采成本，完全竞争能源市场上能源部门的利润函数为：

$$\pi_E = \int_t^\infty P_E E_\tau e^{-\int_t^\tau r_u du}\mathrm{d}\tau$$

(6 - 171)

$$\mathrm{s.\,t.} \quad \dot{S} = -E, \quad S、E \geqslant 0, \quad \tau \geqslant t$$

以上是霍特林模型的标准情形，写出最优控制现值汉密尔顿函数，其中，E 为控制变量，S 为状态变量，联立其一阶条件可解得：

$$g_{P_E} = r$$

(6 - 172)

政府：如果假设政府在任何时点平衡预算，则有：

$$\tau_Y H_Y^{\alpha_1}\int_0^1 Q(i)x(i)^{\alpha_2}\mathrm{d}iE^{\alpha_3} = S_{R\&D}P_Q\lambda\eta H_Q Q$$

(6 - 173)

即最终产品商品税在数量上等于技术创新补贴。

代表性家庭：假设社会代表性消费者效用基于罗尔斯正义和最大最小化原则，上面已证明 θ 趋于无穷大时，与 CRRA 函数无限时间上积分等价，代表性消费者动态最优化可写为：

$$\max_{C_t} \lim_{\theta \to \infty} \int_0^\infty \frac{C_t^{1-\theta} - 1}{1 - \theta} e^{-\rho t} \mathrm{d}t \qquad (6-174)$$

$$\text{s. t.} \quad \dot{a} = WH + \pi_X + ar - C \qquad (6-175)$$

因为根据上述模型假设，代表性家庭财富的增量只与工资、中间产品部门利润、资本租和消费相关，代表性家庭最优化问题的现值汉密尔顿函数可写为：

$$H = \lim_{\theta \to \infty} \frac{C^{1-\theta} - 1}{1 - \theta} + \mu(WH + \pi_X + ar - C) \qquad (6-176)$$

其中，控制变量为 C，状态变量为 a，对控制变量的一阶条件可解得：

$$g_C = 0 \qquad (6-177)$$

下面，求解模型。

模型的平衡增长路径的产出 Y、消费 C、投资 K 具有同一不变的增长速率，能源储量 S 和消费量 E 有相同的增长率，H_Y 和 H_Q 均为常数。先求解市场利率 r，对最终产品生产函数两侧对数求导，并考虑平衡增长路径条件与最大最小化原则条件可得：

$$(1 - \alpha_2)g_Q^* + \alpha_3 g_E^* = 0 \qquad (6-178)$$

对式（6-164）两侧对数求导，并结合最大最小化原则条件有：

$$g_{P_E}^* = -g_E^* \qquad (6-179)$$

联立式（6-178）、式（6-179），代入 $g_Q^* = \lambda \eta H_Q^*$、$g_{P_E} = r$，可解得平衡增长路径上的市场利率：

$$r^* = (1 + \alpha_1/\alpha_3)\lambda \eta H_Q^* \qquad (6-180)$$

然后，解出能源消费的均衡增长率：

$$g_E^* = -g_{P_E}^* = -r^* = -(1 + \alpha_1/\alpha_3)\lambda \eta H_Q^* \qquad (6-181)$$

下面，求解研发部门的人力资本数量 H_Q^*。

以第 5 章政策基本模型的类似方法，可解得研发部门的均衡人力资本数量：

$$H_Q^* = \frac{\alpha_2 \alpha_3 (\alpha_1 + \alpha_3)(1 + S_{R\&D})H}{\alpha_2 \alpha_3 (\alpha_1 + \alpha_3)(1 + S_{R\&D}) + \alpha_1 (\alpha_1 + 2\alpha_3)(1 - \tau_Y)}$$

$$(6-182)$$

将式（6-182）代入式（6-181），可以解出市场均衡路径的能源消费增长率。市场均衡路径上其他变量解析式求解与之类似，我们把以上讨论归结为以下命题：

命题 6 – 14　如果政府对最终产品部门征收税率为 τ_Y 的商品税并对 R&D 部门提供补贴率为 $S_{R\&D}$ 的技术产品供给补贴，政策基本模型均衡存在，均衡路径上产出和消费的增长率为 0，市场利率、研发部门人力资本、能源消费增长率分别如式（6 – 180）、式（6 – 181）、式（6 – 182）所示。

下面，我们再来看商品税和研发补贴的增长效应，先做均衡研发部门人力资本对税率和补贴率的比较静态分析。均衡研发部门人力资本对于研发部门补贴率和最终产品部门商品税率分别作一阶导数，可得：

$$\partial H_Q^*/\partial S_{R\&D} > 0 \quad \partial H_Q^*/\partial \tau_Y > 0 \qquad (6-183)$$

然后，求出均衡路径市场利率与均衡增长率分别对于研发部门补贴率的一阶导数：

$$\frac{\partial r^*}{\partial S_{R\&D}} = \frac{\partial r^*}{\partial H_Q^*} \frac{\partial H_Q^*}{\partial S_{R\&D}} = (1 + \alpha_1/\alpha_3)\lambda\eta \frac{\partial H_Q^*}{\partial S_{R\&D}} > 0 \qquad (6-184)$$

$$\frac{\partial g_Q^*}{\partial S_{R\&D}} = \frac{\partial g_Q^*}{\partial H_Q^*} \frac{\partial H_Q^*}{\partial S_{R\&D}} = \lambda\eta \frac{\partial H_Q^*}{\partial S_{R\&D}} > 0 \qquad (6-185)$$

$$\frac{\partial g_E^*}{\partial S_{R\&D}} = -\frac{\partial r^*}{\partial S_{R\&D}} < 0 \qquad (6-186)$$

类似地，可以得到均衡路径市场利率与均衡增长率分别对于最终产品部门商品税率的一阶导数：

$$\frac{\partial r^*}{\partial \tau_Y} = \frac{\partial r^*}{\partial H_Q^*} \frac{\partial H_Q^*}{\partial \tau_Y} > 0 \qquad (6-187)$$

$$\frac{\partial g_Q^*}{\partial \tau_Y} = \frac{\partial g_Q^*}{\partial H_Q^*} \frac{\partial H_Q^*}{\partial \tau_Y} > 0 \qquad (6-188)$$

$$\frac{\partial g_E^*}{\partial \tau_Y} = \frac{\partial g_E^*}{\partial H_Q^*} \frac{\partial H_Q^*}{\partial \tau_Y} < 0 \qquad (6-189)$$

综上所述，在市场均衡路径上，最终产品部门商品税率与技术研发部门补贴率的比较静态分析结果可归结为以下命题：

命题 6 – 15　最终产品部门商品税和技术研发部门的研发补贴具有类似的增长效应。市场利率、均衡研发部门人力资本数量均是商品税率或研发补贴率的增函数；均衡能源消费增长率是商品税率或研发补贴率的减函数。

最后，我们讨论社会最优商品税率和研发补贴，这些财政政策工具是对应于资源配置动态效率和最大最小化代际公平原则的。上述社会最优模型与市场均衡模型结论中的均衡利率、技术进步增长率和能源消费增长率具有类似的形式，所以，在研发部门人力资本数量相等的情况下，两者具有相同的均衡增长路径。故如果商品税率 τ_Y 和研发补贴率 $S_{R\&D}$ 满足以下条件即可：

$$\frac{\alpha_3 H}{\alpha_1 + \alpha_3} = \frac{\alpha_2 \alpha_3 (\alpha_1 + \alpha_3)(1 + S_{R\&D}) H}{\alpha_2 \alpha_3 (\alpha_1 + \alpha_3)(1 + S_{R\&D}) + \alpha_1 (\alpha_1 + 2\alpha_3)(1 - \tau_Y)}$$

$$(6-190)$$

此时，经济系统将处于社会最优均衡，商品税率和研发补贴率的政策组合是满足动态效率与代际公平的最优政策工具组合。

命题 6-16 对于上述模型，最终产品部门商品税和技术研发部门研发补贴满足式（6-190）的任一政策工具组合，能够使经济达到同时满足动态效率与最大最小化原则的社会最优均衡路径。

6.5 本 章 小 结

本章拓展第 5 章政策基本模型的分析框架，进一步考察在能源约束、环境约束和技术创新作用下经济可持续发展的动态效率与代际公平问题。本章主要从四个方面拓展模型：第一，在能源耗竭约束条件下再考虑能源消费对应的环境污染对效用函数的影响；第二，在能源耗竭约束条件下再考虑能源消费对应的环境污染对产出能力的影响；第三，考虑哈特维克投资准则和代际公平的可持续发展标准；第四，考虑罗尔斯正义、最大最小化原则和代际公平的可持续发展标准。我们求解了以上 4 种情形的社会最优路径、市场均衡与最优财政政策，在内生增长框架内分析了基于动态效率、代际公平和可持续发展的财政政策问题。

本章的基本结论如下：

第一，在同时考虑能源耗竭、环境污染和内生增长的分析框架中，财政政策对经济可持续发展具有重要作用。基于罗尔斯正义、哈特维克准则等不同的社会福利评价标准，财政政策对可持续发展也具有影响。

第二，对于效用函数拓展模型，存在最优增长路径、市场均衡路径与最优财政政策。同时考虑环境水平和消费水平，如果最终产品生产部门的能源消费税率增加，则市场均衡路径上的市场利率、产出的长期增长率、研发部门人力资本数量均下降并低于仅考虑消费水平效用时的情形，能源消费的长期增长率高于仅考虑消费水平效用时的情形。

第三，对于生产函数拓展模型，存在最优增长路径、市场均衡路径与最优财政政策。通过模型求解和数值模拟可知，理论上可以通过最终产品部门能源税、技术研发部门研发补贴或中间产品部门补贴的单独或组合，提高均衡产出增长率并降低均衡能源消费增长率，调整经济扭曲，改善经济效率，达到社会最优均衡路径。

第四，对于考虑哈特维克准则和代际公平的新古典增长模型的讨论。阐述经济学视阈内的可持续发展含义，以及代际公平与哈特维克准则的某种等价性。基于哈特维克准则和代际公平，证明在一个一般性的包含可耗竭能源、资本与劳动的三要素新古典增长模型中社会最优增长路径的存在性，并论述路径特征。

第五，对于考虑罗尔斯正义准则和代际公平的内生增长模型，在最大最小化原则最优路径上，经济产出增长率为0；能源消费增长率与要素份额无关，与人力资本总量和研发效率负相关；技术进步增长率与最终产品部门人力资本份额负相关，与能源消费份额、人力资本总量、研发效率正相关。无效用折现代际公平模型的最优路径也存在，均衡路径特性与基于最大最小化原则的情形相近。代际公平模型的市场均衡路径与最优财政政策均存在，市场利率、均衡研发部门人力资本数量均是商品税率或研发补贴率的增函数，均衡能源消费增长率是商品税率或研发补贴率的减函数。

第7章 产业垄断与动态效率视角的最优能源经济政策

在前几章的讨论中，较少直接涉及能源经济政策和能源市场竞争结构，本章在分析中国能源产业特点与当前能源税制改革的基础上，考察在不完全竞争市场结构的框架下，怎样的能源经济政策符合经济效率、资源保护与可持续发展的原则，以及讨论这些政策的政策效率和社会福利含义，这些讨论都力图针对中国当前的能源经济和整体经济。7.3节针对当前能源资源税改革中的重点——从量税从价税改革——展开讨论，并且运用类似的框架分析对资源保护和可持续发展非常有利的两类能源政策——储量税和回采率补贴，虽然这两类政策工具目前尚未广泛实施。与7.3节的分析方法不同，7.4节采用动态一般均衡方法，分别讨论了基于能源产业垄断的均衡增长路径，能源产业垄断利润的消极作用与最优能源产业创新经济政策。

本章内容安排如下，7.1节，产业垄断与能源税制改革；7.2节，局部动态方法与政策优化原则；7.3节，最优能源产业财税政策；7.4节，产业垄断、财税政策与内生增长；7.5节，本章小结。

7.1 产业垄断与能源税制改革

能源是人类社会赖以生存和发展的物质基础与动力源泉，而能源又具有资源耗竭性和产业特殊性等特点，能源及能源产业的特殊性及其在国民经济中的战略地位，决定了政府在能源发展中的重要地位和作用。与其他普通商品不同，能源作为具有战略意义的独特资源，政府不仅仅要考虑短期内的能源市场供需平衡，而且要从长远的角度考虑能源的供应能否充分保障经济的长期可持续发展。政府可以通过经济政策工具来调控能源经济，而能源财税政策是政府常用的有效工具。政府通过能源财税杠杆，对能源生产者和消费者实行不同方式、不同税率的征税补贴。一方面，可以加强对微观经济主体能源经济活动的调节和监督；另一方面，兼顾宏观经济持续、均衡发展的政策目标。

近年来，中国能源的生产和消费增长迅速，2011 年，中国已超过美国，成为世界第一能源消费大国，而与此同时，中国的众多能源问题日益凸显，能源制度改革和政策调整的步伐也日益加快。根据"十二五"规划强调的"十二五"期间继续推进费改税和全面改革资源税的要求，2011 年 10 月颁布了《中华人民共和国资源税暂行条例》及其实施细则，被视为 1984 年 9 月《中华人民共和国资源税条例（草案）》和 1994 年 1 月开始实施的《中华人民共和国资源税暂行条例》（1994）之后最重要的资源税改革步骤，而《中华人民共和国资源税暂行条例》（2011）的要点是能源资源税由从量税到从价税的改革。本章的工作是在中国能源税制改革的背景下，以标准的经济学方法，由从量税到从价税改革开始，对当前中国能源税制改革中面临的问题作初步的理论探讨。在讨论中，我们力图兼顾动态经济效率和中国能源产业的垄断现状。

能源产业相对于其他产业的特殊性的一个重要表现是竞争度不够，自然垄断是造成这一现象的主因之一，但是在当前中国，能源产业垄断尤其突出。比如，石油行业开采、炼制和销售的绝大部分市场份额都被中石油、中石化和中海油三巨头占据，并且政府直接指导成品油定价，见表 7－1；电力体制改革在逐步推进，但目前电力市场中 50% 左右的发电容量被原先从国家电力公司分离出的五大国有发电集团控制，另外 6 家中央直属企业和少数地方国有发电企业控制其余的 20% 左右的发电容量，[①]输配电行业主要由国家电网和南方电网两家公司经营，见表 7－2、图 7－1；煤炭行业的集中度要低一些，但是，山西、内蒙古和陕西等最重要产煤区的绝大部分煤炭生产企业都由国家控制，小煤矿由于技术和安全方面的原因都在逐步退出市场。总之，无论从产量、主导企业数量和市场控制能力来看，中国目前的能源生产和销售体系都是典型的垄断经济。对于垄断的市场结构，微观经济学的一个基本观点是，垄断造成的市场扭曲是无经济效率的，可以通过资源的重新配置实现帕累托改进。所以，本章尝试结合中国能源行业高度垄断的特点，分析如何通过能源财税政策来

---

① 原国家电力公司分离出的五大发电集团指，中国华能集团公司、中国大唐集团公司、中国华电集团公司、中国国电集团公司和中国电力投资集团公司。其他 6 家中央直属发电集团为神华集团有限责任公司、中国长江三峡集团公司、华润电力控股有限责任公司、国家开发投资公司、中国核电集团公司和中国广东核电集团有限责任公司。

调整这种由垄断造成的市场扭曲，实现资源保护，改善经济发展路径。

表7-1　　　　　　中国石油石化行业集中度（2009年）

	原油产量（万吨）	占全国比重（%）	原油加工量（万吨）	占全国比重（%）
中石油	11416	60.25	11214	29.94
中石化	4242	22.39	18262	48.75
中海油	2620	13.83		
三公司合计	18278	96.46	29476	78.69
全国产量	18949	100	37460	100

注："一"表示资料缺失。
资料来源：《中国能源统计年鉴》和各石油公司年报。

表7-2　　　　　中国电力装机容量集中度（2009~2010年）

	2009年		2010年	
	装机容量（万千瓦）	比重（%）	装机容量（万千瓦）	比重（%）
原属国家电力公司的五大发电集团	41704	47.70	47176	49.03
中央直属企业（6家）	9115	10.43	10975	11.41
地方大型国企（15家）	10763	12.31	9282	9.65
大型国企合计	61582	70.44	67433	70.08
其他	25848	29.56	28786	29.92
全国装机容量	87430	100	96219	100

资料来源：中国国家电力监管委员会年报。

　　下面，对能源税制作简单介绍。目前，无论是发达国家还是发展中国家，对能源生产、销售和消费环节征税已经成为较为通用的做法。能源税的特点是调控目标单一、调控方式直接，所以调控能力较强，是政府节能政策的有力工具；并且，能源税在整个税制中的纵向联系和横向联系相对简单，在实际运用中比增值税、所得税等税种具有更少的负面因素，因而政策成本更低。

　　广义的能源税应该包括，所有与能源开发、利用、消费及能源环境问题相关的税种，如果从能源税的调节功能来看，大致可以分为能源资源税类、能源消费税类和能源环境税类等三大类，而每个大类下又可以细分为很多税种。一般情况下，能源资源税都集中在能源市场的供给侧征收，即课税对象为能源生产厂商，我们在能源生产部门的动态理论框架中讨论。能源消费税的课税对象是能源需求侧，我们在前面的章节和7.4节的一般均衡框架中加以讨论。能源环境税实际上也可以将其划出狭义的能源税范围而看作环境税的一类，比如，典型的碳税，但是按其作用效果，理论上也可以认为和能源资源税类或能源消费税类一致。因为无论是资源税还是消费税客观上都抑制了能源过度消费，从而在实现资源保护政策目标的同时减轻了污染排放程度。所以，我们在本章不对能源环境税集中展开讨论，如果在具体操作中能源环境税适合于从量征收，我们将在能源资源税的从量税的讨论中加以说明，因为两者在经济机制上是类似的。[①]

7.2 局部动态方法与政策优化原则

第 5 章的政策基本模型侧重于一般均衡框架内的政策动态效率分析，所以对能源生产部门的分析做了最大程度的简化，在整体经济分析中能源生产只表示为标准霍特林模型的一个结论，即能源价格的增长率和市场利率相等。但是，如果考虑能源的生产成本、储量效应、产业垄断和科技创新等因素，问题会较为复杂但更接近于实际。下面，我们沿用上面章节一般均衡分析中的动态学方法，先从最简略的能源生产模型出发，逐步放宽假设来考察能源部门最优生产和相对应的最优政策的经济机制，最后，针对中国当前能源经济面临的行业垄断和税制改革问题，考察理论上政策优化需要遵循的一般原则。

先从动态角度考察完全竞争市场的能源最优开采，如果考虑开采成本但不考虑能源储量效应，能源部门利润函数的一般形式为：

$$\pi_E = P_{E_t}(E)E_t - C_{E_t}(E) \qquad (7-1)$$

无限时间上的利润最优化问题为：

$$\max_{C_t} \int_0^\infty [P_{E_t}(E)E_t - C_{E_t}(E)] e^{-rt} \mathrm{d}t$$

$$\text{s. t.} \quad \dot{S} = -E, \quad S、E \geqslant 0$$

该问题的现值汉密尔顿函数为：

$$H = P_{E_t}(E)E_t - C_{E_t}(E) + \mu_1(-E_t) \qquad (7-2)$$

假设能源部门面临完全竞争市场，则能源价格将不随能源数量变化而变化，即 $P_{E_t}(E) = P_E$，一阶条件有：

$$\frac{\partial H}{\partial E_t} = P_{E_t}(E) - \frac{\partial C_{E_t}(E)}{\partial E_t} - \mu_1 = P_{E_t}(E) - C_{E_t}{}'(E) - \mu_1 = 0$$

$$(7-3)$$

---

① 佩泽（Pezzey，2004）曾论述，实际上可持续政策和环境政策在目标上是有区别的，虽然在具体操作中政策工具会有所重叠，但要注意前者尤其关注资源耗竭对经济可持续的影响。

$$\frac{\partial H}{\partial S_t} = r\mu_1 - \dot{\mu}_1 = 0 \qquad (7-4)$$

截面条件为 $\lim\limits_{t \to \infty} \mu_1 S_t e^{-\rho t} = 0$

在式（7-3）中，$C_{E_t}{}'(E)$ 为能源生产的边际成本，μ_1 是能源的"影子价格"，该式实际上表示能源产品的"影子价格"（机会成本）等于能源价格和生产成本之差。式（7-4）实际上意味着最优路径上的市场利率等于能源产品"影子价格"的增长率。对式（7-3）取对数求导，并假设生产的边际成本 $C_{E_t}{}'(E)$ 不随时间变化，可得：

$$\frac{\dot{P}_{E_t}(E)}{P_{E_t}(E) - C_{E_t}{}'(E)} = \frac{\dot{\mu}_1}{\mu_1} \qquad (7-5)$$

与式（7-4）联立可得：

$$g_{P_{E_t}} = \frac{\dot{P}_{E_t}(E)}{P_{E_t}(E)} = r\left[1 - \frac{C_{E_t}{}'(E)}{P_{E_t}(E)}\right] \qquad (7-6)$$

如果式（7-6）的能源边际生产成本为 0，则 $g_{P_{E_t}} = r$，就是霍特林模型的基本结论。式（7-6）表明，如果存在生产成本，能源价格增长率一定小于市场利率。

现在，在上述分析框架的基础上考虑能源行业垄断。将垄断纳入分析的一般方法有，假设能源市场的需求曲线或采用需求价格弹性来间接地刻画垄断程度。① 如果能源产品的需求价格弹性大，意味着价格的变化能大幅度地影响市场需求量，说明市场上有足够多的替代品和同类竞争厂商，那么，在一定程度上可以反映出市场的垄断程度。

我们来看垄断的情况，假设不考虑存量效应但考虑生产成本，能源部门无限时间上的利润最优化问题为：

$$\max_{E_t} \int_0^{\infty} \left[P_{E_t}(E)E_t - C_{E_t}(E)\right]e^{-rt}dt$$

$$\text{s. t.} \quad \dot{S} = -E, \quad S \text{、} E \geqslant 0$$

现值汉密尔顿函数为：

$$H = P_{E_t}(E)E_t - C_{E_t}(E) + \mu_1(-E_t)$$

一阶条件有：

_____

① 在产业组织理论中，勒纳指数（lerner index）和贝恩指数（bain index）是考察垄断程度较为常用的测度指标，但一般用于考察企业。勒纳指数与产品价格和边际成本有关，贝恩指数与企业的超额利润有关，实际上通过对勒纳指数和贝恩指数表达式的数学变换，可以发现两者与产品的价格弹性均相关。

$$\frac{\partial H}{\partial E_t} = P_{E_t}(E) + E_t \frac{\partial P_{E_t}(E)}{\partial E_t} - \frac{\partial C_{E_t}(E)}{\partial E_t} - \mu_1 = 0$$

$$\frac{\partial H}{\partial S_t} = r\mu_1 - \dot{\mu}_1 = 0$$

截面条件为 $\lim\limits_{t \to \infty} \mu_1 S_t e^{-\rho t} = 0$

设能源的需求价格弹性为：

$$\eta = \frac{P_{E_t}(E)}{E_t} \frac{\partial E_t}{\partial P_{E_t}(E)} \tag{7-7}$$

则能源部门收入的边际收益 MR 为：

$$MR = P_{E_t}(E) + E_t \frac{\partial P_{E_t}(E)}{\partial E_t} - C_{E_t}{}'(E)$$

$$= P_{E_t}(E)(1 + \frac{1}{\eta}) - C_{E_t}{}'(E)$$

$$= P_{E_t}(E)\eta(\cdot) - C_{E_t}{}'(E) \tag{7-8}$$

同样，假设生产的边际成本不变，联立一阶条件和式（7-8）解得：

$$g_{P_{E_t}} = \frac{\dot{P}_{E_t}(E)}{P_{E_t}(E)} = r\left[1 - \frac{C_{E_t}{}'(E)}{P_{E_t}(E)\eta(\cdot)}\right] \tag{7-9}$$

因为正常品的价格和需求成反比，所以需求价格弹性的取值范围小于 0，并且如果需求富有弹性取值小于 -1，取值越小，绝对值越大，表示需求弹性越大。所以，式（7-9）表示，如果市场的垄断程度越小，则 η 越小，$(1 + \frac{1}{\eta})$ 越接近于 1，$P_{E_t}(E)\eta(\cdot)$ 越接近于完全竞争市场价格，对能源生产最优路径的偏移程度越小。

我们看到，对标准霍特林模型最优均衡的偏离来自两方面：一是存在生产成本；二是能源产业垄断。斯威尼（Sweeny，1977）是论述资源市场扭曲可能来源的经典文献，指出很多情形下政策本身就是资源市场扭曲最重要的因素之一，所以，坏的经济政策与垄断和负外部性一样造成了经济的无效率，而好的政策可以改善经济均衡路径，政策优劣是很重要的问题。我们将在下面的章节讨论，在理论上采用什么样的政策工具能够使能源生产达到社会最优。

有几点需要说明。首先，我们的考察是基于上述垄断框架中的财税政策或补贴政策，具体是指政府选取什么样的税率和补贴率，能够克服行业垄断和政策自身的扭曲，促使经济运行在社会最优路径。其次，我们将考虑资源的可耗竭性特点，即经济政策至少是与可持续发展的理念不相违背的。再次，我们主要针对当前能源税制改革最受关注的问题展开讨论，这些问题是从量税到从价税的改革、对能源资源储量税的征收以及如何将资源回采率纳入征税体系。最后，是一个技术性问题，本节模型中的社会最优仅仅指如果外部社会资源配置已经达到最优了，那么，市场利率就在最优均衡路径上，能源政策工具只要使能源生产的最优路径符合"影子价格"增长率等于市场利率就可以了。这实际上是遵循了霍特林准则的实质，也是将能源市场局部均衡建立在一般均衡上的简便方法。我们将在以下部分章节基于这样的方法来确立有效的却是简洁的同一标准，通过比较各种能源政策工具使用后新的均衡和社会最优均衡的接近程度来进行分析。

总之，本章模型的政策优化目标是，通过财政政策来矫正垄断扭曲、实现资源保护并促进整体经济均衡发展，这也符合目前中国能源资源政策的一般原则。

7.3 最优能源产业财税政策

7.3.1 从量税与从价税改革

能源税的计税方式，政府有从量计征和从价计征两种选择。从量计征的主要特点是，税收随着能源产品的产销量变动而变动，其主要体现在对能源产品量上的调节，该种方式计税方法简单，实际征管中便于操作，是中国目前广泛采用的能源税制。从价计征的主要特点是，税收规模的大小不仅与能源产品的产销量相关，而且与能源产品的价格密切联系，其主要体现的是对能源产品价值实现的调节，在实际操作过程中相对于从量计征略为复杂，是税制改革后拟采用的征税方式。实际操作中选择哪一种税收形式，政府可以根据二者的不同特点，并结合能源税的功能定位，以及能源税与资源税的协调配合来统筹加以考虑。

能源资源税由从量税到从价税的改革是《中华人民共和国资源税暂行条例》（2011）及其实施细则的要点，也是当前备受瞩目的能源税制改革的关键之一。根据《中华人民共和国资源税暂行条例》（2011）及实施细则的规定，对油气资源税实行从原先的从量征收改为从价征收，税率在5%~10%，煤炭等其他资源暂时继续实行从量征收。中国2010年6月1日开始率先在新疆维吾尔自治区试点对原油和天然气实行税率为5%的从价计征，然后向全国推广。从2011年11月1日起，石油和天然气从价能源资源税正式在全国范围征收，税率暂定为 5%。可以对表 7 – 3《中华人民共和国资源税暂行条例》（1993）的《资源税税目税额幅度表》和表 7 – 4《中华人民共和国资源税暂行条例》（2011）的《资源税税目税率表》做一比较。

表 7 – 3　　　　　　　　资源税税目税额幅度（1993 年）

税目	税额幅度
原油	8 ~ 30 元/吨
天然气	2 ~ 15 元/千立方米
煤炭	0.3 ~ 5 元/吨

资料来源：《中华人民共和国资源税暂行条例》（1993 年）。

表 7 – 4　　　　　　　　资源税税目税率（2011 年）

税目		税率
原油		销售额的 5% ~ 10%
天然气		销售额的 5% ~ 10%
煤炭	焦煤	8 ~ 20 元/吨
	其他煤炭	0.3 ~ 5 元/吨

资料来源：《中华人民共和国资源税暂行条例》（2011 年）。

现在，我们先来考察能源垄断市场的从量税效应。如果以税率为 τ_q 对能源产量征收从量税，不考虑能源储量对能源价格和生产成本的直接影响，或者说忽略能源储量效应，则能源部门的利润函数为：

$$\pi_E = P_{E_t}(E)E_t - C_{E_t}(E) - \tau_q E_t \qquad (7-10)$$

无限时间上的利润最优化问题为：

$$\max_{C_t} \int_0^\infty [P_{E_t}(E)E_t - C_{E_t}(E) - \tau_q E_t] e^{-rt} \mathrm{d}t$$

$$\text{s. t.} \quad \dot{S} = -E, \quad S、E \geqslant 0, \quad 0 \leqslant \tau_q \leqslant 1$$

现值汉密尔顿函数为：

$$H = P_{E_t}(E)E_t - C_{E_t}(E) - \tau_q E_t + \mu_1(-E_t) \qquad (7-11)$$

一阶条件有：

$$\frac{\partial H}{\partial E_t} = P_{E_t}(E) + E_t \frac{\partial P_{E_t}(E)}{\partial E_t} - \frac{\partial C_{E_t}(E)}{\partial E_t} - \tau_q - \mu_1 = 0 \qquad (7-12)$$

$$\frac{\partial H}{\partial S_t} = r\mu_1 - \dot{\mu}_1 = 0 \qquad (7-13)$$

截面条件为，$\lim_{t \to \infty} \mu_1 S_t e^{-\rho t} = 0$

同样地，假设能源的需求价格弹性为：

$$\eta = \frac{P_{E_t}(E)}{E_t} \frac{\partial E_t}{\partial P_{E_t}(E)}$$

联立一阶条件和上式解得：

$$g_{P_{E_t}} = \frac{\dot{P}_{E_t}(E)}{P_{E_t}(E)} = r\left[1 - \frac{C_{E_t}{}'(E) + \tau_q}{P_{E_t}(E)\eta(\cdot)}\right] \tag{7-14}$$

与社会最优均衡比较，最优能源从量税需要符合以下条件：

$$\frac{C_{E_t}{}'(E) + \tau_q}{P_{E_t}(E)\eta(\cdot)} = \frac{C_{E_t}{}'(E)}{P_{E_t}(E)} \tag{7-15}$$

解得最优从量税率，
$$\tau_q = \frac{C_{E_t}{}'(E)}{\eta} \tag{7-16}$$

作为对比分析，我们继续考察能源垄断市场的从价税效应。如果以税率为 τ_p 对能源产量征收从价税，不考虑能源储量效应，则能源部门的利润函数为：

$$\pi_E = (1 - \tau_p)P_{E_t}(E)E_t - C_{E_t}(E) \tag{7-17}$$

无限时间上的利润最优化问题为：

$$\max_{C_t} \int_0^{\infty} \left[(1 - \tau_p)P_{E_t}(E)E_t - C_{E_t}(E)\right]e^{-rt}\mathrm{d}t$$

$$\text{s. t. } \dot{S} = -E, S、E \geqslant 0, 0 \leqslant \tau_p \leqslant 1$$

现值汉密尔顿函数为：

$$H = (1 - \tau_p)P_{E_t}(E)E_t - C_{E_t}(E) + \mu_1(-E_t) \tag{7-18}$$

一阶条件有：

$$\frac{\partial H}{\partial E_t} = (1 - \tau_p)\left[P_{E_t}(E) + E_t\frac{\partial P_{E_t}(E)}{\partial E_t}\right] - \frac{\partial C_{E_t}(E)}{\partial E_t} - \mu_1 = 0 \tag{7-19}$$

$$\frac{\partial H}{\partial S_t} = r\mu_1 - \dot{\mu}_1 = 0 \tag{7-20}$$

截面条件为，$\lim_{t \to \infty} \mu_1 S_t e^{-\rho t} = 0$

联立一阶条件可解得：

$$g_{P_{E_t}} = \frac{\dot{P}_{E_t}(E)}{P_{E_t}(E)} = r\left[1 - \frac{C_{E_t}{}'(E)}{P_{E_t}(E)\eta(\cdot)(1 - \tau_p)}\right] \tag{7-21}$$

最优能源从价税需要符合以下条件：

$$\frac{C_{E_t}{}'(E)}{P_{E_t}(E)\eta(\cdot)(1 - \tau_p)} = \frac{C_{E_t}{}'(E)}{P_{E_t}(E)} \tag{7-22}$$

解得最优从价税率：

$$\tau_{\mathrm{p}} = \frac{1}{1 + \eta} \qquad\qquad (7-23)$$

我们将以上最优资源从量税和从价税的讨论归结为以下命题：

命题7-1 如果考虑不完全竞争能源市场和能源厂商边际生产成本 $C_{E_t}{}'(E)$ ，并设能源产品需求价格弹性为 η ，则社会最优从量税率 $\tau_{\mathrm{q}} = C_{E_t}{}'(E)/\eta$ ，社会最优从价税率 $\tau_{\mathrm{p}} = 1/(1 + \eta)$ ；即最优从量税率与生产边际成本和市场垄断程度相关，最优从价税率与市场垄断程度相关。

下面，结合命题7-1的结论和中国目前的能源资源税制现状做一些讨论。

第一，从式（7-16）最优资源从量税表达式可知，最优从量税率的制定应该考虑能源生产部门边际成本和能源产品的需求价格弹性，而中国多年一成不变的资源从量税率较为简单，并且理论依据不足。对于能源生产企业来说，不仅前期勘探论证、专业设备购置、安全设施配置等前期费用的分摊提高了行业进入门槛，更重要的是日常生产活动中，地质结构复杂、开采难度的不确定性等因素增加了运营成本。有的企业由于生产规模的限制，使生产仅仅维持在短期的最优产量，而达不到长期的最优规模生产，造成生产边际成本的相对上升。同样，能源产品的需求价格弹性与该产品的市场替代度及市场竞争程度有关，而在过去的从量税制定过程中，这些因素都被忽略。

第二，从式（7-23）最优资源从价税表达式可知，税率确定同样需要考虑能源产品的需求价格弹性，这在实际操作过程中可以近似地加以考虑。我们从征税方式变化看能源资源税功能的重新定位，税制改革是为了突出国家作为资源所有者的权益，因为就资源所有者权益而言，税收不仅是一个量的概念，而更应该是一个价值的概念，所以应该与能源资源品的价格密切相关。我们目前需要这样的改革，以更好地建立资源税收入与资源品价格挂钩的弹性机制来促进国家作为资源所有者权益的实现。

第三，税制改革能调整过去社会资源分配机制不合理之处，增加政府宏观调控的财力，降低垄断企业的实力和规模，为推进能源体制改革创造条件。一方面，对中央政府与地方政府之间的资源税分配进行调节；另一方面，更重要的是对国家与能源企业之间的资源税的不合理分配进行调节。近年来，随着国际能源市场的变化，石油、煤炭等能源产品的价格不断攀升，能源资源企业的收益也大幅增长。虽然法律上自然资源的所有权和收益权归国家所有，但是由于采用从量定额的计征方式，致使资源税额与资源产品价格毫无联系，而本应该由国家取得的能源租中的绝大部分由能源企业无偿占用。这也促使能源垄断企业的实力日益强大，垄断地位日益巩固。

第四，我们看到 2011 年 11 月 1 日开始按《中华人民共和国资源税暂行条例》（2011）及其补充规定实施的能源税率还存在不尽完善之处。其一，固定税率为 5%，与发达国家成熟的税制相比，税率还是偏低，但是考虑到改革是循序渐进的过程，5% 的税率可以看作是初步改革。其二，如果按《中华人民共和国资源税暂行条例》（2011）采用的 5% ~ 10% 的税率，也没有充分体现能源资源税作为级差地租的本质特点。5% 级差偏小，对自然条件优劣悬殊的生产企业的调节范围将受到限制，这使得能源市场上的企业难以在同一平台上展开竞争。其三，只是对油气税制进行改革，煤炭资源税目前还是从量计征，由于煤炭在中国能源消费中的份额最大，能源资源税计征方式有待于推广。

第五，我们讨论与从量税计征方式类似的碳税和暴利税。碳税是指，以环境保护为目的，针对二氧化碳排放所征收的税。碳税一般通过对燃煤和石油下游的汽油、航空燃油、天然气等化石燃料产品，按碳含量比例根据数量征税来实现减少化石燃料消耗和二氧化碳排放的目标。而暴利税类似于石油特别收益金，是目前尚在商讨的针对石油等行业垄断的税收，即国家按规定对石油生产企业的超额利润从量征税，在理论分析中，碳税和暴利税与从量税类似。所以，从量税与从价税实际上各有其特点和使用范围，我们当前的从量税与从价税改革主要是针对目前从量税征收中诸多不合理的情形。

从表 7 - 5 可知，1999 年以来能源资源税占能源消费税的比例平均还不到 1/10，并且资源税额增长幅度过慢，显示当前能源税制的结构性失衡，其结果是能源资源税的调节作用一直没有被充分发挥出来。从量税率尤其是不可再生资源税率严重偏低的直接结果是，首先不能充分体现资源的不可再生性和稀缺性，对于能源的过度开采和资源浪费没有起到有效的遏制作用。其次，资源低税率致使能源资源产品价格低廉，造成资源的低效率使用。低廉的能源产品，一方面，促使资源富庶地区增加资源投入以实现粗放式经济增长；另一方面，减少了资源富庶地区对技术创新的需求激励，这或许是某些资源富庶地区"资源诅咒"的可能成因。① 因为过低的资源从量税率完全达不到税制设计时的政策目标，所以目前的征税方式改革才如此重要和紧迫。

---

① 比如 2009 年，全国单位 GDP 能耗为 1.08 吨标准煤/万元，中国经济发达地区广东和上海单位 GDP 能耗分别为 0.68 吨标准煤/万元、0.73 吨标准煤/万元，而中国的山西、内蒙古的单位 GDP 能耗分别为 2.36 吨标准煤/万元、2.01 吨标准煤/万元。

表 7 – 5　　　近年中国能源资源税、消费税与资源补偿费收入统计　　　单位：亿元

年份	能源资源税	能源消费税	能源资源补偿费
1999	60.9	854.6	
2000	63.6	877.3	
2001	67.1	946.3	
2002	75.1	1072.5	20.3
2003	83.1	1221.7	25.7
2004	99.1	1550.5	30.8
2005	142.6	1634.3	43.1
2006	207.3	1885.7	58.1
2007	261.3	2206.8	89.1

资料来源：国家税务总局网站，税收统计资料。

7.3.2　考虑资源储量的能源税

目前，能源资源从量税到从价税的改革实际上主要是针对税率过低和收入分配不合理的弊端，但是在理论上，能源资源税的政策目标是减少不可再生资源的浪费，优化资源利用，确保经济的可持续发展。而从价税作为商品销售税，价格和税收收入会受到能源市场供求关系的变化而波动，当市场价格受到操控时便不能反映能源资源产品的真实价值，从而不能反映资源的稀缺性，与能源资源税的政策目标不完全一致。所以，从可持续发展的长远角度看，应该考虑征收资源储量税。资源储量税类似于财产税，其意义先是确保国有能源资源保值和合理收益，简单地说，能源企业应该为自己拥有更好更多的资源支付更多的成本，这也是资源合理公正分配和能源市场展开有效竞争的前提。并且，考虑资源储量的能源税，一方面，有利于保护资源；另一方面，也是对目前中国能源资源税率和税额偏低的补充。

下面，考察能源资源储量税的作用机制。

为了易于比较分析，我们以前面章节类似的方法考察不完全竞争能源市场的资源储量税效应。如果以税率为 τ_s 对能源储量征收资源储量税，不考虑能源储量对价格和成本的直接影响，则能源部门的利润函数为：

$$\pi_E = P_{E_t}(E)E_t - C_{E_t}(E) - \tau_s S_t \qquad (7-24)$$

无限时间上的利润最优化问题为：

$$\max_{C_t} \int_0^\infty \left[P_{E_t}(E)E_t - C_{E_t}(E) - \tau_s S_t \right] e^{-rt} \mathrm{d}t$$

$$\text{s. t. } \dot{S} = -E, \ S 、 E \geqslant 0, \ 0 \leqslant \tau_s \leqslant 1$$

现值汉密尔顿函数为：

$$H = P_{E_t}(E)E_t - C_{E_t}(E) - \tau_s S_t + \mu_1(-E_t) \qquad (7-25)$$

一阶条件有：

$$\frac{\partial H}{\partial E_t} = P_{E_t}(E) + E_t \frac{\partial P_{E_t}(E)}{\partial E_t} - \frac{\partial C_{E_t}(E)}{\partial E_t} - \mu_1 = 0 \qquad (7-26)$$

$$\frac{\partial H}{\partial S_t} = r\mu_1 - \dot{\mu}_1 - \tau_s = 0 \qquad (7-27)$$

截面条件为，$\lim_{t \to \infty} \mu_1 S_t e^{-\rho t} = 0$

联立一阶条件解得：

$$g_{P_{E_t}} = \frac{\dot{P}_{E_t}(E)}{P_{E_t}(E)} = r\left[1 - \frac{C_{E_t}{}'(E) + \tau_s/r}{P_{E_t}(E)\eta(\cdot)}\right] \qquad (7-28)$$

最优能源储量税要符合以下条件：

$$\frac{C_{E_t}{}'(E) + \tau_s/r}{P_{E_t}(E)\eta(\cdot)} = \frac{C_{E_t}{}'(E)}{P_{E_t}(E)} \qquad (7-29)$$

解得最优能源储量税率：

$$\tau_s = \frac{-rC_{E_t}{}'(E)}{\eta} \qquad (7-30)$$

式（7-30）表示，如果考虑不完全竞争能源市场，能源企业的最优储量税率与市场利率、生产边际成本和市场垄断程度相关。市场利率高和生产边际成本高的情形应该对应于更高的最优税率，能源产品需求价格弹性更大，即垄断程度较低的能源市场对应于更低的最优税率。

这对中国当前的资源储量税率制定的政策含义是，如果我们的能源企业生产成本居高不下，并且能源市场的有效竞争无法开展，政府的最优税率就应该更高，而不是通过补贴能源企业来降低其生产成本，或者提高能源市场的集中度来增强能源企业的垄断力。另外，我们也看到如果能源企业生产和管理中的技术创新能降低生产成本，最优税率可以降低。此外，式（7-30）中的市场利率 r 说明能源市场与资本市场的联系，所以政府在制定税率等经济政策时，不仅要考虑某一调控领域的政策效应，还应该考虑整体经济之间的相互关联。

我们将以上对考虑能源资源储量的最优税率的讨论，归结为以下命题：

命题 7-2 如果考虑不完全竞争能源市场和能源厂商边际生产成本 $C_{E_t}{}'(E)$，并设能源产品需求价格弹性为 η，则最优能源储量税率为 $\tau_s =$

$- rC_{E_t}'(E)/\eta$；即最优储量税率与市场利率、生产边际成本和市场垄断程度相关，其中，与市场利率和生产边际成本正相关，与能源市场竞争程度负相关。

7.3.3 考虑资源回采率的能源补贴

与考虑能源储量的能源税类似，考虑资源回采率的能源补贴是对资源保护十分有益的能源政策工具。资源回采率（rate of recovery）有很多分类定义。但一般来说，指矿产被开采过之后进行下一次开采时所余开采量占所余总矿产的比例，或者实际开采总量占设计开采储量的比例。不同的能源资源、开采方法和开采技术所对应的资源回采率都不同，比如，一般来说，煤炭的露天开采要比洞采有更高的回采率，先进技术设备比落后技术设备有更高的回采率，但能源资源开采和利用的彻底程度从回采率能得到反映。

我们来看资源回采率与能源生产厂商决策的关系。以煤炭开采为例，煤炭生产企业原则上应严格按国家规定开采薄煤层和厚煤层，严格控制顶煤、底煤、浮煤和三角煤的不合理丢失，不得留有丢弃不采的可采块段，不得以呆滞煤量的方式变相丢煤，从而达到合理开采地下资源、尽量减少各类损失的资源保护要求。① 但是，实际经济中回采率和生产成本有着密切关系，因为随着开采的深入，资源开采条件的变化和开采难度的增加都可能导致生产边际成本的增加。理论上对应于每一种现有的生产技术，都有一个停止开采点，即在这个点上开采的成本大于等于资源产品的价值，使生产变得无利可图。这样，在实际生产中，很多煤炭企业特别是缺乏管理的中小型企业，普遍采用吃肥丢瘦的掠夺式开采方法，不仅导致效益低下，而且破坏了生态环境，缩短了资源开采企业的服务年限。

为了避免这种大量资源在选择性地掠夺开采中被极大浪费的现象，政府在依法严格管理的同时，可以考虑依据资源回采率大小运用财税工具进行补贴来促进资源保护。下面，我们构建考虑资源回采率的能源税模型来讨论社会最优税率（补贴率），在模型中假设政府对企业征所得税，并依据能源企业资源回采率的高低进行补贴。补贴数量是回采率的增函数，并使得在回采率为0（开始采矿）时补贴数量为0，回采率为1（资源采尽）

---

① 以煤炭开采为例，国家发展和改革委员会 2012 年颁布的《生产煤炭回采率管理暂行规定》所规定的煤炭回采率：厚煤层不小于 75%，中厚煤层不小于 80%，薄煤层不小于 85%。工作面回采率：厚煤层不小于 95%，中厚煤层不小于 95%，薄煤层不小于 97%。

时，补贴数量要大于等于企业所得税。

我们先来考察不完全竞争能源市场的企业所得税。如果以税率为 τ_π 对能源生产部门征收企业所得税，不考虑能源储量效应，则能源部门的利润函数为：

$$\pi_E = (1 - \tau_\pi)[P_{E_t}(E)E - C_{E_t}(E)] \qquad (7-31)$$

无限时间上的利润最优化问题为：

$$\max_{C_t} \int_0^\infty (1 - \tau_\pi)[P_{E_t}(E)E_t - C_{E_t}(E)] \mathrm{d}t$$

$$\text{s.t.} \quad \dot{S} = -E, \quad S、E \geqslant 0, \quad 0 \leqslant \tau_p \leqslant 1$$

现值汉密尔顿函数为：

$$H = (1 - \tau_\pi)[P_{E_t}(E)E_t - C_{E_t}(E)] + \mu_1(-E_t) \qquad (7-32)$$

一阶条件有：

$$\frac{\partial H}{\partial E_t} = (1 - \tau_\pi)\left[P_{E_t}(E) + E_t \frac{\partial P_{E_t}(E)}{\partial E_t} - \frac{\partial C_{E_t}(E)}{\partial E_t}\right] - \mu_1 = 0$$

$$(7-33)$$

$$\frac{\partial H}{\partial S_t} = r\mu_1 - \dot{\mu}_1 = 0 \qquad (7-34)$$

截面条件为：$\lim_{t \to \infty} \mu_1 S_t e^{-\rho t} = 0$

联立一阶条件解得：

$$g_{P_{E_t}} = \frac{\dot{P}_{E_t}(E)}{P_{E_t}(E)} = r\left[1 - \frac{C_{E_t}{}'(E)}{P_{E_t}(E)\eta(\cdot)}\right] \qquad (7-35)$$

企业所得税率没有出现在式（7-35）中，从另一个角度看，社会最优须满足式（7-36）：

$$\frac{C_{E_t}{}'(E)}{P_{E_t}(E)\eta(\cdot)} = \frac{C_{E_t}{}'(E)}{P_{E_t}(E)} \qquad (7-36)$$

实际上，式（7-35）中没有政策工具参数等价于需求弹性无限大的情况，因为根据假设 $\eta(\cdot) < 1$ 恒成立，所以式（7-36）将恒不等。其政策含义是，如果单独运用企业所得税工具，无法使经济达到社会最优路径。

接下来，我们考察在征收企业所得税的基础上，对企业进行基于回采率从价补贴的联合财税工具。我们以上面章节类似的方法来考察，在不完全竞争能源市场，如果以税率为 τ_π 对能源生产部门征收企业所得税，以回采率 S_t 作为补贴依据进行回采率补贴，不考虑能源储量效应，并假设在某时段内回采率不变，则能源部门的利润函数为：

$$\pi_E = P_{E_t}(E)E_t - C_{E_t}(E) - \tau_\pi [P_{E_t}(E)E_t - C_{E_t}(E) - S_r P_{E_t}(E)E_t]$$

$$= (1 - \tau_\pi)[P_{E_t}(E)E_t - C_{E_t}(E)] + S_r \tau_\pi P_{E_t}(E)E_t \qquad (7-37)$$

对比式（7-37）和式（7-31）可知，当回采率为 0 时不补贴，趋向于 1 时补贴最大为 $\tau_\pi P_{E_t}(E)E$，比 $\tau_\pi C_{E_t}(E)$ 要大。

无限时间上的利润最优化问题为：

$$\max_{C_t} \int_0^\infty \{(1 - \tau_\pi)[P_{E_t}(E)E_t - C_{E_t}(E)] + S_r \tau_\pi P_{E_t}(E)E_t\} \, \mathrm{d}t$$

$$\text{s. t. } \dot{S} = -E, \ S、E \geq 0, \ 0 \leq S_r \leq 1$$

现值汉密尔顿函数为：

$$H = (1 - \tau_\pi)[P_{E_t}(E)E_t - C_{E_t}(E)] + S_r \tau_\pi P_{E_t}(E)E_t + \mu_1(-E_t) \qquad (7-38)$$

一阶条件有：

$$\frac{\partial H}{\partial E_t} = (1 - \tau_\pi)\left[P_{E_t}(E) + E_t \frac{\partial P_{E_t}(E)}{\partial E_t} - \frac{\partial C_{E_t}(E)}{\partial E_t}\right]$$

$$+ S_r \tau_\pi \left[P_{E_t}(E) + E_t \frac{\partial P_{E_t}(E)}{\partial E_t}\right] - \mu_1 = 0 \qquad (7-39)$$

$$\frac{\partial H}{\partial S_t} = r\mu_1 - \dot{\mu}_1 = 0 \qquad (7-40)$$

截面条件为：$\lim_{t \to \infty} \mu_1 S_t e^{-\rho t} = 0$

联立一阶条件解得：

$$g_{P_{E_t}} = \frac{\dot{P}_{E_t}(E)}{P_{E_t}(E)} = r\left[1 - \frac{C_{E_t}{}'(E)(1 - \tau_\pi)}{P_{E_t}(E)\eta(\cdot)(1 - \tau_\pi + S_r \tau_\pi)}\right] \qquad (7-41)$$

最优能源回采率补贴须符合以下条件：

$$\frac{C_{E_t}{}'(E)(1 - \tau_\pi)}{P_{E_t}(E)\eta(\cdot)(1 - \tau_\pi + S_r \tau_\pi)} = \frac{C_{E_t}{}'(E)}{P_{E_t}(E)} \qquad (7-42)$$

解得：

$$S_r = \frac{\tau_\pi - 1}{\tau_\pi(1 + \eta)} \text{ 或 } \tau_\pi = \frac{S_r \eta + 1}{1 - S_r} \qquad (7-43)$$

所以，基于资源回采率的最优企业所得税和最优回采率补贴满足式（7-43），并且可知两者在数值上与市场的垄断程度有关。继续考察最优企业所得税对最优回采率补贴相对变化的影响，如果需求富有弹性，最优企业所得税率对最优回采率的一阶导数有：

$$\frac{\partial \tau_\pi}{\partial S_r} = \frac{\eta + 1}{(1 - S_r)^2} \leq 0 \qquad (7-44)$$

即当最优回采率补贴越高时，对应的最优企业所得税率越低。

我们将上述讨论归结为以下命题：

命题 7 – 3 如果考虑不完全竞争能源市场和能源厂商边际生产成本 $C_{E_t}'(E)$，并设能源产品需求价格弹性为 η，单独运用企业所得税不能使经济达到社会最优路径。在同时运用税率为 τ_π 的企业所得税和回采率为 S_r 的回采率补贴政策工具时，经济能够达到社会最优路径，此时的最优 τ_π 和 S_r 符合 $\tau_\pi = (S_r \eta + 1)/(1 - S_r)$。

7.4 产业垄断、财税政策与内生增长

7.4.1 能源产业垄断与市场均衡路径

第 7.3 节对能源产业垄断及最优政策的分析，是基于能源生产的边际收益等于市场利率这一假设的，实际上是假定能源部门以外的经济已处于社会最优均衡，所以实质上还只是局部均衡分析。下面，以能源需求价格弹性刻画能源市场的垄断程度，尝试在一般均衡框架下考察能源产业垄断对经济均衡路径的影响，并据此分析解释中国能源市场的一些独特现象。

我们沿用第 4 章的市场均衡模型，暂不考虑能源储量效应和能源生产成本，只是意在考察垄断程度对于动态一般均衡的影响。假设 $\eta \leqslant 0$ 为能源市场的需求价格弹性，$\eta(\cdot) = 1 + 1/\eta$，能源生产部门的边际收益简化为：

$$MR = P_{E_t}(E) + E_t \frac{\partial P_{E_t}(E)}{\partial E_t} = P_{E_t}(E)\left(1 + \frac{1}{\eta}\right) = P_{E_t}(E)\eta(\cdot)$$

联立霍特林模型的两个一阶条件解得：

$$g_{P_{E_t}} = \frac{\dot{P}'_{E_t}(E)}{P_{E_t}(E)} = r - g_{\eta(\cdot)} \tag{7 – 45}$$

在式（7 – 45）中，$g_{\eta(\cdot)}$ 为 $\eta(\cdot) = 1 + 1/\eta$ 的增长率，而我们知道在霍特林模型中，能源价格增长率就等于市场利率，即在式（7 – 45）中，$g_{\eta(\cdot)}$ 等于 0 的情况。所以，如果市场结构不随时间变化，则式（7 – 45）就退化为霍特林模型解的形式。

其他经济机制和条件与上面章节的标准模型一致，下面就不再详述，解这个模型，市场均衡的研发部门人力资本、市场利率、均衡增长率分别为：

$$g_Y^* = g_C^* = \frac{(\alpha_1 + \alpha_3)\lambda\eta H_Q^* + \alpha_3 g_{\eta(\cdot)} - \alpha_3\rho}{\alpha_1 + \alpha_3\theta}$$

$$g_Q^* = \lambda\eta H_Q^*$$

$$g_S^* = g_E^* = \frac{(\alpha_1 + \alpha_3)(\lambda\eta H_Q^*(1-\theta) + g_{\eta(\cdot)} - \rho)}{\alpha_1 + \alpha_3\theta}$$

其中，$H_Q^* = \dfrac{(\alpha_1 + \alpha_3)(\alpha_1 + \alpha_3\theta)\alpha_2\lambda\eta H - \alpha_1[(\alpha_1 + \alpha_3)\rho + (\theta - 1)\alpha_3 g_{\eta(\cdot)}]}{\lambda\eta\{(\alpha_1 + \alpha_3)(\alpha_1 + \alpha_3\theta)\alpha_2 + \alpha_1[(\alpha_1 + \alpha_3)\theta + (\theta - 1)\alpha_3]\}}$

$$(7 - 46)$$

将研发部门人力资本数量代入市场利率和均衡增长率表达式，得到：

$$r^* = \frac{(\alpha_1 + \alpha_3)\theta\lambda\eta H_Q^* + \alpha_1\rho + \alpha_3\theta g_{\eta(\cdot)}}{\alpha_1 + \alpha_3\theta} \qquad (7 - 47)$$

$$g_Y^* = \frac{(\alpha_1 + \alpha_3)\{(\alpha_1 + \alpha_3)(\alpha_1 + \alpha_3\theta)\alpha_2\lambda\eta H - \alpha_1[(\alpha_1 + \alpha_3)\rho + (\theta - 1)\alpha_3 g_{\eta(\cdot)}]\}}{(\alpha_1 + \alpha_3\theta)\{(\alpha_1 + \alpha_3)(\alpha_1 + \alpha_3\theta)\alpha_2 + \alpha_1[(\alpha_1 + \alpha_3)\theta + (\theta - 1)\alpha_3]\}}$$

$$+ \frac{\alpha_3(g_{\eta(\cdot)} - \rho)}{(\alpha_1 + \alpha_3\theta)} \qquad (7 - 48)$$

$$g_Q^* = \frac{(\alpha_1 + \alpha_3\theta)\lambda\eta H - \alpha_1\rho - (\theta - 1)\alpha_1\alpha_3 g_{\eta(\cdot)}/(\alpha_1 + \alpha_3)}{(\alpha_1 + \alpha_3)\theta}$$

$$(7 - 49)$$

$$g_E^* = \frac{\begin{aligned}(\alpha_1 + \alpha_3)(1 - \theta)\{(\alpha_1 + \alpha_3)(\alpha_1 + \alpha_3\theta)\alpha_2\lambda\eta H - \\ \alpha_1[(\alpha_1 + \alpha_3)\rho + (\theta - 1)\alpha_3 g_{\eta(\cdot)}]\}\end{aligned}}{(\alpha_1 + \alpha_3\theta)\{(\alpha_1 + \alpha_3)(\alpha_1 + \alpha_3\theta)\alpha_2 + \alpha_1[(\alpha_1 + \alpha_3)\theta + (\theta - 1)\alpha_3]\}}$$

$$+ \frac{(\alpha_1 + \alpha_3)(g_{\eta(\cdot)} - \rho)}{(\alpha_1 + \alpha_3\theta)} \qquad (7 - 50)$$

我们看到以上 5 个式子中都有 $g_{\eta(\cdot)}$，即 $\eta(\cdot)$ 或需求弹性 η 的变化将改变以上所有均衡路径上变量的值。以上结果较为复杂，但是在求解均衡的过程中，我们发现，市场利率与均衡增长率对于研发部门人力资本的形式不变，这样，我们可以通过其他变量和参数间接考察需求价格弹性或市场垄断程度对增长路径的关系。比如，对于均衡产出增长率 g_Y^* 有：

$$\frac{\partial g_Y^*}{\partial \eta} = \frac{\partial g_Y^*}{\partial H_Q^*} \frac{\partial H_Q^*}{\partial g_{\eta(\cdot)}} \frac{\partial g_{\eta(\cdot)}}{\partial \eta(\cdot)} \frac{\partial \eta(\cdot)}{\partial \eta} \qquad (7 - 51)$$

下面，我们来证明在很大程度上式 (7 - 51) 小于 0 成立，易知：

$$\frac{\partial g_Y^*}{\partial H_Q^*} = \frac{(\alpha_1 + \alpha_3)\lambda\eta}{\alpha_1 + \alpha_3\theta} > 0 \qquad (7 - 52)$$

$$\frac{\partial H_Q^*}{\partial g_{\eta(\cdot)}} = \frac{-(\theta - 1)\alpha_1\alpha_3 g_{\eta(\cdot)}}{\lambda\eta\{(\alpha_1 + \alpha_3)(\alpha_1 + \alpha_3\theta)\alpha_2 + \alpha_1[(\alpha_1 + \alpha_3)\theta + (\theta - 1)\alpha_3]\}} < 0,$$

当 $\theta > 1$ 时， $\hspace{8cm}$ (7-53)

$$\frac{\partial \eta(\cdot)}{\partial \eta} = -\frac{1}{\eta^2} < 0 \qquad (7-54)$$

现在，我们来证明 $\partial g^*_{\eta(\cdot)} / \partial \eta(\cdot) < 0$ 。先来看需求富于价格弹性的市场，当市场垄断程度或需求价格弹性（负值）上升时，η 越来越接近于 -1 ，$\eta(\cdot)$ 值越来越接近于 0 ，但是 $\eta(\cdot)$ 值下限为 0 ，即 $\eta(\cdot)$ 是有界的。所以，$\eta(\cdot)$ 的增长率，或者说市场垄断程度从低到高变化的速度必须是递减的。从另一个方向看，当市场垄断程度或需求价格弹性（负值）下降时，η 越来越接近负无穷，$\eta(\cdot)$ 值越来越接近于 1 ，但 $\eta(\cdot)$ 值上限为 1 ，即 $\eta(\cdot)$ 是有界的，所以 $\eta(\cdot)$ 的增长率或者说市场垄断程度从高到低变化的速度必须是递减的。用类似的方法分析需求缺乏价格弹性的市场，可以得出相同的结论。该式直观上是说，如果一个垄断竞争的市场向两端——垄断和自由竞争市场演化，那么，演化的速率是递减的。

这样，就证明了 $\partial g^*_Y / \partial \eta < 0$ （当 $\theta > 1$ 时），我们将以上讨论归结为以下命题。

命题 7-4 如果考虑需求价格弹性为 η 的不完全竞争能源市场，均衡产出增长率 g^*_Y 的值由式（7-48）所示；并且，$\partial g^*_Y / \partial \eta < 0$ （当 $\theta > 1$ 时），即均衡产出增长率与能源市场的垄断程度成反比。

再看能源消费均衡增长率 g^*_E ：

$$\frac{\partial g^*_E}{\partial \eta} = \frac{\partial g^*_E}{\partial H^*_Q} \frac{\partial H^*_Q}{\partial g^*_{\eta(\cdot)}} \frac{\partial g^*_{\eta(\cdot)}}{\partial \eta(\cdot)} \frac{\partial \eta(\cdot)}{\partial \eta} \qquad (7-55)$$

下面，我们来证明上式大于 0 成立，易知：

$$\frac{\partial g^*_Q}{\partial H^*_Q} = \frac{(1-\theta)(\alpha_1 + \alpha_3)\lambda \eta}{\alpha_1 + \alpha_3 \theta} < 0, 当 \theta > 1 时$$

对命题 7-4 的讨论中已证明以下三个不等式成立：

$$\frac{\partial H^*_Q}{\partial g^*_{\eta(\cdot)}} = \frac{-(\theta-1)\alpha_1\alpha_3 g_{\eta(\cdot)}}{\lambda \eta \{(\alpha_1 + \alpha_3)(\alpha_1 + \alpha_3\theta)\alpha_2 + \alpha_1[(\alpha_1 + \alpha_3)\theta + (\theta-1)\alpha_3]\}} < 0$$

当 $\theta > 1$ 时

$$\frac{\partial \eta(\cdot)}{\partial \eta} = -\frac{1}{\eta^2} < 0 \ 和 \ \frac{\partial g^*_{\eta(\cdot)}}{\partial \eta(\cdot)} < 0$$

所以，$\partial g^*_E / \partial \eta > 0$ （当 $\theta > 1$ 时）成立，我们将以上讨论归结为以下命题：

命题 7-5 如果考虑需求价格弹性为 η 的不完全竞争能源市场，均衡产出增长率 g^*_E 的值由式（7-50）所示，并且，$\partial g^*_E / \partial \eta > 0$ （当 $\theta > 1$

时），即均衡能源消费增长率与能源市场的垄断程度成正比。

命题 7-4 和命题 7-5 的政策含义非常明确，如果降低能源市场的垄断程度，则不仅可以降低能源消费增长率从而达到节能降耗的目的，并且能够使社会产出增长率提高到新的水平，真正达到可持续发展的政策目标。所以，对能源市场垄断的有效管制，无论是从经济效率、社会公正还是从资源保护、持续发展角度都是至关重要的。

从以上讨论中我们知道，根据模型结果式（7-46）~式（7-50），$g_{\eta(\cdot)}$ 的大小和变化方向直接影响经济的均衡增长路径。下面，继续考察中国实际经济中 $g_{\eta(\cdot)}$ 可能的变化方向，并以此结合当前中国能源产业的现象作一些讨论。因为：

$$g_{\eta(\cdot)} = \frac{1}{\eta(\cdot)} \frac{\partial \eta(\cdot)}{\partial E_t} \frac{\partial E_t}{\partial t} = -\frac{1}{\eta^2 \eta(\cdot)} \frac{\partial \eta}{\partial E_t} E_t' = -\frac{1}{\eta + \eta^2} \frac{\partial \eta}{\partial E_t} E_t'$$

$$(7-56)$$

又因为假设能源生产没有储量效应，可得 $E_t' < 0$；假如需求富有弹性 $\eta < -1$，可得 $\eta + \eta^2 > 0$，所以此时有：

$$\text{Sign } g_{\eta(\cdot)} = \text{Sign } \frac{\partial \eta}{\partial E_t} \qquad (7-57a)$$

$g_{P_{E_t}} = r$ 是完全竞争能源市场的霍特林模型解，对于垄断市场我们通过分析已经得到 $g_{P_{E_t}} = r - g_{\eta(\cdot)}$，所以，$\partial \eta / \partial E_t$ 的正负号实际上也决定了市场利率和能源价格增长率的大小。如果 $\partial \eta / \partial E_t > 0$，则有 $g_{P_{E_t}} < r$；如果 $\partial \eta / \partial E_t < 0$，则有 $g_{P_{E_t}} > r$。

我们来考察 $\partial \eta / \partial E_t$ 的正负号，实际上能源产量和市场需求弹性之间的经济机制并不十分确定，我们猜测可能有如下的逻辑关系。垄断者的降价能够带来市场需求的扩大，但同时促进更多替代品的出现，并且更多的厂商会进入该市场来分享利润，这样使得产品需求价格弹性的绝对值提高，而此时的市场竞争程度加强了，即垄断程度在下降。从这个逻辑出发，能源使用量的增大提高了市场需求弹性，即 $\partial \eta / \partial E_t < 0$，我们把它称为"产量效应"。另外，垄断者的提价带来市场需求量的减小，同时能源高价能吸引更多的投资来激励产品替代品的发明，而在过去价格中不能运用的一些替代品在新的价格下能够运用从而进入市场，这也使需求价格弹性的绝对值提高，即意味着市场竞争程度的加强，这是一个作用方向相反的机制，我们可以称为"价格效应"。而在实际经济中，哪种效应占主导，可能决定了 $\partial \eta / \partial E_t$ 的正负号。

如果 $\partial \eta / \partial E_t > 0$，则 $g_{P_{E_t}} < r$，根据能源价格和能源需求量的指数形式，

作一阶导数可以分别得到能源价格和能源产量随时间变化的斜率，如果自由竞争市场和垄断市场的能源资源储量确定并且是相等的，那么，当$\partial\eta/\partial E_t > 0$时，竞争市场能源价格上升的幅度要大于垄断市场的能源价格上升幅度，即竞争市场能源价格曲线比垄断市场价格曲线更"陡峭"，而能源数量曲线相反，见图7-1、图7-2。

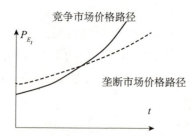

图7-1　能源需求富有弹性时的价格路径（$\partial\eta/\partial E_t > 0$时）

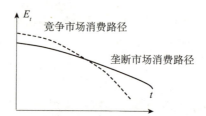

图7-2　能源需求富有弹性时的消费路径（$\partial\eta/\partial E_t > 0$时）

图7-1、图7-2所示的情形是国内部分"资源垄断保护论"者的理论基础之一，但事实并非完全如此。因为这种看法没有考察能源市场的需求价格弹性对长期能源价格和能源消耗的影响。并且，即便价格和消费路径如图7-1和图7-2所示，在开采初期垄断市场的能源价格要高于竞争市场价格而能源产量会相应减少。但长期来看，如果开采前期能源市场价格低于垄断价格，在后期相应地将高于垄断价格，因为假设了在全部时期内需要开采的储量相同。另外，理论上的垄断和竞争市场各有其特点，对经济效率和社会福利的影响可以估算。但现实经济中的某些非经济因素，比如，公共政策和行政命令可能造成更大的市场扭曲，其中，行政垄断比经济垄断对经济效率具有更大的危害。因为在本质上，经济垄断的垄断者还要面对市场需求曲线，不可能无所顾忌地定价，垄断行为只是指具有有限垄断势力的厂商面对市场的自身最优化的决策，而行政垄断却不同，因为缺乏经济约束，其强加于市场的力量比经济垄断要大很多。

如果能源市场缺乏弹性，即$-1 < \eta < 0$，则$\eta + \eta^2 < 0$，结果与需求富有弹性时恰好相反，即$\partial\eta/\partial E_t > 0$和$g_{P_{E_t}} > r$同时成立，或者$\partial\eta/\partial E_t < 0$，

$g_{P_{E_t}} < r$ 同时成立。此时,

$$\text{Sign } g_{\eta(\cdot)} = \text{Sign}\left(-\frac{\partial \eta}{\partial E_t}\right) \quad\quad (7-57b)$$

能源价格和数量路径,如图 7 - 3、图 7 - 4 所示。

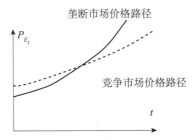

图 7 - 3   能源需求缺乏弹性时的价格路径($\partial\eta/\partial E_t > 0$ 时)

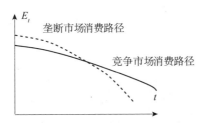

图 7 - 4   能源需求缺乏弹性时的消费路径($\partial\eta/\partial E_t > 0$ 时)

我们认为,中国能源市场的现状可能类似于图 7 - 3 和图 7 - 4 的情形,但还是有一些不同。以成品油市场为例,近年来能源产品价格的上升幅度超出市场利率,很大部分原因是成品油价格由国家定价,这里存在一定程度的行政垄断因素。如果按照能源市场的均衡条件,则 $\partial\eta/\partial E_t > 0$ 成立,即如果此时能源价格上升,需求数量会有一定程度的相对下降,按照上面假设的"价格效应",理论上会出现更多的能源创新投入或技术产出,以及更多的厂商进入该市场分享利润,从而使市场竞争程度上升,η 减小,这样,$\partial\eta/\partial E_t > 0$ 和 $g_{P_{E_t}} > r$ 同时成立。

但是在短期内,如果消费的刚性需求达到即使价格上涨数量也不下降的地步,比如,近两年的中国成品油市场,那结论会有什么变化?我们看到消费数量上升的同时价格也在上升,如果存在"价格效应",那么,市场竞争程度将大幅度上升。但是,关键是只要政府对能源产业设置很高的准入门槛和运营门槛,以各种经济政策和行政法规变相地严格控制市场,那么"价格效应"就不会出现,甚至可能由于垄断势力独占超额利润的企图而更加排斥自由竞争,加剧市场垄断程度,这样 η 将上升,$\partial\eta/\partial E_t > 0$ 仍然成立。并且,如果此时能源价格上升幅度很大,即政府外生地提高了

垄断市场价格路径曲线，能源价格和消费数量曲线将如图 7 - 5 和图 7 - 6 所示，在这里我们又一次看到行政垄断因素。

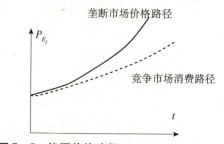

图 7 - 5　能源价格路径（$\partial\eta/\partial E_t > 0$ 且 $g_{P_{E_t}} > r$）

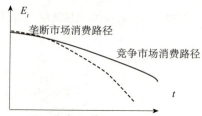

图 7 - 6　能源消费路径（$\partial\eta/\partial E_t > 0$ 且 $g_{P_{E_t}} > r$）

考察此时的能源市场和整体经济。能源价格超常规增长，能源市场存在非正常的超额利润，理论上经济中将有大量潜在的资源购买者试图去购买无限数量的能源资产，而此时市场不能出清，这里的资源购买者将存在融资问题，如果垄断势力介入，潜在的资源购买者更加无法进入市场。我们再看对整体经济中的负面影响，首先，根据式（7 - 57b）可知，此时的 $g_{\eta(\cdot)} < 0$，又因为能源市场缺乏弹性 $-1 < \eta < 0$，$\eta(\cdot) < 0$，所以 $\eta(\cdot)$ 随时间的变化方向是单调递增，而相应的 η 将单调递减，即行业垄断程度在上升。根据命题 7 - 4 和命题 7 - 5 可知，市场垄断将使得社会产出增长率减小及能源消费增长率上升。其次，经济中能源要素价格水平的上涨可能推动普遍价格水平的上涨，即经济具有成本推动型通胀的危险。总之，对于整体经济，能源市场垄断特别是行业行政垄断可能同时引发通货膨胀和增长停滞，经济发展史上有过类似的先例。

7.4.2　垄断利润、能源财税政策与社会福利

在第 7.3 节，我们对能源市场垄断的考察并没有考虑厂商的生产成本，本节试图在考虑能源市场垄断和厂商生产成本的动态一般均衡框架内，考察能源行业垄断利润对整体经济的影响，以及厂商能源资源税对均衡路径的可能影响，我们将在一个模型内统一讨论。

在第 7.3 节，我们已经解出考虑垄断能源行业生产边际成本不变时价格变量的关系，其中，P_{E_t} 为能源价格，r 为市场利率，$C'_{E_t}(E)$ 为假设恒定不变的边际生产成本，$\eta(\cdot) = 1 + 1/\eta$，其中，η 为能源市场的需求价格弹性：

$$g_{P_{E_t}} = \frac{\dot{P}_{E_t}(E)}{P_{E_t}(E)} = r\left[1 - \frac{C'_{E_t}(E)}{P_{E_t}(E)\eta(\cdot)}\right]$$

现在，假设能源产业盈利能力的综合效应参数 $k(\cdot)$：

$$k(\cdot) = 1 - \frac{C'_{E_t}(E)}{P_{E_t}(E)\eta(\cdot)} \tag{7-58}$$

$k(\cdot)$ 可以间接反映能源产业盈利能力，$P_{E_t}(E)\eta(\cdot)$ 可以视为考虑市场垄断时的边际收益，从式（7-58）可知，如果生产边际成本相对于市场价格更高，则能源行业盈利能力较差，$k(\cdot)$ 值较小，反之亦然。下面，我们沿用第 4 章基本模型和第 7.3 节的思路，在考虑生产成本和产业垄断的动态一般均衡框架内进行讨论。

最终产品部门代表性厂商的利润最大化决策为：

$$\max_{H_Y, x(i), E} H_Y^{\alpha_1} \int_0^1 Q(i)x(i)^{\alpha_2} \mathrm{d}i E^{\alpha_3} - W_Y H_Y - P_E E - \int_0^1 P_{x_i} x(i)\mathrm{d}i \tag{7-59}$$

一阶条件分别解得：

$$W = W_Y = \frac{\alpha_1 Y}{H_Y} \tag{7-60}$$

$$P_E = \frac{\alpha_3 Y}{E} \tag{7-61}$$

$$P_{x_i} = \alpha_2 H_Y^{\alpha_1} Q(i)x(i)^{\alpha_2-1} E^{\alpha_3} \tag{7-62}$$

各中间产品部门代表性厂商的利润最大化决策为：

$$\max_{x(i)} \pi_{X(i)} = P_{x_i} x(i) - Q(i)x(i)r \tag{7-63}$$

与最终产品部门最优化条件联立，一阶条件解得均衡价格和数量：

$$P_{x_i} = \frac{Q(i)r}{\alpha_2} \tag{7-64}$$

$$x(i) = \left(\frac{\alpha_2^2 H_Y^{\alpha_1} E^{\alpha_3}}{r}\right)^{\frac{1}{1-\alpha_2}} \tag{7-65}$$

研发部门利润最大化决策为：

$$\max_{H_Q} \pi_{R\&D} = P_Q \lambda \eta H_Q Q - W_Q H_Q \tag{7-66}$$

一阶条件解得：

$$W = W_Q = P_Q \lambda \eta Q \qquad (7-67)$$

不完全竞争能源市场上的能源生产部门最优决策为：

$$\max_{C_t} \int_0^{\infty} \left[P_{E_t}(E)E_t - C_{E_t}(E) \right] e^{-rt} dt \qquad (7-68)$$

$$\text{s. t. } \dot{S} = -E, \ S \text{、} E \geqslant 0, \ \tau \geqslant t$$

一阶条件可得：

$$g_{P_{E_t}} = r \left[1 - \frac{C'_{E_t}(E)}{P_{E_t}(E)\eta(\cdot)} \right] = rk(\cdot) \qquad (7-69)$$

代表性家庭在标准的拉姆齐模型中，如果效用函数采用 CRRA 函数形式，则效用最大化决策满足条件：

$$g_C = \frac{r - \rho}{\theta} \qquad (7-70)$$

我们来求解以上模型，先求各类增长率。

由于经济处于平衡增长路径，根据产出、消费和投资的关系，Y、C 和 K 具有同一不变的增长速率。同理，S 和 E 也有相同的增长率，平衡增长路径上的 H_Y 和 H_Q 均为常数，中间产品质量的增长率为常数。

对最终产品生产函数两侧对数求导，并考虑处于平衡增长路径，可得：

$$(1 - \alpha_2)g_Y^* = (1 - \alpha_2)g_Q^* + \alpha_3 g_E^* \qquad (7-71)$$

代入技术创新动态方程和式（7-70）可得：

$$\frac{r^* - \rho}{\theta} = \lambda \eta H_Q^* + \frac{\alpha_3 g_E^*}{\alpha_1 + \alpha_3} \qquad (7-72)$$

对式（7-61）两侧对数求导有：

$$g_{P_E}^* = g_Y^* - g_E^* \qquad (7-73)$$

代入式（7-69）、式（7-70）可得：

$$k(\cdot)r^* = \frac{r^* - \rho}{\theta} - g_E^* \qquad (7-74)$$

联立式（7-72）、式（7-74）消去 g_E^*，解得平衡增长路径上的市场利率：

$$r^* = \frac{(\alpha_1 + \alpha_3)\theta\lambda\eta H_Q^* + \alpha_1\rho}{\alpha_1 + \alpha_3\theta k(\cdot)} \qquad (7-75)$$

所以，依次解得以下两式：

$$g_Y^* = \frac{r^* - \rho}{\theta} = \frac{(\alpha_1 + \alpha_3)\lambda\eta H_Q^* - \alpha_3\rho k(\cdot)}{\alpha_1 + \alpha_3\theta k(\cdot)} \qquad (7-76)$$

$$g_E^* = g_Y^* - g_{P_E}^* = g_Y^* - k(\cdot)r^* = \frac{(\alpha_1 + \alpha_3)\left[\lambda\eta H_Q^* (1 - \theta k(\cdot)) - \rho k(\cdot) \right]}{\alpha_1 + \alpha_3\theta k(\cdot)}$$

$$(7-77)$$

然后，我们沿用第 4 章的方法，求解均衡研发部门人力资本 H_Q^* 得到：

$$H_Q^* = \frac{(\alpha_1 + \alpha_3)(\alpha_1 + \alpha_3\theta k(\cdot))\alpha_2\lambda\eta H - \alpha_1(\alpha_1 + \alpha_3)\rho k(\cdot)}{\lambda\eta\{(\alpha_1 + \alpha_3)(\alpha_1 + \alpha_3\theta k(\cdot))\alpha_2 + \alpha_1[(\alpha_1 + \alpha_3)\theta k(\cdot) + (\theta k(\cdot) - 1)\alpha_3]\}}$$

$$(7-78)$$

以上讨论归结为以下命题：

命题 7-6 如果考虑不完全竞争能源市场和厂商生产成本，市场均衡存在，市场利率、均衡产出增长率和能源消费增长率分别由式（7-75）~式（7-78）所示。

下面，先讨论厂商综合盈利参数 $k(\cdot)$ 对均衡路径的影响，对 g_Y^* 复合求导：

$$\frac{\partial g_Y^*}{\partial k(\cdot)} = \frac{\partial g_Y^*}{\partial H_Q^*}\frac{\partial H_Q^*}{\partial k(\cdot)} + \frac{\partial g_Y^*}{\partial k(\cdot)} \qquad (7-79)$$

对式（7-76）一阶导数求得：

$$\frac{\partial g_Y^*}{\partial H_Q^*} = \frac{(\alpha_1 + \alpha_3)\lambda\eta}{\alpha_1 + \alpha_3\theta k(\cdot)} > 0 \qquad (7-80)$$

$$\frac{\partial g_Y^*}{\partial k(\cdot)} = \frac{-\alpha_3\rho(\alpha_1 + \alpha_3\theta k(\cdot)) - \alpha_3\theta[(\alpha_1 + \alpha_3)\lambda\eta H_Q^* - \alpha_3\rho]}{(\alpha_1 + \alpha_3\theta k(\cdot))^2} < 0$$

$$(7-81)$$

现在，来求解 $\partial H_Q^*/\partial k(\cdot)$，因为对式（7-78）直接求导的解析解较为复杂，我们借用均衡的内点解存在条件来辅助分析，类似第 4 章的方法，可以证明内点解的存在条件为：

$$-(\alpha_1 + \alpha_3)\rho k(\cdot) < \lambda\eta H[(\alpha_1 + \alpha_3)\theta k(\cdot) + (\theta k(\cdot) - 1)\alpha_3]$$

因为，$$H_Q^* = \frac{(\alpha_1 + \alpha_3)(\alpha_1 + \alpha_3\theta k(\cdot))\alpha_2\lambda\eta H - \alpha_1(\alpha_1 + \alpha_3)\rho k(\cdot)}{\begin{array}{c}(\alpha_1 + \alpha_3)(\alpha_1 + \alpha_3\theta k(\cdot))\alpha_2\lambda\eta H \\ + \alpha_1\lambda\eta H[(\alpha_1 + \alpha_3)\theta k(\cdot) + (\theta k(\cdot) - 1)\alpha_3]\end{array}}H$$

$$(7-82)$$

如果 $k(\cdot)$ 增加一单位，分子中的 $(\alpha_1 + \alpha_3)(\alpha_1 + \alpha_3\theta k(\cdot))\alpha_2\lambda\eta H$ 部分增量与分母中的相同，但分母中的 $\alpha_1\lambda\eta H[(\alpha_1 + \alpha_3)\theta k(\cdot) + (\theta k(\cdot) - 1)\alpha_3]$ 将比分子中的 $-(\alpha_1 + \alpha_3)\rho k(\cdot)$ 增加更多（也可以从内点解存在条件对 $k(\cdot)$ 的一阶导数为正可知），故可知 $k(\cdot)$ 增加一单位时式（7-82）分母将大于分子，所以有 $\partial H_Q^*/\partial k(\cdot) < 0$。

这样，我们已经证明了：

$$\frac{\partial g_Y^*}{\partial k(\cdot)} < 0$$

根据式（7-58）中对 $k(\cdot)$ 的假设可知，当能源垄断行业利润增长时，社会产出增长率将下降。

继续考察盈利参数 $k(\cdot)$ 对能源消费均衡增长率 g_E^* 的影响，对 g_E^* 复合求导：

$$\frac{\partial g_E^*}{\partial k(\cdot)} = \frac{\partial g_E^*}{\partial H_Q^*}\frac{\partial H_Q^*}{\partial k(\cdot)} + \frac{\partial g_E^*}{\partial k(\cdot)} \qquad (7-83)$$

对式（7-77）求一阶导数可得：

$$\frac{\partial g_E^*}{\partial H_Q^*} = \frac{\lambda\eta(\alpha_1+\alpha_3)(1-\theta k(\cdot))}{\alpha_1+\alpha_3\theta k(\cdot)} > 0 \quad \text{当} \theta k(\cdot)<1 \text{时}$$

$$(7-84)$$

$$\frac{\partial g_E^*}{\partial k(\cdot)} = \frac{\begin{array}{c}-(\alpha_1+\alpha_3)(\lambda\eta H_Q^*\theta+\rho)(\alpha_1+\alpha_3\theta k(\cdot))-\\ \alpha_3\theta(\alpha_1+\alpha_3)(\lambda\eta H_Q^*(1-\theta k(\cdot))-\rho k(\cdot))\end{array}}{(\alpha_1+\alpha_3\theta k(\cdot))^2}$$

$$= \frac{-(\alpha_1+\alpha_3)\left[(\alpha_1+\alpha_3)(\lambda\eta H_Q^*\theta+\alpha_1\rho)\right]}{(\alpha_1+\alpha_3\theta k(\cdot))^2} < 0 \quad (7-85)$$

上文在求解 $\partial g_Y^*/\partial k(\cdot)<0$ 的过程中，已证明 $\partial H_Q^*/\partial k(\cdot)<0$，所以有：

$$\frac{\partial g_E^*}{\partial k(\cdot)} < 0 \text{ 当} \theta k(\cdot)<1 \text{时} \qquad (7-86)$$

这个结论与没有考虑垄断利润时的情形不同。即在一定条件下，能源厂商垄断利润增长的同时，能源消费（产出）增长率会下降，类似于图7-2的曲线，理论上垄断厂商的最优决策可能使能源产品价格和产量在无限时间轴上更平稳。

我们将以上讨论归结为以下命题：

命题7-7 如果考虑不完全竞争能源市场和厂商生产成本，均衡社会产出增长率与能源行业垄断超额利润成反比；在一定条件下，均衡能源消费增长率与能源行业垄断超额利润成反比。

从以上讨论可知，能源行业垄断在取得自身行业超额利润的同时阻碍了整体经济增长，影响了社会资源的优化配置和整体福利。下面，我们在以上分析框架内考察针对能源厂商运用能源财税工具以调整资源配置，改善均衡路径。如果能够表述清楚，下面的讨论中我们将不再详细写出各部门的最优化问题。

先考察能源从价税。如果对能源厂商以税率为 τ_p 对能源产量征收从价税，则能源部门的利润最优化问题为：

$$\max_{C_t} \int_0^{\infty} \left[(1 - \tau_p) P_{E_t}(E) E_t - C_{E_t}(E) \right] e^{-rt} dt$$

$$\text{s. t.} \quad \dot{S} = -E, \quad S、E \geqslant 0, \quad 0 \leqslant \tau_p \leqslant 1$$

现值汉密尔顿函数为：

$$H = (1 - \tau_p) P_{E_t}(E) E_t - C_{E_t}(E) + \mu_1(-E_t)$$

联立两个一阶条件可解得：

$$g_{P_{E_t}} = \frac{\dot{P}_{E_t}(E)}{P_{E_t}(E)} = r \left[1 - \frac{C'_{E_t}(E)}{P_{E_t}(E) \eta(\cdot)(1 - \tau_p)} \right]$$

以上即式（7 - 21），在第7.3节求解最优能源资源从价税的过程中曾推导过。我们现在将该式对照上面的模型，可以假设：

$$g_{P_{E_t}} = r \left[1 - \frac{C'_{E_t}(E)}{P_{E_t}(E) \eta(\cdot)(1 - \tau_p)} \right] = r k_p(\cdot) \qquad (7 - 87)$$

这样，能源从价税模型和原模型具有类似的形式。我们注意到，代表性家庭拉姆齐模型资本存量约束方程也没有变化，经济机制和其他条件均相同，所以，能源从价税模型的结果也应该有类似的形式。下面，先考察从价税对均衡路径的影响：

$$\frac{\partial g_Y^*}{\partial \tau_p} = \frac{\partial g_Y^*}{\partial k_p(\cdot)} \frac{\partial k_p(\cdot)}{\partial \tau_p} \qquad (7 - 88)$$

对式（7 - 87）中定义的 $k_p(\cdot)$ 一阶导数求得：

$$\frac{\partial k_p(\cdot)}{\partial \tau_p} = -\frac{C'_{E_t}(E)}{P_{E_t}(E) \eta(\cdot)(1 - \tau_p)^2} < 0 \qquad (7 - 89)$$

与原模型对照可知，类似于原模型 $\partial g_Y^*/\partial k(\cdot) < 0$ 的证明过程，能源从价税模型中 $\partial g_Y^*/\partial k_p(\cdot) < 0$ 也成立，所以式（7 - 88）大于0成立，即对能源厂商的税率 $\tau_p > 0$ 的从价税将改善经济增长路径。如果税率为1，根据式（7 - 87）可知，$g_{P_{E_t}} = r$，是标准霍特林模型的解，所以，理论上可以完全消除市场垄断或成本因素带来的经济扭曲，但实际经济中税率恒小于1，故能源从价税只能在一定程度上改善经济路径。

类似的，求得从价税对均衡能源消费增长率的影响：

$$\frac{\partial g_E^*}{\partial \tau_p} = \frac{\partial g_E^*}{\partial k_p(\cdot)} \frac{\partial k_p(\cdot)}{\partial \tau_p} > 0 \qquad (7 - 90)$$

我们将以上对能源从价税的讨论归结为以下命题：

命题7 - 8 如果考虑不完全竞争能源市场和厂商生产成本，对于能源厂商征收税率 $\tau_p \in (0, 1)$ 能源从价税，则能增加均衡社会产出增长率与均衡能源消费增长率。税率为1时，可以完全消除垄断带来的经济扭曲。

作为对比，继续考察能源从量税。如果对能源厂商以税率为 τ_q 对能源产量征收从量税，则能源部门的利润最优化问题为：

利润最优化问题为：

$$\max_{C_t} \int_0^\infty \left[P_{E_t}(E) E_t - C_{E_t}(E) - \tau_q E_t \right] e^{-rt} \mathrm{d}t$$

$$\text{s. t.} \quad \dot{S} = -E, \quad S、E \geqslant 0, \quad 0 \leqslant \tau_q \leqslant 1$$

现值汉密尔顿函数为：

$$H = P_{E_t}(E) E_t - C_{E_t}(E) - \tau_q E_t + \mu_1(-E_t)$$

一阶条件有：

$$\frac{\partial H}{\partial E_t} = P_{E_t}(E) + E_t \frac{\partial P_{E_t}(E)}{\partial E_t} - \frac{\partial C_{E_t}(E)}{\partial E_t} - \tau_q - \mu_1 = 0$$

$$\frac{\partial H}{\partial S_t} = r\mu_1 - \dot{\mu}_1 = 0$$

联立两个一阶条件可解得：

$$g_{P_{E_t}} = \frac{\dot{P}_{E_t}(E)}{P_{E_t}(E)} = r\left[1 - \frac{C_{E_t}{}'(E) + \tau_q}{P_{E_t}(E)\eta(\cdot)} \right]$$

以上即式（7-14），在 7.3 节求解最优能源资源从量税的过程中曾推导过。我们现在将该式对照上面的模型，可以假设：

$$g_{P_{E_t}} = r\left[1 - \frac{C_{E_t}{}'(E) + \tau_q}{P_{E_t}(E)\eta(\cdot)} \right] = rk_q(\cdot) \tag{7-91}$$

同样的，能源从量税模型与原模型的形式和结论类似。下面，考察从量税对均衡路径的影响：

$$\frac{\partial g_Y^*}{\partial \tau_q} = \frac{\partial g_Y^*}{\partial k_q(\cdot)} \frac{\partial k_q(\cdot)}{\partial \tau_q} \tag{7-92}$$

对式（7-91）中定义的 $k_q(\cdot)$ 求一阶导数，可得：

$$\frac{\partial k_q(\cdot)}{\partial \tau_q} = -\frac{1}{P_{E_t}(E)\eta(\cdot)} < 0 \tag{7-93}$$

与原模型对照可知，类似于原模型 $\partial g_E^*/\partial k(\cdot) < 0$ 的证明，能源从量税模型中 $\partial g_E^*/\partial k_q(\cdot) < 0$ 也成立，所以，式（7-92）大于 0 成立。即对能源厂商的税率 $\tau_q > 0$ 的从价税将在一定程度上改善经济增长路径。但是，从式（7-91）可知，与能源从价税不同的是，理论上无论取多少税率，能源从量税都不能完全消除由市场垄断或生产成本等因素造成的对最优路径的偏离。

运用同样的方法，也可以求得能源从量税对均衡能源消费增长率的影响：

$$\frac{\partial g_E^*}{\partial \tau_q} = \frac{\partial g_E^*}{\partial k_q(\cdot)} \frac{\partial k_q(\cdot)}{\partial \tau_q} > 0 \qquad (7-94)$$

我们将以上对能源从量税的讨论归结为以下命题：

命题 7-9 如果考虑不完全竞争能源市场和厂商生产成本，对于能源厂商征收税率为 $\tau_q \in (0,1)$ 的能源从量税，则能增加均衡社会产出增长率与均衡能源消费增长率。

7.4.3 能源产业创新政策

下面，从降低生产成本的角度考察能源部门的技术创新对均衡增长路径的作用。从技术创新效果的视角考虑，能源部门的技术创新最直接的结果之一是降低生产成本，因为能源技术大幅度提高了生产效率，这样，能源产品的边际成本和市场价格的比值将会相对减小，以下我们以体现创新政策效果的比值 h 作为指标变量来考察技术创新的影响。

假设能源产品的边际生产成本为 $C'_{E_t}(E)$，市场价格和边际成本的比值为 h，$\eta \leqslant 0$ 为能源市场的需求价格弹性，能源生产部门的边际收益简化为：

$$MR = P_{E_t}(E) + E_t \frac{\partial P_{E_t}(E)}{\partial E_t} - C'_{E_t}(E) = P_{E_t}(E)\left(1 + \frac{1}{\eta} - \frac{1}{h}\right)$$
$$= P_{E_t}(E)h(\cdot) \qquad (7-95)$$

与霍特林模型的两个一阶条件联立解得：

$$g_{P_{E_t}} = \frac{\dot{P}_{E_t}(E)}{P_{E_t}(E)} = r - g_{h(\cdot)} \qquad (7-96)$$

在式（7-96）中，h 值的大小反映了能源生产的相对边际成本，$h(\cdot)$ 为技术创新和市场垄断的综合效应参数，反映了考虑产业垄断程度时能源技术创新对外部经济的影响程度，$g_{h(\cdot)}$ 为 $h(\cdot)$ 的增长率。如果假设能源技术创新的直接结果之一是降低了生产成本，并且对技术创新的投入和降低生产成本的效果正相关，那么，h 值的变化趋势间接反映了技术创新投入，下面我们沿用第 4 章基本模型，考察技术创新投入如何通过 h 值的变化来影响经济路径。

其他经济机制和条件与标准模型一致，求解这个模型，市场均衡的研发部门人力资本、市场利率、均衡增长率分别为：

$$g_Y^* = g_C^* = \frac{(\alpha_1 + \alpha_3)\lambda\eta H_Q^* + \alpha_3 g_{h(\cdot)}^* - \alpha_3\rho}{\alpha_1 + \alpha_3\theta} \qquad (7-97)$$

$$g_Q^* = \lambda\eta H_Q^* \qquad (7-98)$$

$$g_S^* = g_E^* = \frac{(\alpha_1 + \alpha_3)(\lambda\eta H_Q^*(1-\theta) + g_{h(\cdot)}^* - \rho)}{\alpha_1 + \alpha_3\theta} \qquad (7-99)$$

其中，$H_Q^* = \dfrac{(\alpha_1+\alpha_3)(\alpha_1+\alpha_3\theta)\alpha_2\lambda\eta H - \alpha_1[(\alpha_1+\alpha_3)\rho + (\theta-1)\alpha_3 g_{h(\cdot)}^*]}{\lambda\eta\{(\alpha_1+\alpha_3)(\alpha_1+\alpha_3\theta)\alpha_2 + \alpha_1[(\alpha_1+\alpha_3)\theta + (\theta-1)\alpha_3]\}}$

$$(7-100)$$

以上结果的形式类似于第 7.3 节不考虑生产成本时模型的结果，下面来考察参数 h 对于均衡产出增长率 g_Y^* 的影响：

$$\frac{\partial g_Y^*}{\partial h} = \frac{\partial g_Y^*}{\partial H_Q^*}\frac{\partial H_Q^*}{\partial g_{h(\cdot)}^*}\frac{\partial g_{h(\cdot)}^*}{\partial h(\cdot)}\frac{\partial h(\cdot)}{\partial h} \qquad (7-101)$$

可解得：

$$\frac{\partial g_Y^*}{\partial H_Q^*} = \frac{(\alpha_1+\alpha_3)\lambda\eta}{\alpha_1+\alpha_3\theta} > 0$$

$$\frac{\partial H_Q^*}{\partial g_{h(\cdot)}^*} = \frac{-(\theta-1)\alpha_1\alpha_3 g_{h(\cdot)}^*}{\lambda\eta\{(\alpha_1+\alpha_3)(\alpha_1+\alpha_3\theta)\alpha_2 + \alpha_1[(\alpha_1+\alpha_3)\theta + (\theta-1)\alpha_3]\}} < 0,$$

当 $\theta > 1$ 时，

$$\frac{\partial h(\cdot)}{\partial h} = \frac{1}{h^2} > 0$$

现在，我们来证明 $\partial g_{h(\cdot)}^* / \partial h(\cdot) < 0$。当能源生产的边际成本相对上升时，$h$ 越来越接近 1，$h(\cdot)$ 越接近于下限 $1/\eta$，$1/\eta$ 是 $h(\cdot)$ 的下界，所以 $h(\cdot)$ 的增长率，或者说能源生产的边际成本的相对值从高到低变化的速度必须是递减的。当能源生产的边际成本相对下降时，h 越来越接近正无穷，$h(\cdot)$ 值越来越接近于 $1 + 1/\eta$，$1 + 1/\eta$ 是 $h(\cdot)$ 的上界，所以 $h(\cdot)$ 的增长率，或者说能源生产的边际成本的相对值从低到高变化的速度必须是递减的。该式表明，能源生产部门的边际成本必须在 0 到市场价格之间变化，并且越是接近两端，变化的速率越小。

这样，就证明了 $\partial g_Y^* / \partial h > 0$ 成立，即能源部门的技术创新使得能源产品的相对边际成本下降（比值为 h 上升）时，产出均衡增长率将上升。

同理，对于能源消费增长率可证明：

$$\frac{\partial g_E^*}{\partial h} = \frac{\partial g_E^*}{\partial H_Q^*}\frac{\partial H_Q^*}{\partial g_{h(\cdot)}^*}\frac{\partial g_{h(\cdot)}^*}{\partial h(\cdot)}\frac{\partial h(\cdot)}{\partial h} < 0, \text{当 } \theta > 1 \text{ 时} \qquad (7-102)$$

我们将以上讨论归结为以下命题：

命题7-10 如果考虑能源生产部门的边际成本、不完全竞争市场结构以及技术创新，则市场均衡路径由式（7-97）～式（7-100）所示。并且，因为技术创新投入的增加促使降低边际成本，使得均衡产出增长率增加与能源消费增长率减小。

命题7-10的政策含义非常明确，能源生产部门的技术创新不仅可以降低能源消费增长率从而达到节能降耗的目的，并且能够使社会产出增长率提高到新的水平，真正达到可持续发展的政策目标。

7.5 本章小结

因为能源产业垄断与经济效率相关，能源资源保护与可持续发展相关，所以本章主要围绕这四者之间的关系展开讨论。本章主要完成三部分工作，第一部分，简略分析中国能源产业现状、当前能源税制改革要点和能源经济政策优化的原则；第二部分，在此基础上建模，基于考虑能源产业垄断的局部均衡框架，讨论能源从量税、从价税、存量税、企业所得税和回采率补贴等能否实现经济效率，如果政策工具有效，则求解这些能源财税政策的最优税率（或补贴率），我们还对结果做了较为深入的讨论，并力图针对中国当前的能源经济和整体经济进行分析；第三部分，运用类似第5章的动态一般均衡方法，讨论了基于能源产业垄断的均衡增长路径，能源产业垄断超额利润的消极作用和最优能源产业创新经济政策。本章的主要结论是：

第一，最优从量税率与生产边际成本和市场垄断程度相关，最优从价税率与市场垄断程度相关，最优储量税率与市场利率、生产边际成本和市场垄断程度相关，单独运用企业所得税不能使经济达到社会最优路径，但是，运用企业所得税和回采率补贴组合政策工具能够使经济达到社会最优路径。

第二，如果考虑不完全竞争能源市场，均衡产出增长率与能源市场的垄断程度成反比，均衡能源消费增长率与能源市场的垄断程度成正比。

第三，如果考虑不完全竞争能源市场和厂商生产成本，均衡社会产出增长率与能源行业垄断超额利润成反比；在一定条件下，均衡能源消费增长率与能源行业垄断超额利润成反比。

第四，如果考虑不完全竞争能源市场和厂商生产成本，对能源厂商征税，无论是从量税还是从价税，都能够改善均衡增长路径。理论上，只有从价税可以完全消除垄断带来的经济扭曲，但此时的税率为1，所以在实际经济中，从量税和从价税都只能在一定程度上改善均衡增长路径。

第五，如果考虑能源生产部门的边际成本、不完全竞争市场结构以及技术创新，在一定条件下技术创新投入的增加促使降低边际成本，能够使均衡产出增长率增加与均衡能源消费增长率减小，从而改善均衡增长路径。

对本章结论作几点说明：

第一，我们的最优能源财税政策工具是针对能源产业垄断和能源企业成本的，在上面章节的框架内这些方面都被忽略，最优政策工具的含义是，理论上在这样的税率或补贴率下，能够克服产业垄断、企业成本以及政策工具自身对经济的影响，达到社会最优均衡路径。

第二，从本章主要结论一可以看出，实际上最优能源经济政策的制定要考虑市场利率、边际成本、市场垄断和资源回采率等诸多因素，但实际操作过程中可能并不需要定量精确计算，但要定性分析、合理把握，以减少政策制定过程中的盲目性。

第三，中国目前由从量税到从价税的改革，一部分原因是要解决中央与地方之间、政府与能源企业之间利益分配的问题。理论上从量税和从价税各有其特点，我们可以看到碳税或垄断暴利税都可以从量征税，关键在于过去的从量定额太小，致使能源租金不能反映资源的稀缺程度而使资源过度浪费。从另一个角度看，如果资源税额与资源产品价格基本上无联系，则本应由国家取得的能源租中的绝大部分被能源企业无偿占用，所以，能源资源税制改革势在必行。

第四，我们证明了能源产业的超额垄断利润对整体经济的消极作用。一般的，人们认为能源产业的垄断利润对行业本身是有利的，对于整体经济的影响并不明确；我们证明了这样的垄断利润对经济增长和能源耗竭都是不利的，并且不仅是在水平效应意义上的，而且是在增长效应意义上的。此外，我们还在更为一般的框架内证明了能源税对调整经济扭曲、改善均衡路径的作用。

第五，我们在模型框架内证明了如果技术创新投入的增加促使降低边际成本，能够改善均衡增长路径。但是，这里的讨论是基于技术创新投入的成本下降效果的，即认为生产成本下降在某种程度上就是创新政策激励本身，虽然我们在动态一般均衡框架内加以分析，但是对技术创新机制的设计是简单的，有待于改进。

第8章 结论与启示

至此，我们在能源约束和技术创新双重作用的内生增长框架中，较为系统地讨论了可持续发展及相关的最优经济政策问题。我们的研究主要基于动态一般均衡方法，强调影响宏观经济均衡路径的各类不同的微观机制，关注中国目前实际经济特点与当前的制度改革和政策优化实践。

本章内容安排如下，8.1 节，主要研究结论；8.2 节，政策含义及启示；8.3 节，进一步的研究方向。

8.1 主要研究结论

第一，如果经济中有足够的人力资本积累和较高的研发产出效率，即创新活动的产出质量是充分有效的，那么，经济就可以克服自然资源的稀缺和不断耗竭的约束，从而保持长期增长；并且，社会最优均衡增长路径是局部鞍点稳定的，即理论上经济至少存在一条收敛的最优均衡增长路径。由于存在产业垄断、能源耗竭和技术外溢的外部性，市场竞争均衡和社会最优均衡并不一定相等，理论上就需要政府以一定的经济政策工具调整市场扭曲，增进经济效率，改善均衡增长路径。

第二，人力资本、技术研发和社会偏好对可持续发展的关键作用。第3 章、第 4 章的讨论都表明，人力资本积累和技术研发效率是长期增长的源泉，不仅是经济中的人力资本总量，更重要的是技术创新部门的人力资本数量，即人力资本在各部门特别是具有科技创新潜力领域的合理配置，真正促使经济的长期增长。社会消费习惯或偏好的决定性作用在于，因为消费者对当下或未来消费时间的选择本质上决定了社会资源储蓄率和投资率，所以，只有经济中人力资本积累和研发效率提升程度大于社会代表性家庭就近消费的愿望，长期均衡路径才有正的增长率。

第三，总体来说，财政政策工具能够改善经济效率并使经济达到社会最优均衡路径，但对于具体的政策目标，各类经济政策工具的政策效果和政策效率不尽相同。比如，对于中间产品的补贴，市场需求侧的从价补贴无效而供给侧的从价补贴有效，其政策含义是，只有对中间产品供给侧的单独从价补贴或供需两侧的联合补贴才能改善市场扭曲。对于技术创新经济政策，对研发部门的产出补贴、工资成本补贴以及对中间产品部门生产高新技术的针对性补贴等都是有效的政策工具，但是对研发部门的工资补贴最具有政策效率。由于政策基本模型的劳动力同质性假设，最终产品部门的工资税和研发部门的工资补贴是有效政策工具并具有类似的增长效应，并且后者的政策效率更高。

第四，在同时考虑能源耗竭、环境污染和内生增长的分析框架下，无论是从能源耗竭约束下考虑环境污染对效用函数的影响，还是考虑环境污染对产出能力和生产效率的影响，财政政策对经济可持续发展都具有重要的作用。基于罗尔斯正义、哈特维克准则等不同的社会福利评价标准，无论是新古典经济增长理论框架，还是内生增长理论框架，无论是跨期效用替代弹性的视角，还是效用主观折现率的视角考察，财政政策对可持续发展都具有重大影响。

第五，能源产业部门各类最优财税政策的影响因素。最优从量税率与生产边际成本和市场垄断程度相关，最优从价税率与市场垄断程度相关，最优储量税率与市场利率、生产边际成本和市场垄断程度相关，单独运用企业所得税不能使经济达到社会最优路径，但运用企业所得税和回采率补贴组合政策工具能够使经济达到社会最优路径。

第六，能源产业垄断对整体经济的消极作用以及能源财政政策对经济效率和可持续发展的重要意义。如果考虑不完全竞争能源市场，均衡产出增长率与能源市场的垄断程度成反比，均衡能源消费增长率与能源市场的垄断程度成正比。如果考虑不完全竞争能源市场和厂商生产成本，均衡社会产出增长率和均衡能源消费增长率与能源行业垄断超额利润成反比，并且此时无论是能源从量税还是从价税，都能够改善均衡增长路径。如果考虑能源生产部门的边际成本、不完全竞争市场结构以及技术创新，技术创新政策能够改善均衡增长路径。

8.2　政策含义及启示

本书在很大程度上是一个理论上的规范性研究，不过考虑到，一方面，一些理论研究的结论本身就包含了较为丰富的政策含义；另一方面，我们对于研究问题的选取针对了中国目前能源经济和整体经济的一些特点，下面对本书研究结论的政策含义作一个简要的回顾。我们对主要模型结论政策含义的讨论已散见在各章节中，下面主要探讨其中的某些结论对当前经济中相关热点问题的启示，以及对相关政策制定的可能借鉴。

第一，重视人力资本、技术研发和社会偏好。几乎所有的人力资本内生增长模型的一个基本结论是人力资本就是经济增长的真正引擎，但是我们的模型假设了人力资本在最终产品部门和研发部门可以自由配置，基本结论为不仅仅是经济中的人力资本总量，更重要的是人力资本在各部门特别是具有科技创新潜力领域的合理配置，真正推动了经济的长期增长，这个结论涉及人力资本配置的比较和优化问题。所以，国家的科技人才兴国战略不仅培育了大量的科技人才，也必须引导人才的合理配置，即人才配置结构至少与人才质量和数量同等重要。技术研发对长期增长的贡献已成定论，但对于可持续发展来说，首要的是对能源资源耗竭的克服，因为理论上，如果没有技术进步带来的其他要素生产力的提升以及对耗竭资源替代技术上的突破，经济就不可能长期存在和发展。最后，要重视对社会习惯和社会偏好的合理引导，这是增长理论的重要政策含义，但似乎被不少人所遗忘。在以往的增长理论内，资本储蓄率或者广义资本储蓄率是增长的关键，社会习惯和社会偏好能通过调整消费和储蓄在长期内的最优化配置来影响经济增长路径。如果考虑能源资源耗竭，则社会习惯与消费偏好更为重要，在时间截面上对可耗竭资源的节约和时间序列上对可耗竭资源的合理配置是持续发展的又一关键点。而且，这里还存在规范经济学的问题，即对于今天决策的消费者（不会永生），可能会因为决策者未来消费效用的折现而倾向于加大对当下所有社会资源的消费，所以在代际公平角度，同样需要对社会消费行为的规制和对消费习惯的合理引导。在更广阔的视野上，我们需要关注经济发展与社会文化之间的关系，毕竟在另一角度，良好的社会文化习俗本身是经济发展的结果和社会发展的最终目标之一。

第二，有针对性地运用经济政策工具。我们对政策基本模型和能源产业优化模型在各个方向拓展的结论显示，同样的政策工具，对于不同的政策对象，其政策效果和政策效率并不同。比如，对中间产品的补贴，需求侧补贴无效而供给侧补贴有效；而不同的政策工具，对于相同的政策对象，其政策效果和政策效率也不尽相同。又比如，对广义的技术创新补贴有对研发部门的产出补贴、成本侧工资补贴及对中间产品部门生产高新技术的针对性补贴等多种形式，但是对研发部门的成本侧补贴最有政策效率。这使得在经济政策实践中对政策对象和方式的认定尤为重要，我们需要对政策工具的对象（对谁）、方式（税收还是补贴）、组合（单独运用还是工具组合）、效果（有效还是无效）、效率（对象对政策工具的敏感度）、成本（政策对整体经济的副作用）做统一考察，力求避免政策制定和实施过程中出现"淮南为橘，淮北为枳"的严重后果。实际上，在这之前我们还需要对政策目标有清晰的定位，当然有时候政策效果可能是重叠的。比如，本书的一些模型中某些财政政策在实现经济效率的同时达到了可持续发展的目标。但在实际经济中，政策目标的确定是首要的，政策工具是基于经济效率、社会公平还是可持续发展的，这在政策制定和实施以前需要明确，也便于事后对政策体系的客观评价。

第三，能源经济体制改革需坚持市场化导向。本书的政策基本模型及拓展模型中政策工具有效性的必要前提是市场是有效的，即价格机制可以起作用。因为本质上经济政策工具的微观基础是通过产品或要素的相对价格变化来影响微观主体的最大化决策，从而影响宏观经济与长期增长，上述市场对价格的反映和传导是不可或缺的桥梁。中国能源经济体制改革中的重中之重，是确定能源产品基于市场的合理的定价机制。我们的改革已历经多年，现在大致的情况是煤炭行业市场初步形成，电力体制改革有序进行，石油行业刚刚起步。无论是何种形式的经济体制改革，无论是面对何种来自内部或外界的干扰因素，大方向上都必须考虑市场在资源配置中的决定性作用。具体到对于中国目前的能源经济体制改革，煤炭行业市场可以保持原有的市场化部分，但在煤炭市场的需求层面，由于发电用煤是煤炭市场需求中最大的部分，而目前规模最大的电厂中的70%以上都是国有控股，所以，存在高度的买方垄断和政府经常性介入市场的可能性；近年数次的"煤电联动"暂时解决了煤电市场的部分问题，但从中我们也看到了政府主导的影子。电力行业基本完成了"厂网分开"，"主辅分离"[①]和"竞价上网"在有序推进，"输配分离"在部分地区试点；2011年9月的"主辅分离"举措，是电力体制改革的重点，但我们还应该继续关注两大辅业集团今后的运营模式等诸多问题，"主辅分离"后形成的新的辅业集团如何在新的市场环境下实现实质性的竞争从而提高产业效率和全社会

---

① 中国电力建设集团有限公司和中国能源建设集团有限公司于2011年9月在北京正式挂牌成立，按照国资委的主辅分离方案，将国家电网公司、南方电网公司所属的勘测设计、火电施工、修造企业等辅业单位成建制剥离，与原四家中央电力设计施工企业重组为两家新公司，历时多年备受社会关注的电网主辅分离改革取得进展。

福利，这些问题都关系到"主辅分离"的市场化改革路径。石油行业体制改革已经启动，国家"十三五"能源专项规划也强调了对石油、石化行业市场化改革的要求。总之，能源行业经济体制改革关系到国计民生，需要慎重考虑逐步推进，但在改革的进程中要坚持市场化导向。毕竟对于政府来说，有效的市场不仅在很大程度上改善经济效率，还是经济政策本身效率和效果的前提。

8.3　进一步的研究方向

本书较为深入地讨论了在能源约束和技术创新双重作用下经济的可持续发展及相关的最优经济政策问题，但是鉴于作者的水平和精力，还有一些较为重要的问题尚待进一步深入研究，这些方向大致包括：

第一，考虑公共支出。与垄断和外部性一样，公共支出是市场失灵的另一个重要原因，但是如果公共支出在很大程度上用于社会资本积累与知识积累，那么，结论可能与传统研究的基本结论有别。类似于巴罗（1990）开创性的公共财政政策研究，如果公共政策是倾向于生产性的，公共支出可以带来内生增长，这与传统研究的本质不同是，政府收入不仅是用于消费，更重要的是用于广义资本的投资。这样，外部性可以以一个内生增长的生产函数表达。另外，公共支出也可以改善消费者的生活和消费环境，即公共支出可以以消费者消费环境改善的度量变量的形式写入效用函数，使得消费者在同等消费时的效应水平上升。与环境污染的负外部性相反，以上情形下的公共支出表现为某种程度的正外部性。

第二，考虑能源技术创新的内生机制。我们在第7章第7.4节做了动态一般均衡的技术创新政策模型的尝试，但是对经济机制的设计非常简单，实际上可以在此方向做一些深入研究。比如，政策基本模型，如果已经假设了资源存量效应，那么，可以认为技术创新通过存量效应参数对储量效应本身起作用，而技术创新本身是有代价的。这里又有两个层面问题，如果存量效应参数作为能源技术水平指标是流量的概念，那么，在原经济系统增加一个类似于研发部门创新的能源创新积累方程就行了，如果考虑能源技术水平本身是存量，那么，这个能源技术创新微分方程就是二阶的，可能需要一些新的技术方法作定性分析。

第三，考虑政策的时间不一致性。我们在第5章第5.3节对中间产品部门的高新技术补贴的研究中讨论了政策的时间一致性问题。正如命题 5-7 所表述的，如果随着技术补贴对中间产品质量的改善，经济路径对中间产品质量本身的敏感度也在增大，那么，最佳的技术补贴政策是长期连续和前后一贯的。但是，我们仅是在政策基本模型框架内从侧面对政策的时间一致性问题做一般性的表述，我们知道从基德兰德和普雷斯科特（Kydland，Prescott，1977）的研究发表以来，政策的时间一致性动态一直是宏观经济学的重要议题，本质上政策的时间一致性问题涉及政府的信用和消费者的预期，所以，把信用和预期的理论研究的方法和成果引入能源约束和技术创新的内生增长模型，是一个可行的研究方向。

第四，考虑新的可持续发展评价标准。我们对于经济政策的研究主要是基于动态效率标准的，也讨论了基于环境保护和代际公平的社会最优路径、市场路径与经济政策。我们在内生增长理论框架内，基于罗尔斯正义和最大最小化原则、哈特维克投资准则等做了一些讨论，但合适的可持续发展评价标准的确定仍是很重要的问题，具有巨大的潜在研究前景。比如，一种观点是现代人和我们的后代之间的资源分配公平应该体现于，我们不可以过度消费同时也不需要过度节约，因为如果不考虑资本积累的话，所有时代的人的效用权数都是相同的。总之，基于各种伦理含义的可持续发展评价如何在增长理论框架中实现是有意思且重要的研究。

参 考 文 献

［1］［美］菲利普·阿吉翁，彼得·霍伊特．内生增长理论．陶然等译．北京：北京大学出版社，2004.

［2］［美］罗伯特·巴罗，萨拉－伊－马丁．经济增长．夏俊译．上海：格致出版社，2010.

［3］［美］罗杰·伯曼．自然资源与环境经济学（2）．北京：中国经济出版社，2002.

［4］蔡昉，都阳，王美艳．经济发展方式转变与节能减排内在动力．经济研究，2008（6）：4～11.

［5］蔡秀云．中国能源税制研究．北京：经济科学出版社，2009.

［6］陈诗一．能源消耗、二氧化碳排放与中国工业的可持续发展．经济研究，2009（4）：41～55.

［7］陈诗一．节能减排与中国工业的双赢发展：2009～2049．经济研究，2010（3）：129～143.

［8］陈首丽，马立平．我国能源消费与经济增长效应的统计分析．管理世界，2010（1）：167～168.

［9］［美］A. K. 迪克西特．经济理论中的最优化方法．冯曲等译．上海：上海人民出版社，2006.

［10］董学兵，王争．R&D风险、创新环境与软件最优专利期限研究．经济研究，2007（9）：112～120.

［11］［美］布兰查德，费希尔．宏观经济学（高级教程）．北京：经济科学出版社，2001.

［12］［美］G. M. 格罗斯曼，E. 赫尔普曼．全球经济中的创新与增长．何帆等译．北京：中国人民大学出版社，2003.

［13］龚六堂．动态经济学方法．北京：北京大学出版社，2002.

［14］龚六堂．贴现因子、偏好和行为经济学．财经问题研究，2004（8）：3～9.

[15] 龚六堂，邹恒甫．最优税率、政府转移支付与经济增长．数量经济技术经济研究，2002（1）：63~66．

[16] 杭雷鸣，屠梅曾．能源价格对能源强度的影响．数量经济技术经济研究，2006（12）：52~59．

[17] 杭雷鸣．我国能源消费结构问题研究．上海交通大学博士学位论文，2007．

[18] 韩智勇．中国能源经济问题的计量分析与政策研究．中科院科技政策与管理科学研究所博士学位论文，2005．

[19] 韩智勇，魏一鸣等．中国能源消费与经济增长的协整性及因果关系分析．系统工程，2004（12）：17~20．

[20] 贺俊，陈华平，毕功兵．一个基于产品水平创新和人力资本的内生增长模型．数量经济技术经济研究，2006（9）：127~131．

[21] 洪银兴．可持续发展经济学．北京：商务印书馆，2002．

[22] 黄茂兴，林寿富．污染损害、环境管理与经济可持续增长——基于五部门内生经济增长模型的分析．经济研究，2013（12）：30~41．

[23] 蒋自强等．当代西方经济学流派（第三版）．上海：复旦大学出版社，2008．

[24] 蒋中一．动态最优化基础．北京：商务印书馆，1999．

[25] 蒋中一．数理经济学的基本方法．北京：北京大学出版社，2006．

[26] 姜超．税收与经济增长：考虑政府公共支出的经济增长研究．清华大学出版社，2005．

[27] 金戈．经济增长中的最优税收与公共支出结构．经济研究，2010（11）：35~47．

[28] 金戈，史晋川．多种类型公共支出与经济增长．经济研究，2010（7）：43~56．

[29] [英] 约翰·梅纳德·凯恩斯．就业、利息和货币通论．高鸿业译．北京：商务印书馆，1999．

[30] [美] 西蒙·库兹涅茨．各国的经济增长．常勋等译．北京：商务印书馆，2009．

[31] 寇宗来，石磊．互补研发、有限专利宽度和"节俭悖论"．经济研究，2010（6）：120~132．

[32] 赖明勇，张新，彭水军，包群．经济增长的源泉：人力资本、研究开发与技术外溢．中国社会科学，2005（3）：32~46．

［33］李廉水，周勇．技术进步能提高能源效率吗？——基于中国工业部门的实证检验．管理世界，2006（10）：82～89．

［34］李猛，沈坤荣．地方政府行为对中国经济波动的影响．经济研究，2010（12）：35～47．

［35］李振名．能源消费与经济增长——基于中国的实证分析．复旦大学硕士学位论文，2010．

［36］李卓．石油战略储备与能源利用效率对石油消费的动态影响．数量经济与技术经济研究，2005（6）：11～22．

［37］李卓．石油战略储备计划与石油消费的动态路径分析．管理科学学报，2008（1）：22～30．

［38］林伯强．中国能源需求的经济计量分析．统计研究，2001（10）：22～30．

［39］林伯强．结构变化、效率改进与能源需求预测——以中国电力行业为例．经济研究，2003（5）：23～32．

［40］林伯强，杜立民．中国战略石油储备的最优规模．世界经济，2010（8）：72～92．

［41］林伯强，牟敦国．能源价格对宏观经济的影响——基于可计算一般均衡（CGE）的分析．经济研究，2008（11）：88～101．

［42］林伯强，王锋．能源价格上涨对中国一般价格水平的影响．经济研究，2009（12）：39～48．

［43］林毅夫，潘士远，刘明兴．技术选择、制度与经济发展．经济学（季刊），2006（4）：695～712．

［44］林毅夫，龚强．发展战略与经济制度选择．管理世界，2010（3）：5～13．

［45］刘溶沧，马拴友．论税收与经济增长——对中国劳动、资本和消费征税的效应分析．中国社会科学，2002（5）：67～76．

［46］刘旖芸．中国能源与经济之间关系的模型及实证分析．复旦大学博士学位论文，2009．

［47］［美］阿瑟·刘易斯．经济增长理论．周师铭等译．北京：商务印书馆，1999．

［48］罗浩．自然资源与经济增长：资源"瓶颈"及其解决途径．经济研究，2007（6）：142～153．

［49］［美］戴维·罗默．高级宏观经济学（第三版）．王根蓓译．上海：上海财经大学出版社，2009．

［50］马超群，储慧斌，李科，周四清．中国能源消费与经济增长的协整与误差校正模型研究．系统工程，2004（10）：47～50.

［51］马拴友．中国经济增长的财政政策分析．中国社会科学院研究生院博士学位论文，2001.

［52］［美］道格拉斯·诺思．理解经济变迁过程．钟正生等译．北京：中国人民大学出版社，2008.

［53］潘士远．最优专利制度研究．经济研究，2005（12）：113～118.

［54］潘士远．最优专利制度、技术进步方向与工资不平等．经济研究，2008（1）：127～136.

［55］潘士远，史晋川．内生经济增长理论：一个文献综述．经济学（季刊），2002（7）：753～786.

［56］彭水军，包群．环境污染、内生增长与经济可持续发展．数量经济与技术经济研究，2006（9）：114～126.

［57］彭水军，包群．资源约束条件下长期经济增长的动力机制．财经研究，2006（6）：110～119.

［58］蒲勇健．可持续发展经济增长方式的数量刻画与指数构造．重庆：重庆大学出版社，1997.

［59］［英］A. C. 庇古．福利经济学．朱泱等译．北京：商务印书馆，2006.

［60］齐绍洲，罗威．中国地区经济增长与能源消费强度差异分析．经济研究，2007（7）：47～54.

［61］宋马林，王舒鸿．环境规制、技术进步与经济增长．经济研究，2013（3）：122～134.

［62］王班班，齐绍洲．有偏技术进步、要素替代与中国工业能源强度．经济研究，2014（2）：115～127.

［63］史丹．中国能源需求的影响因素分析．华中科技大学博士学位论文，2003.

［64］［英］亚当·斯密．国富论．唐日松等译．北京：华夏出版社，2005.

［65］史永东，杜两省．中国经济的动态效率．世界经济，2002（8）：65～70.

［66］陶磊，刘朝明，陈燕．可再生资源约束下的内生增长模型研究．中南财经政法大学学报，2008（1）：28～33.

［67］王弟海，龚六堂．新古典模型中收入和财富分配持续不平等的

动态演化. 经济学季刊, 2006 (4): 777~802.

[68] 王弟海, 龚六堂. 经济发展过程中的人力资本分布与工资不平等. 世界经济, 2009 (8): 68~82.

[69] 王芃, 武英涛. 能源产业市场扭曲与全要素生产率. 经济研究, 2014 (6): 142~155.

[70] 王火根, 沈利生. 中国经济增长与能源消费空间面板分析. 数量经济技术经济研究, 2007 (12): 98~108.

[71] 王海建. 耗竭性资源管理与人力资本积累内生经济增长. 管理工程学报, 2000 (3): 11~13.

[72] 王海建. 资源约束、环境污染与内生经济增长. 复旦学报, 2000 (1): 76~80.

[73] 王海鹏. 基于协整理论的中国能源与经济增长关系研究. 上海交通大学博士学位论文, 2006.

[74] 王翼, 王歆明. 经济系统的动态分析. 北京: 机械工业出版社, 2008.

[75] 王翼, 王歆明. MATLAB 在动态经济学中的应用. 北京: 机械工业出版社, 2006.

[76] 王志刚, 龚六堂, 陈玉宇. 地区间生产效率与全要素生产率增长率分解 (1978~2003 年). 中国社会科学, 2006 (2): 55~66.

[77] 魏楚, 沈满洪. 能源效率及其影响因素: 基于 DEA 的实证分析. 管理世界, 2007 (8): 66~76.

[78] 魏巍贤, 林伯强. 国内外石油价格波动性及其互动关系. 经济研究, 2007 (11): 130~141.

[79] 魏晓平, 谢钰敏. 矿产资源与可再生资源之间替代模型研究. 管理科学学报, 2001 (4): 63~66.

[80] 吴利学. 中国能源效率波动: 理论解释、数值模拟及政策含义. 经济研究, 2009 (5): 130~143.

[81] 吴巧生, 成金华. 中国能源消耗强度变动及因素分解: 1980~2004. 经济理论与经济管理, 2006 (10): 34~40.

[82] [美] 约瑟夫·熊彼特. 经济发展理论: 对于利润、资本、信贷、利息和经济周期的考察. 何畏等译. 北京: 商务印书馆, 2000.

[83] 许士春, 何正霞, 魏晓平. 资源消耗、污染控制下的经济可持续最优增长. 管理科学学报, 2010 (1): 20~29.

[84] 徐朝阳, 林毅夫. 发展战略与经济增长. 中国社会科学, 2010

（5）：94～108.

[85] 严成樑，龚六堂. 熊彼特增长理论：一个文献综述. 经济学（季刊），2009（4）：1163～1196.

[86] 严成樑，龚六堂. 财政支出、税收与长期经济增长. 经济研究，2009（6）：4～15.

[87] 严成樑，王弟海、龚六堂. 政府财政政策对经济增长的影响——基于一个资本积累与创新相互作用模型的分析. 南开经济研究，2010（1）：51～65.

[88] 严成樑. 政府财政政策与经济增长转型——基于 R&D 驱动经济增长框架的分析. 世界经济文汇，2011（5）：1～14.

[89] 杨宏林，田立新，丁占文. 能源约束下的经济可持续增长. 系统工程，2004（4）：27～34.

[90] [瑞典] 杨奎斯特，[美] 萨金特. 递归宏观经济理论. 杨斌等译. 北京：中国人民大学出版社，2010.

[91] 姚昕，刘希颖. 基于增长视角的中国最优碳税研究. 经济研究，2010（11）：48～59.

[92] 姚洋，郑东雅. 重工业与经济发展：计划经济时代再考察. 经济研究，2008（4）：26～39.

[93] 袁志刚，宋铮. 人口年龄结构、养老保险制度与最优储蓄率. 经济研究，2000（11）：24～33.

[94] 袁志刚，何樟勇. 20 世纪 90 年代以来中国经济的动态效率. 经济研究，2003（7）：18～27.

[95] 袁志刚，何樟勇. 基于动态效率考察的社会养老保险筹资模式研究. 世界经济，2004（5）：3～12.

[96] 于渤，黎永亮，迟春洁. 考虑能源耗竭与污染治理的经济持续增长内生模型. 管理科学学报，2006（4）：2～15.

[97] 张志柏. 中国能源消费因果关系分析. 财贸研究，2008（3）：11～21.

[98] 张卓元. 深化改革、推进粗放型经济增长方式转变. 经济研究，2005（11）：124～131.

[99] 赵进文，范继涛. 经济增长与能源消费内在依从关系的实证研究. 经济研究，2007（8）：87～96.

[100] 郑照宁，刘德顺. 考虑资本－能源－劳动投入的中国超越对数生产函数. 系统工程理论与实践，2004（5）：37～42.

［101］邹薇，刘勇. 习惯形成与最优税收结构. 世界经济，2008
（2）：55 ~ 64.

［102］左大培. 内生稳态增长模型的生产结构. 北京：中国社会科学
院出版社，2005.

［103］左大培，杨春学. 经济增长理论的内生化历程. 北京：中国经
济出版社，2007.

［104］Acemoglu D. Why Do New Technologies Complement Skills? Direct-
ed Technical Change and Wage Inequality. Quarterly Journal of Economics,
1998, 113: 1055 ~ 1089.

［105］Acemoglu D. Directed Technical Change. Review of Economic Stud-
ies, 2001, 69: 781 ~ 810.

［106］Acemoglu D. Labour and Capital Augmenting Technical Change.
Journal of the European Economic Association, 2003, 1: 1 ~ 37.

［107］Acemoglu D. , Aghion P. , Bursztyn L. & Hemous D. The Environ-
ment and directed technical Change. The American Economic Review, 2012,
102: 131 ~ 166.

［108］Aghion P. , R. Griffith. Competition and Growth. Reconciling Theo-
ry and Evidence, MIT Press, Cambridge (Mass.), 2005.

［109］Aghion P. , P. Howitt. A Model of Growth Through Creative De-
struction. Econometrica, 1992, 60: 323 ~ 351.

［110］Aghion P. , P. Howitt. Endogenous Growth Theory. MIT Press,
Cambridge (Mass.), 1998.

［111］Agnani B. et al. Growth in Overlapping Generations Economies with
Non-Renewable Resources. Journal of Environmental Economics and Management,
2005, 50 (2): 387 ~407.

［112］André F. J. , S. Smulders. Energy Use, Endogenous Technical Change
and Economic Growth. Working Paper, Tilburg, The Netherlands, 2004.

［113］Antonio L. , Salvador O. and M. S. Santos. Equilibrium Dynamics
in Two-Sector Models of Endogenous Growth. Journal of Eeonomics Dynamics and
Control, 1997, 21: 115 ~ 143.

［114］Arrow K. J. Economic Welfare and the Allocation of Resources for
Invention. In The Rate and Direction of Inventive Activity: Economic and Social
Factors, ed. By R. R. Nelson, Princeton University Press, 1962a.

［115］Arrow K. J. Social Choice and Individual Values. Cowles Foundation

Monographs, New York, 1953.

[116] Arrow K. J. The Economic Implications of Learning by Doing. Review of Economic Studies, 1962b, 29: 153 ~ 173.

[117] Asheim G. B. , Buchholz W. and Tungodden B. Justifying Sustainability. Journal of Environmental Economics and Management, 2001, 41: 252 ~ 268.

[118] Asheim G. B. , Mitra T. Sustainability and Discounted Utilitarianism in Models of Economic Growth. Mathematical Social Sciences, 2010, 59: 148 ~ 169.

[119] Attanasio O. , G. Weber. Is Consumption Growth Consistent with Intertemporal Optimization? Journal of Political Economy, 1995, 103: 1121 ~ 1157.

[120] Atkeson A. , P. J. Kehoe. Models of Energy Use: Putty – Putty VS. Putty – Clay. American Eeonomic Review, 1999, 89: 1028 ~ 1043.

[121] Barbier E. B. Endogenous Growth and Natural Resource Scarcity. Environmental and Resource Economics, 1999, 14: 51 ~ 54.

[122] Barro R. J. Government Spending in a Simple Model of Endogenous Growth. Journal of Political Eeonomy, 1990, 98: 103 ~ 125.

[123] Barro R. J. , X. Sala-i-Martin. Economic Growth, 2. ed. MIT Press, Cambridge (Mass.), 2004.

[124] Becker G. S. Human Capital, A Theoretical and Empirical Analysis, with Special Reference to Education. New York: Columbia Univ. Press (for NBER), 1964.

[125] Bovenberg A. L. , Goulder L. H. Optimal Environmental Taxation in the Presence of Other Taxes: General – Equilibrium Analyses. American Economic Review, 1996, 86: 985 ~ 1000.

[126] Bretschger L. , S. Smulders. Sustainability and Substitution of Exhaustible Natural Resources. How Resource Prices Affect Long – term R & D – investments. Economics Working Paper Series 03/26, rev. version May, ETH Zürich, 2006.

[127] Brock W. A. , M. S. Taylor. Economic Growth and the Environment: A Review of Theory and Empirics. In: Handbook of Economic Growth, Vol. 1B, ed. by P. Aghion and S. N. Durlauf, Elsevier, Amsterdam, 2005: 1749 ~ 1821.

[128] Basu K. , Mitra T. Utilitarianism for Infinite Utility Streams: A

New Welfare Criterion and its Axiomatic Characterization. Journal of Eeonomic Theory, 133: 350 ~373.

[129] Caballero R. J. , R. K. Lyons. The Case of External Economies. In: Political Economy, Growth, and Business Cycles, ed. by A. Cukierman, Z. Hercowitz and L. Leiderman, MIT Press, Cambridge, MA, pp. 1992: 117 ~ 139.

[130] Cass D. Optimum Growth in an Aggregative Model of Capital Accumulation. Rev. Econ. Studies, 1965, 32: 223 ~ 240.

[131] Cass D. , T. Mitra. Indefinitely Sustained Consumption Despite Exhaustible Resources. Economic Theory, 1991, 2: 119 ~ 146.

[132] Cassou S. P. , Gorostiaga A. Optimal Fiscal Policy in a Multi – sector Model: The Price Consequences of Government Spending. Journal of Public Economic Theory, 2009, 11: 177 ~ 201.

[133] Cassou S. P. , Lansing K. J. Tax Reform with Useful Public Expenditures. Journal of Public Economic Theory, 2006, 8: 631 ~ 676.

[134] Cassou S. P. et al. Second – best Tax Policy and Natural Resource Management in Growing Economies. International Tax Public Finance, 2010, 17: 607 ~ 626.

[135] Chamley C. Optimal Taxation of Capital Income in General Equilibrium with Infinite Lives. Econometrica, 1986, 54: 607 ~ 622.

[136] Chiarella C. Optimal Depletion of a Nonrenewable Resource When Technological Progress is Endogenous. In: Exhaustible Resources, Optimality, and Trade, ed. By M. C. Kemp and N. V. Long, North – Holland, Amsterdam, 1980.

[137] Chichilnisky G. An Axiomatic Approach to Sustainable Development. Social Choice and Welfare, 1996, 13: 231 ~ 257.

[138] Chichilnisky G. , G. M. Heal and A. Vercelli, eds. Sustainability: Dynamics and Uncertainty. Kluwer, Dordrecht, 1998.

[139] Chien T. , J. L. Hu. Renewable Energe and Macroeeonomic Efficiency of OECD and Non – OECD Eeonomics. Energy Policy, 2006, 12: 103 ~ 126.

[140] Cozzi G. Exploring Growth Trajectories. Journal of Economic Growth, 1997, 2: 385 ~ 398.

[141] Dasgupta P. Natural Resources in an Age of Substitutability. In: Handbook of Natural Resource and Energy Economics, vol. 3, ed. by A. V. Kneese and

J. L. Sweeney, Elsevier, Amsterdam, 1993: 1111 ~ 1130.

[142] Dasgupta P. , G. M. Heal. The Optimal Depletion of Exhaustible Resources. Review of Economic Studies 41, Symposium, 1974: 3 ~ 28.

[143] Dasgupta P. Economic Theory and Exhaustible Resources. Cambridge University Press, Cambridge, 1979.

[144] Dasgupta P. , G. M. Heal and M. K. Majumdar, Resource Depletion and Research and Development. In: Frontiers of Quantitative Economics, Vol. IIIB, ed. by M. D. Intrilligator, North – Holland, Amsterdam, 1977: 483 ~ 505.

[145] Dasgupta P. , G. M. Heal and A. K. Pand, Funding Research and Development. Applied Mathematical Modeling, 1980, (4): 87 ~ 94.

[146] Dasgupta P. , R. Gilbert, J. Stiglitz. Invention and Innovation under Alternative Market Structures: The Case of Natural Resources. Review of Economic Studies, 1982, 49 (4): 567 ~ 582.

[147] d'Autume A. , Schubert K. Hartwick's Rule and Maximin Paths When the Exhaustible Resource has an Amenity Value. Journal of Environmental Economics and Management, 2008, 56: 260 ~ 274.

[148] S. Devarajan, A. C. Fisher. Hotelling's Economics of Exhaustible Resources: Fifty Years Later. Journal of Economic literature, 1981, 19 (1): 65 ~ 73.

[149] Di Maria C. , S. Valente. The Direction of Technical Change in Capital – Resource Economies. Economics Working Paper Series 06/50, ETH Zürich, 2006.

[150] Dinopoulos E. , P. Thompson. Schumpeterian Growth without Scale Effects. Journal of Economic Growth, 1998, 3: 313 ~ 335.

[151] Dixit A. K. The Theory of Equilibrium Growth. Oxford University Press, Oxford, 1976.

[152] Dixit A. , Hammond P. and M. Hoel. On Hartwick's Rule for Regular Maximin Paths of Capital Accumulation and Resource Depletion. Review of Economic Studies, 1980, 47: 551 ~ 556.

[153] Easterly W. , Rebelo S. Fiscal Policy and Economic Growth. Journal of Monetary Economics, 1993a, 32: 417 ~ 458.

[154] Easterly W. , Rebelo S. Marginal Income Tax Rates and Economic Growth in Developing Countries. European Economic Review, 1993b, 37:

409 ~417.

[155] EIiasson L. , T. J. Turnovsky, Renewable Resources in an Endoge-nously Growing Eeonomy: Balanced Growth and Transitional Dynamies. Journal of Economic Growth, 2003, 115: 213 ~241.

[156] Evans P. Using Cross-country Variances to Evaluate Growth Theo-ries. Journal of Economic Dynamics and Control, 1996, 20: 1027 ~1049.

[157] Fan L. , C. Wei. Can Market Oriented Economic Reforms to Energy Efficiency Improvement? Evidence from China, Energy, 2007, 35: 2287 ~2295.

[158] Farzin Y. H. , O. Tahvonen. Global Carbon Cycle and the Optimal Time Path of a Carbon Tax. Oxford Economic Papers, 1996, 48: 515 ~536.

[159] Fischer C. , R. Laxminarayan, Monopoly Extraction of an Exhaustible Resource with Two Markets. Can. J. Econ. , 2004, 37 (1): 178 ~188.

[160] Fleurbaey M. , Michel, P. Intertemporal Equity and the Extension of the Ramsey Criterion. J. Math. Econ, 2003, 39: 777 ~802.

[161] Fullerton D. , S. − R. Kim. Environmental Investment and Policy with Distortionary Taxes and Endogenous Growth. NBER WP 12070, 2006.

[162] Gamponia V. , Mendelson, R. The Taxation of Exhaustible Re-sources. Quarterly Journal of Economics, 1985, 100: 165 ~181.

[163] Gaudet G. , P. Lasserre. On Comparing Monopoly and Competition in Exhaustible Resource Exploitation. Journal of Environmental Economics and Management, 1988, 15 (4): 412 ~418.

[164] Gaudet G. Natural Resource Economics under the Rule of Hotel-ling. Canadian Journal of Economics, 2007, 40: 1033 ~1059.

[165] Gollier C. , Weitzman M. L. How Should the Distant Future be Dis-counted When Discount Rates are Uncertain? Economics Letters, 2010, 107: 350 ~353.

[166] Golosov M. , N. Kocherlakata, and A. Tsyvinski. Optimal Indirect and Capital Taxation. Review of Economic Studies, 2003, 70, 569 ~587.

[167] Gorostiaga A. Should Fiscal Policy be Different in a Non-competitive Framework? Journal of Monetary Economics, 2003, 50: 1311 ~1331.

[168] Gorostiaga A. Optimal Fiscal Policy with Rationing in the Labor Market. Topics in Macroeconomics 5, Article 17, 2005.

[169] Goulder L. H. The Effect of Carbon Taxes in an Economy with Prior Distortions: An Intertemporal General Equilibrium Analysis. Journal of Environ-

mental Economics and Management, 1995, 29: 271 ~297.

[170] Grimaud A. , L. Rougé. Non-renewable Resources and Growth with Vertical Innovations: Optimum, Equilibrium and Economic Policies. Journal of Environmental Economics and Management, 2003, 45: 433 ~453.

[171] Grimaud A. , Rouge L. Environment, Directed Technical Change and Economic Policy. Environmental and Resource Economics, 2008, 41 (4): 439 ~463.

[172] Grossman G. , E. Helpman. Innovation and Growth in the Global E-conomy. MIT Press. Cambridge (Mass.) 1991.

[173] Grossman G. , E. Helpman. Quality Ladders and Product Cy-cles. Quarterly Journal of Economics, 1991a, 106 (2): 557 ~586.

[174] Grossman G. , E. Helpman. Quality Ladders in the Theory of Growth. Review of Economic Studies, 1991b, 58 (1): 43 ~61.

[175] Groth C. Strictly Endogenous Growth with Non – renewable Re-sources Implies an Unbounded Growth Rate. Topics in Macroeconomics, 2004, 4 (1): 1 ~13.

[176] Groth C. Capital and Resource Taxation in a Romer – style Growth Model with Nonrenewable Resources. Working Paper, University of Copenhag-en, 2006.

[177] Groth C. , P. Schou. Can Nonrenewable Resources Alleviate the Knife-edge Character of Endogenous Growth? Oxford Economic Papers, 2002, 54: 386 ~411.

[178] Groth C. Growth and Non-renewable Resources: The Different Roles of Capital and Resource Taxes. Journal of Environmental Economics and Manage-ment, 2007, 53: 80 ~98.

[179] Groth C. , K. J. Koch and T. Steger. Rethinking the Concept of Long-run Economic Growth. CESifo Working Paper No. 1701, Munich, 2006.

[180] Hamilton K. , C. Withagen, Savings Growth and the Path of Utili-ty. Canadian Journal of Economics, 2007, 40: 70 ~713.

[181] Hartwick J. M. Intergenerational Equity and the Investing of Rents from Exhaustible Resources. American Economic Review, 1977, 67: 972 ~974.

[182] Hartwick J. M. Substitution Among Exhaustible Resources and Inter-generational Equity. Review of Economic Studies, 1978, 45: 349 ~354.

[183] Heal G. M. Valuing the Future. Economic Theory and Sustainabili-

ty. Columbia University Press, New York, 1998.

[184] Hicks J. Value and Capital. The Clarendon Press. Oxford University Press, 1946.

[185] Hotelling H. The Economics of Exhaustible Resources. Journal of Political Economy, 1931, 39: 137~175.

[186] Howitt P. Steady Endogenous Growth with Population and R&D Inputs Growing. Journal of Political Economy, 1999, 107: 715~730.

[187] Hung N. M. , Quyen N. V. Specific or Ad Valorem Tax for an Exhaustible Resource? Economics Letters, 2009, 102: 132~134

[188] Ilniyan S. , Suganthi L. and Analld, A. S. Energy Models for Commercial Energy. Energy Predietion and Stubstitution of Renewable Energy Sources. Energy Policy, 2006, 34: 2640~2653.

[189] Jones C. I. R&D – based Models of Economic Growth. Journal of Political Economy, 1995b, 103: 759~784.

[190] Jones C. I. Growth: With or without Scale Effects? American Economic Review 89, May, 1999: 139~144.

[191] Jones C. I. Sources of U. S. Economic Growth in a World of Ideas. American Economic Review, 2002a, 92: 220~239.

[192] Jones C. I. Introduction to Economic Growth. 2. ed. , W. W. Norton, New York, 2002b.

[193] Jones C. I. The Shape of Production Functions and the Direction of Technical Change. Quarterly Journal of Economics, 2005, 120 (2): 517~549.

[194] Jones C. I. , D. Scrimgeour. The Steady – state Growth Theorem: Understanding Uzawa (1961) . Working Paper, U. C. Berkeley: 2005.

[195] Jones L. E. , M. Rodolfo. The Sources of Growth. Journal of Economic Dynamics and Control, 1997, 21: 75~114.

[196] Judd K. L. Optimal Taxation and Spending in General Competitive Growth Models. Journal of Public Economics, 1999, 71: 1~26.

[197] Just R. E. , S. Netanyahu and L. J. Olsen. Depletion of Natural Resources, Technological Uncertainty, and the Adoption of Technological Substitutes. Resource and Energy Economics, 2005, 27: 91~108.

[198] Kamien M. I. , N. L. Schwartz. Optimal Exhaustible Resource Depletion with Endogenous Technical Change. Review of Economic Studies, 1978, 45 (1): 179~196.

[199] Koopmans T. C. Stationary Ordinal Utility and Impatience. Econometrica, 1960, 28: 287~309.

[200] Koopmans T. C. On the Concept of Optimal Economic Growth. In The Econometric Approach to Development Planning, Chicago Rand McNally, 1965.

[201] Kortum S. Research, Patenting, and Technological Change. Econometrica, 1997, 65: 1389~1419.

[202] Krautkraemer J. Optimal Growth, Resource Amenities and the Preservation Ofnatural Environments. Review of Economic Studies, 1985, 52: 153~170.

[203] Krautkraemer J. Nonrenewable Resource Scarcity. Journal of Economic Literature, 1998, 36 (4): 2065~2107.

[204] Kremer M. Population Growth and Technological Change: One Million B. C. to 1990. Quarterly Journal of Economics, 1993, 108: 681~716.

[205] Judd K. L. Optimal Taxation and Spending in General Competitive Growth Models. Journal of Public Economics, 1999, 71: 1~26.

[206] Lee Y. , Gordon R. H. Tax Structure and Economic Growth. Journal of Public Economics, 2005, 89: 1027~1043.

[207] Leonard D. , N. V. Long. Optimal Control Theory and Static Optimization in Economics. Cambridge University Press, Cambridge, 1992.

[208] Li C. W. Endogenous vs. Semi – endogenous Growth in a Two-sector Model. Economic Journal, 2000, 110: 109~122.

[209] Li D. Is the AK Model Still Alive? The Long – run Relation Between Growth and Investment Re – examined. Canadian Journal of Economics, 2002b, 35 (1): 92~114.

[210] Lucas R. E. On the Mechanics of Economic Development. Journal of Monetary Economics, 1988, 22: 3~42.

[211] Mankiw N. G. The Growth of Nations. Brookings Papers on Economic Activity, 1995, (1): 275~326.

[212] Meadows D. H. , and others. The Limits to Growth. Universe Books, New York, 1972.

[213] Mankiw N. , D. Romer and D. Weil. A Contribution to the Empirics of Economic Growth. Quarterly Journal of Economics, 1992, 107 (2): 402~437.

[214] Neumayer E. Scarce or Abundant? The Economics of Natural Resource Availability. Journal of Economic Surveys, 2000, 14 (3): 307~335.

[215] Nguyen M. H. , P. Nguyen – Van. Growth and Eonvergence in a Model with Renewable and Nonrenewable Resources. Working Paper, Toulouse, No. 236, 2008.

[216] Mitra T. Intertemporal Equity and Efficient Allocation of Resources. Journal Economic Theory, 2002, 107: 356~376.

[217] Nordhaus W. An Economic Theory of Technological Change. American Economic Review, 1969, 59 (2): 18~28.

[218] Nordhaus W. Lethal Model 2: The Limits to Growth Revisited. Brookings Papers on Economic Activities, 1992, (2): 1~43.

[219] Peretto P. , S. Smulders. Technological Distance, Growth and Scale Effects. Economic Journal, 2002, 112: 603~624.

[220] Peretto P. Fiscal Policy and Long – run Growth in R & D – based Models with Endogenous Market Structure. Journal of Economic Growth, 2003, 8 (3): 325~347.

[221] Peretto P. , C. Laincz. Scale Effects in Endogenous Growth Theory: An Error of Aggregation not Specification. Journal of Economic Growth, 2006, 11 (3): 263~288.

[222] Peretto P. Schumpeterian Growth with Productive Public Spending and Distortionary Taxation. Review of Development Economics, 2007, 11 (4): 699~722.

[223] Peretto P. Corporate Taxes, Growth and Welfare in a Schumpeterian Economy. Journal of Economic Theory, 2008, 137 (1): 353~382.

[224] Pezzey J. C. Sustainability Policy and Environmental Policy. The Scandinavian Journal of Economics, 2004, 106: 339~359.

[225] Pezzey J. C. , Withagen, C. A. The Rise, Fall and Sustainability of Capital – resource Economies. Scandinavian Journal of Economics, 1998, 100: 513~527.

[226] Popp D. Induced Innovation and Energy Prices. American Economic Review, 2002, 92 (1): 160~180.

[227] Ramsey F. A Mathematical Theory of Saving. Economic Journal, 1928, 38: 543~559.

[228] Rawls J. A Theory of Justice. Harvard University Press, Cam-

bridge, 1972.

[229] Rawls J. A Theory of Justice (revised edition) . Harvard University Press, Cambridge, 1999.

[230] Rebelo S. Long – run Policy Analysis and Long-run Growth. Journal of Political Economy, 1991, 99: 500 ~ 521.

[231] Robson A. J. Costly Innovation and Natural Resources. International Economic Review, 1980, 21: 17 ~ 30.

[232] Romer P. M. Increasing Returns and Long-run Growth. Journal of Political Economy, 1986, 94: 1002 ~ 1037.

[233] Romer P. M. Growth Based on Increasing Returns Due to Specialization. American Economic Review 77, May, 1987: 56 ~ 62.

[234] Romer P. M. Endogenous Technical Change. Journal of Political Economy, 98 (Suppl.), 1990: 71 ~ 102.

[235] Romero-Avila D. Can the AK Model be Rescued? New Evidence from Unit Root Tests with Good Size and Power, Topics in Macroeconomics, 2006, 6 (1): 0 ~ 40.

[236] Scholz C. M. , G. Ziemes. Exhaustible Resources, Monopolistic Competition, and Endogenous Growth, Environmental and Resource Economics: 1999, 13: 169 ~ 185.

[237] Schou P. Polluting Nonrenewable Resources and Growth. Environmental and Resource Economics, 2000, 16: 211 ~ 227.

[238] Schou P. When Environmental Policy is Superfluous: Growth and Polluting Resources. Scandinavian Journal of Economics, 2002, 104: 605 ~ 620.

[239] Segerstrom P. Endogenous Growth without Scale Effects. American Economic Review 88, 1998: 1290 ~ 1310.

[240] Shell K. Inventive Activity, Industrial Organization and Economic Growth. In: Models of Economic Growth, ed. by J. A. Mirrlees and N. H. Stern, Macmillan, London, 1973: 77 ~ 96.

[241] Sheshinski E. Tests of the Learning by Doing Hypothesis. The Review of Economics and Statistics, 1967, 49: 568 ~ 578.

[242] Sinclair P. On the Optimum Trend of Fossil Fuel Taxation. Oxford Economic Papers, 1994, 46: 869 ~ 877.

[243] Smulders S. , M. de Nooij. The Impact of Energy Conservation on Technology and Economic Growth. Resource and Energy Economics, 2003, 25:

59 ~ 79.

[244] Solow R. M. Intergenerational Equity and Exhaustible Resources. Review of Economic Studies 41, Symposium Issue, 1974a: 29 ~ 45.

[245] Solow R. M. The Economics of Resources or the Resources of Economics. American Economic Review 64, Papers and Proceedings, 1974b: 1 ~ 14.

[246] Solow R. M. Perspectives on Growth Theory. Journal of Economic Perspectives, 1994, 8: 45 ~ 54.

[247] Steven P. Cassou, Gorostiaga A. Optimal Fiscal Policy in a Multisector Model: The Price Consequences of Government Spending. Journal of Public Economic Theory, 2009, 11 (2): 177 ~ 201

[248] Stiglitz J. Growth with Exhaustible Natural Resources: Efficient and Optimal Growth Paths. Review of Economic Studies 41, Symposium Issue, 1974a: 123 ~ 137.

[249] Stiglitz J. Growth with Exhaustible Natural Resources: The Competitive Economy. Review of Economic Studies 41, Symposium Issue, 1974b: 139 ~ 152.

[250] Stiglitz J. Monopoly and Rate of Extraction of Exhaustible Resources. American Economic Review, 1976, 66 (4): 655 ~ 661.

[251] Stokey N. L. , Rebelo, S. Growth Effects of Flat – Rate Taxes. Journal of Political Economy, 1995, 103: 519 ~ 550.

[252] Sweeney J. L. Economics of Depletable Resources: Market Forces and Intertemporal Bias, Review of Economic Studies. 1977, 44 (1): 125 ~ 142.

[253] Suzuki H. On the Possibility of Steadily Growing Per Capita Consumption in an Economy with a Wasting and Non-replenishable Resource. Review of Economic Studies, 1976, 43: 527 ~ 535.

[254] Tahvonen O. , S. Salo. Economic Growth and Transitions Between Renewable and Nonrenewable Energy Resources. European Economic Review , 2001, 45: 1379 ~ 1398.

[255] Takayama A. Optimal Technical Progress with Exhaustible Resources. In: Exhaustible Resources, Optimality, and Trade, ed. by M. C. Kemp and N. V. Long, North-Holland, Amsterdam, 1980: 95 ~ 110.

[256] Tsur Y. , Zemel, A. Scarcity, Growth and R&D. Journal of Envi-

ronmental Economics & Management, 2005, 49: 484 ~ 499.

[257] Uzawa H. , Neutral Inventions and the Stability of Growth Equilibrium. Review of Economic Studies, 1961, 28 (2): 117 ~ 124.

[258] Weiziicker C. C. , von. Lemmas for a Theory of Approximate Optimal Growth. Review of Economic Studies, 1967, 34: 143 ~ 151.

[259] Weitzman M. L. On the Welfare Significance of National Product in a Dynamic Economy. Quarterly Journal of Economics, 1976, 90: 156 ~ 162.

[260] Weitzman M. L. Why the Far-distant Future Should be Discounted at its Lowest Possible Rate. Journal of Environmental Economics and Management, 1998, 36 (3): 201 ~ 208.

[261] Weitzman M. L. Gamma Discounting. American Economic Review, 2001, 91: 260 ~ 271.

[262] Weitzman M. L. A Review of the Stern Review on the Economics of Climate Change. Journal of Economic Literature, 2007, 45 (3): 703 ~ 724.

[263] Withagen C. , Asheim, G. B. Characterizing Sustainability: The Converse of Hartwick's Rule. Journal of Economic Dynamics and Control, 1998, 23: 159 ~ 165.

[264] Young A. Growth Without Scale Effects. American Economic Review, 1998, 88: 41 ~ 63.

[265] Zeng J. , Zhang J. Long-run Effects of Taxation in a Non-scale Growth Model with Innovation. Economic Letters, 2002, 75: 391 ~ 403.

图书在版编目（CIP）数据

基于能源约束与内生增长的财政政策研究/唐兆希著 . —北京：经济科学出版社，2018.6

国家社科基金后期资助项目

ISBN 978 - 7 - 5141 - 9534 - 7

Ⅰ. ①基… Ⅱ. ①唐… Ⅲ. ①财政政策 - 研究 Ⅳ. ①F811.0

中国版本图书馆 CIP 数据核字（2018）第 158289 号

责任编辑：王柳松
责任校对：隗立娜
责任印制：邱　天

基于能源约束与内生增长的财政政策研究

唐兆希　著

经济科学出版社出版、发行　新华书店经销

社址：北京市海淀区阜成路甲 28 号　邮编：100142

总编部电话：010 - 88191217　发行部电话：010 - 88191522

网址：www. esp. com. cn

电子邮件：esp@ esp. com. cn

天猫网店：经济科学出版社旗舰店

网址：http://jjkxcbs. tmall. com

固安华明印业有限公司印装

710×1000　16 开　14.5 印张　290000 字

2018 年 6 月第 1 版　2018 年 6 月第 1 次印刷

ISBN 978 - 7 - 5141 - 9534 - 7　定价：56.00 元

N